GERENCIANDO O
SUCESSO

Driblando a incompetência e o fracasso para se tornar um líder melhor

Morgen Witzel

GERENCIANDO O SUCESSO

Driblando a incompetência e o fracasso para se tornar um líder melhor

TRADUÇÃO
UBK Publishing House

© 2015, Morgen Witzel
Copyright da tradução © 2019, Ubook Editora S.A.

Publicado mediante acordo com Bloomsbury Publishing Plc. Edição original do livro, *Managing for Success: Spotting Danger Signals And Fixing Problems before They Happen*, publicada por Bloomsbury Publishing Plc.

Todos os direitos reservados. Nenhuma parte deste livro pode ser utilizada ou reproduzida sob quaisquer meios existentes sem autorização por escrito dos editores.

COPIDESQUE	Rowena Esteves
REVISÃO	Pérola Paloma e Larissa Oliveira
CAPA E PROJETO GRÁFICO	Bruno Santos
IMAGEM DE CAPA	Skodonnell | IStock Photos

Dados Internacionais de Catalogação na Publicação (CIP)
(Câmara Brasileira do Livro, SP, Brasil)

Witzel, Morgen
 Gerenciando o sucesso / Morgen Witzel ; tradução UBK Publishing House. -- Rio de Janeiro: Ubook Editora, 2020.

 Título original: Managing for success.
 Bibliografia.
 ISBN 978-85-9556-195-3

 1. Gestão empresarial 2. Carreira profissional - Administração 3. Liderança 4. Sucesso profissional

20-32457   CDD-658.0092

Ubook Editora S.A
Av. das Américas, 500, Bloco 12, Salas 303/304,
Barra da Tijuca, Rio de Janeiro/RJ.
Cep.: 22.640-100
Tel.: (21) 3570-8150

Capítulo 1
Clássico, mas inevitável

Em uma conferência realizada há alguns anos, ouvi a apresentação de uma colega sobre as distinções entre empresas bem-sucedidas e empresas malsucedidas. Ela citou a famosa frase de Tolstói de *Anna Karenina*: "'Famílias felizes são todas iguais, cada família infeliz é infeliz a sua maneira'. Podemos dizer a mesma coisa sobre empresas." Todas as empresas felizes são iguais, mas todas as empresas infelizes ou malsucedidas são infelizes a sua maneira.

Quanto mais pensava nisso, menos concordava com ela. Certamente, o sucesso das empresas é baseado em sua capacidade de fazer algo único e diferente do que outras empresas fazem. Isso é o que escritores de estratégia nos dizem quando falam de vantagem competitiva, e minha própria experiência como historiador de negócios e como empresário parecia confirmar isso. Quanto às empresas malsucedidas, é possível que existam fatores comuns que conduzam ao fracasso? As empresas falidas não seguem certos padrões, certos caminhos? Mais uma vez, a experiência parecia sugerir que era assim.

Com isso em mente, recorri à obra clássica de Norman Dixon, *On the Psychology of Military Incompetence*. Descobri que Dixon já tinha chegado à mesma conclusão. Sobre falhas militares e desastres, ele escreve:[1]

Estes relatos comoventes, muitas vezes horríveis, evocam uma curiosa experiência de *déjà vu*. Havia algo sobre acontecimentos aparentemente sem sentido que levavam a pensamentos por novos canais — fazendo contato com fenômenos de outros contextos até então não relacionados — e os traziam de volta agora não tão sem sentido, até que gradualmente um tema, contínuo como uma rachadura na linha do cabelo, pudesse ser discernido através dos contos agitados de bravura.

Dixon chegou a duas conclusões principais. A primeira: a maior proporção de fracassos é, de longe, resultado de ação humana. Os desastres acontecem devido a erros dos responsáveis, não por causa de forças invejáveis ou dos chamados "atos de Deus". Dixon argumentou ainda que quem comete erros não é necessariamente estúpido. Ele rejeitou a ideia de que as pessoas responsáveis pelos desastres sejam tolas — um pouco de investigação séria mostra que muitas eram, de fato, muito inteligentes. A incompetência é, muitas vezes, situacional. As pessoas que mostram grande capacidade em um campo podem decepcionar quando são empurradas para outro campo e devem tomar decisões. Dixon oferece exemplos de oficiais do exército que foram simultaneamente competentes e corajosos no comando de pequenas unidades, mas que cometeram erros terríveis quando promovidos a um comando superior.

O segundo ponto de Dixon era que as razões para um comportamento incompetente estão, muitas vezes, enraizadas nas organizações que nos rodeiam, não em nós mesmos. A cultura de uma organização — suas normas, seus valores, suas expectativas em termos de atitudes e comportamentos — obriga, muitas vezes, as pessoas a se comportarem de forma errada, e mesmo assim cometem erros. A pressão de outros funcionários, o instinto do rebanho e o bullying combinam com a insegurança pessoal e a falta de confiança para criar uma mistura tóxica que pode forçar até mesmo pessoas inteligentes a tomar as decisões erradas. Tão poderosas são essas forças que nos cercam na maioria das organizações que Dixon se perguntou se as pessoas que conseguem grandes realizações o fazem por causa das organizações a que pertencem, ou *apesar* delas.

Quanto mais refleti sobre essas conclusões, mais acreditei que Dixon tinha razão. Examinei muitos casos de insucesso empresarial, negócios que sofreram erros grandes que mudaram o jogo, que ameaçavam a vida e que, por vezes, fracassaram por completo — Lehman Brothers, Royal Ahold, Swissair, Parmalat, Global Crossing, Marconi, BP, Time Warner, Royal Bank of Scotland, IBM, General Motors, Satyam, Motorola, Ratner's, Enron, Nortel e muitos outros. Procurei padrões comuns e fios comuns de fracasso e os encontrei. Em todos os casos, houve um padrão claro de erros e um mau julgamento.

Nesses casos e em muitos outros, há, naturalmente, exemplos de má tomada de decisões por parte de indivíduos, mas é raro encontrar casos em que uma única decisão tenha causado o desastre. Muitas vezes, não é um grande evento sísmico que leva à crise, mas sim pequenos eventos constantes, uma acumulação de fracassos que chega ao ponto de crise. Quando as coisas vão mal, é moda culpar os indivíduos: Richard Fuld foi considerado responsável pela quebra do Lehman Brothers, Tony Hayward perdeu o emprego como diretor executivo da BP na sequência do desastre da *Deepwater Horizon*, Cees van der Hoeven foi responsabilizado pela quebra da Royal Ahold. Mas serão eles e outros como eles os únicos responsáveis? Em qualquer empresa em bom funcionamento, esses homens teriam outros ao redor que teriam questionado sua abordagem, insistido em uma estratégia diferente, em procedimentos de saúde e segurança mais rigorosos ou em uma melhor auditoria das contas, e assim por diante. Os executivos juniores teriam percebido que alguma coisa estava errada e falariam ou agiriam por iniciativa própria para evitar o desastre.

Uma série de coisas poderia ter sido feita nesses casos, mas não foi. Por quê? Porque, como diz Dixon, as organizações constroem culturas de incompetência, em que se torna habitual e aceitável fazer a coisa errada, seja produzir mercadorias defeituosas, tomar más decisões estratégicas, fechar os olhos para as irregularidades financeiras ou no ambiente de trabalho, tratar clientes e trabalhadores com desprezo etc., etc. Henry Ford observou uma vez — com presciência, dado o que viria para a própria empresa — que nunca tinha conhecido um problema de negócio que viesse do mercado; os problemas surgiram graças a defeitos internos da empresa, coisas feitas de modo errado.

Sempre que uma grande crise corporativa é noticiada, a reação imediata da imprensa é caçar um bode expiatório. Quem foi o culpado? Todos querem saber. E quando essa pessoa vai se demitir? Mas a demissão de um líder incompetente raramente resolve o problema. Por detrás desse líder, está uma cultura de incompetência que precisa ser quebrada. São essas culturas de incompetência que abordo neste livro. De onde vêm, como se desenvolvem e, acima de tudo, como podemos impedi-las de se desenvolverem? Se vamos gerenciar o sucesso, como sugere o título deste livro, então precisamos aprender a erradicar culturas nas quais o fracasso é aceito.

Incompetência e fracasso
Antes de nos voltarmos para a origem das culturas de incompetência, é importante que definamos os termos. "Incompetência" e "fracasso" são palavras grandes e potencialmente perigosas.

"Incompetência", no contexto desta discussão, significa um incumprimento continuado de suas obrigações. Qualquer um pode cometer um erro; a qualidade de uma pessoa pode, muitas vezes, ser julgada pelo quão rápido e bem ela se recupera de tal erro. Um único erro é muito diferente de uma série de erros, cada um compondo o último. Uma cultura de incompetência é aquela em que os erros são frequentes e, uma vez cometidos, são deixados sozinhos, varridos para debaixo do tapete ou não são notados.

Uma cultura de incompetência nem sempre afeta toda a empresa ou suas operações. Há algumas empresas que são brilhantes nas operações, mas falham quando fazem estratégia (com o resultado, como veremos mais adiante, de que executam a estratégia errada excepcionalmente bem), ou que são soberbas em inovação, mas lutam para construir relacionamentos com os clientes. A verdade é que, para serem eficazes, as empresas têm de ser boas em *tudo*. Finanças, operações, marketing, gestão da cadeia de fornecimento, inovação, gestão de recursos humanos, comunicação, liderança etc. não são um menu do qual as empresas podem escolher o que mais gostam e colocam o resto de lado. Deve-se fazer de tudo, e bem feito.

"Fracasso", como acima implícito, significa falha sistêmica, o colapso de uma empresa em algum momento. Implica, no mínimo, uma grande perda de valor e reputação e pode incluir bens danificados, danos físicos ou morte aos clientes, acusações criminais etc., e mesmo o colapso e liquidação totais. É impossível evitar o fracasso — e, na verdade, sem ele não poderia haver inovação. A capacidade de se envolver em tentativas e erros é muito importante tanto para o desenvolvimento pessoal como para o corporativo. Mas há falhas cujas consequências são controláveis e não prejudiciais, com as quais é possível aprender, e há falhas que causam danos maciços, dos quais é difícil ou mesmo impossível voltar.[2]

Incompetência e fracasso têm custos: financeiros, organizacionais e humanos. Quando uma empresa falha, ou sofre um sério revés, toda a sua missão é comprometida. Já não serve seus clientes, não desempenha a função social para a qual foi criada. Isso significa oportunidades perdidas para a empresa, seus funcionários e seus clientes — e, às vezes, de forma mais ampla também para os laços sociais. Os economistas falam de "custo de oportunidade", ou seja, se escolhermos uma das várias opções, devemos considerar o custo, para nós, de *não* escolher uma das outras opções. Que oportunidades de benefício ou lucro perdemos? Eles são maiores ou menores do que os benefícios ou lucros que esperamos da opção que escolhemos?

Gostaria de propor uma extensão desse conceito: custo de *oportunidade desperdiçada*. Quando uma empresa sofre um impacto significativo, financeiramente ou não, como resultado da incompetência gerencial, que oportunidades se perdem para sempre? Quais são os custos dessas oportunidades perdidas, para a própria empresa, para seus funcionários, para seus clientes e para os governos e contribuintes que, com demasiada frequência, têm de intervir e segurar as pontas?

Quando comecei a pesquisar para este livro, fui imediatamente alertado para o quão difícil seria abordar o assunto. Alguns colegas recuaram horrorizados quando lhes contei meu plano, e vários tentaram me dissuadir de escrevê-lo. "Não precisamos dar às pessoas exemplos de fracassos", declarou um deles. "Nós precisamos dar a eles exemplos de sucesso, para que possam segui-los e aprender com eles. Ensinar as pessoas sobre o fracasso é horrível."

Além disso, também encontrei uma espécie de aceitação cansada do fracasso como *status quo*. Dixon comentou que "até agora a maioria das pessoas já se acostumou, pode-se quase dizer que estão *blasé* sobre... incompetência. Tal como o frio, os pés chatos ou o clima britânico, é aceito como parte da vida — ligeiramente ridículo, mas absolutamente inevitável", e isso parece ainda hoje ser verdade.[3] Existem muitos livros escritos sobre incompetência e falhas de gestão, e vou me referir a eles à medida que formos avançando, mas não acho que a cultura empresarial tenha mudado sua atitude em relação ao fracasso. As pessoas fazem não com a cabeça sobre Enron, Lehman Brothers e os outros, e estalam suas línguas e se perguntam como isso poderia ter acontecido, e quem foi o culpado, mas não há sentido de que o mundo dos negócios em geral está de alguma forma aprendendo com o fracasso.

É uma pena, porque há muito a aprender com o fracasso. Se compreendermos por que razão as coisas vão mal, então há uma possibilidade de podermos tomar medidas preventivas para que não aconteçam de novo. E, por muitos fracassos proverem de causas muito semelhantes, é mais fácil aprender com os fracassos dos outros do que com seus sucessos. Podemos ver outras empresas caírem na armadilha, e assim aprendemos sobre ela e como evitá-la.

O fracasso pode ser "horrível", um assunto desagradável e nojento que nos faz contorcer e que preferimos evitar. Mas ainda podemos aprender coisas o estudando. As rosas florescem melhor quando alimentadas com estrume bem rotulado, e podemos criar algo de positivo a partir do lixo que os gestores falhos e as empresas deixam para trás, desde que tenhamos estômago para isso e sejamos capazes de confrontar a verdade. Mas a maioria das empresas não o faz. A maioria esconde seus fracassos e — com algumas honrosas exceções — só os admite quando são expostas por denunciantes ou por uma agência externa. A maioria tenta fingir que nunca fracassou. Muito poucos — e volto a falar aqui por experiência própria, como historiador de empresas — estão dispostos a discutir abertamente seus fracassos e a aprender com eles. Há várias razões para isso, incluindo razões jurídicas: nesta era contenciosa, poucas empresas estão preparadas para admitir qualquer coisa que as possa envolver em um processo judicial (o que significa que, para se sentirem seguras, nunca admitem nada. John D. Rockefeller, da Standard Oil, e seus executivos rotineiramente se recusaram a responder até mesmo perguntas básicas, como "O que é o negócio de sua empresa?" e "Onde está localizada sua sede?").

Quando ocorre um fracasso, especialmente se houver uma chance razoável de não se tornar público, a primeira reação em muitas empresas é escondê-lo. Eu mesmo vi isso acontecer, e estou disposto a apostar que muitos leitores também. Já falei a um grupo de executivos seniores que a melhor maneira de ganhar muito dinheiro e depois ter tempo para desfrutá-lo não era chegando ao topo, mas chegar o mais rapidamente possível a uma posição de responsabilidade considerável e depois fazer asneira enorme, de uma forma que envergonharia a empresa se vazasse. O montante resultante deixaria a maioria das pessoas em uma boa vida. A única resposta que recebi foi o comentário bastante fraco de que "as empresas estão endurecendo esse tipo de coisas". Mesmo? Ainda não vi as provas.

O comportamento incompetente é encoberto, os gestores incompetentes são pagos, realocados ou promovidos para outro departamento — ou mesmo para cargos superiores — e o fracasso é esquecido. Como resultado, essas empresas não têm ideia de quais poderiam ser os custos de oportunidade desperdiçados. Elas nunca vão perceber o que poderiam ter alcançado se o comportamento incompetente tivesse sido evitado em primeiro lugar.

Outros escritores antes de mim já mergulharam no campo dos negócios fracassados, e há alguns trabalhos excelentes sobre o assunto: *Why Smart Executives Fail*, de Sydney Finkelstein; *The Self Destructive Habits of Good Companies*, de Jagdish Sheth; *Greed and Corporate Failure*, de Stewart Hamilton e Alicia Micklethawyt; e *Why Good Companies Go Bad*, de Donald Sull. Esses são exemplos particularmente notáveis. Os trabalhos de psicólogos como Manfred Kets de Vries e Adrian Furnham produziram alguns dados valiosos sobre o comportamento antissocial e desviante dos gestores. Como observado antes, no entanto, muito frequentemente esses livros — seus autores, sem dúvida instados por editores igualmente convencidos de que o fracasso é algo desagradável à espreita na floresta — concentram-se no lado positivo, em como se recuperar do fracasso causado por gerentes incompetentes.

Firing Back, de Jeffrey Sonnenfeld e Andrew Ward, por exemplo, tem alguns excelentes estudos de caso de pessoas perdendo seus empregos por uma variedade de razões, incluindo falhas gerenciais pessoais, mas a maior parte do livro é dedicada a mostrar como esses indivíduos se recuperaram e reconstruíram suas vidas. As memórias dos líderes empresariais geralmente ignoram o fracasso ou se concentram em justificar seu comportamento. Raras e refrescantes são memórias como as do antigo magnata da joalharia Gerald Ratner, que reconhece as próprias falhas.

Cinco falhas perigosas
Vinte e cinco séculos atrás, o estrategista chinês Sun Tzu listou cinco falhas perigosas em um líder:[4]
1. Inconsciência.
2. Covardia.
3. Reação à provocação.
4. Sensibilidade à vergonha.
5. Preocupação com os detalhes.

A maioria de nós está familiarizada com o problema da imprudência, mas há muito mais que imprudência do que simplesmente entrar com um touro em uma loja de porcelana (embora esse problema certamente exista). O que parece ser um comportamento imprudente acaba por ser algo muito diferente. O comportamento de banqueiros e comerciantes no período que antecedeu o crash de 2008, por exemplo, tem sido criticado como sendo "imprudente" e "arriscado", mas a maioria dos banqueiros e comerciantes contestaria isso. Como veremos mais tarde, eles tomaram uma série de medidas para reduzir o risco, incluindo a introdução de alguns modelos matemáticos muito sofisticados que se destinavam a prever o comportamento do mercado. Paradoxalmente, as próprias medidas que tomaram para reduzir o risco *aumentaram* o nível de risco que enfrentavam, muitas vezes sem que percebessem que isso estava acontecendo.

Mais geral ainda é a pressão sobre a maioria dos gerentes na maior parte do tempo para serem vistos fazendo coisas. O gerente ativo é notado, recebe o bônus, é promovido. O gerente que não faz nada é criticado por ser ocioso, mesmo que não fazer nada seja realmente o melhor curso de ação naquele momento. Há um velho ditado nos pregões que diz que "nunca ninguém foi promovido para acompanhar o índice", apesar de estatisticamente acompanhar o índice ser o curso de ação mais seguro e também o mais provável de produzir lucros a longo prazo. Mas a cultura da maioria das organizações leva os gerentes a agir, às vezes, apenas em causa própria. E, quando isso acontece, os níveis de risco aumentam. O desinteresse se manifesta, portanto, na necessidade de agir a todo o custo.

Agir como uma força compensatória é o que Sun Tzu chama de "covardia". Isso poderia se referir simplesmente à indecisão, à capacidade de escolher entre alternativas concorrentes. A indecisão, por sua vez, resulta normalmente da falta de conhecimento. Sem conhecimento, não podemos comparar os custos de oportunidade de cada opção, e assim não temos como saber qual é a melhor. O gestor "imprudente" vai escolher uma opção independentemente dos riscos, apenas para fazer algo. O gerente "indeciso" vai ficar para trás, debatendo, considerando, tirando cara ou coroa mais de uma vez, tremendo ao quase tomar uma decisão, mas nunca tomando — até que seja tarde demais.

O medo desempenha um grande papel em muitas organizações, e, por vezes, ele é deliberadamente induzido. A cultura do bullying descrita pelo cortesão francês Eustache de Refuge no século XVII teve sua contraparte exata na Enron no final do século XX.[5] As figuras dominantes, poderosas e machistas intimidam seus colegas mais fracos e em cargos inferiores, para que esses descubram que a melhor maneira de sobreviver é manter a boca fechada. Os engenheiros da Morton Thiokol, que forneciam componentes para o ônibus espacial, foram alegadamente instados por seus superiores a manter a boca fechada a respeito do que sabiam sobre os problemas com o *Challenger*, que mais tarde explodiu, matando toda a tripulação. Mesmo sem bullying, haverá casos de gestores que não podem tomar uma decisão porque estão assustados demais com as consequências. Nesses casos, eles farão tudo o que puderem para passar a decisão a um colega ou a um superior — ou ignorá-la completamente e esperar que desapareça.

A "reação à provocação" também se manifesta de várias formas. Primeiro, os gestores tendem a ser mais reativos do que proativos. Isso foi notado pela primeira vez por Henry Mintzberg em seu livro *The Nature of Managerial Work*, no qual ele desafiou a visão convencional de gerentes como pensadores racionais que fizeram planos e, em seguida, passou a implementá-los de forma deliberada. Na verdade, disse Mintzberg, os gerentes passam a maior parte de seu tempo lutando contra incêndios, reagindo a quaisquer eventos que seus colegas e o meio ambiente e a sorte jogam sobre eles. Quem ainda acredita que as pessoas nos negócios sempre agem racionalmente deve ler *Traders, Guns and Money*, de Satyajit Das, uma descrição hilariante e horrível de caos, mau-caratismo e lei do retorno que acontecem no mundo da negociação de derivativos.[6]

Em segundo lugar, e provavelmente como resultado disso, os gestores tendem a se concentrar no curto prazo para cuidarem de si mesmos. Apesar das amplas evidências de que uma abordagem de curto prazo é mais arriscada e aumenta as pressões sobre os gestores. Em terceiro lugar, os gerentes tendem a seguir o que os outros gerentes estão fazendo, mantendo-se juntos com seus colegas. É claro que isso pode ser uma coisa boa, já que todos se unem e trabalham para o bem da equipe, assim como as formigas trabalham juntas para o funcionamento interno do formigueiro. Mas também pode levar ao instinto do rebanho, ao pensamento grupal e ao caminhar passivo com a maioria — novamente, assim como as formigas marcharão cegamente para uma armadilha de formigas, sem perceber que todas as formigas adiante estão morrendo.

Não se sabe o motivo de as formigas agirem dessa forma, mas uma das principais razões pelas quais os gestores se entregam ao comportamento semelhante ao de formigas (discutiremos outro comportamento no Capítulo 8) está relacionada com autoimagem pessoal e autorrespeito. Como todos os seres humanos, os gerentes desejam o respeito e a estima dos outros. Para a maioria de nós, a imagem que temos de nós mesmos está intimamente ligada ao modo como os outros nos percebem. Se outras pessoas pensam em nós como fracos, começamos a pensar em nós mesmos como fracos. Se nos veem como distantes ou egoístas, tendemos a modificar nosso comportamento para nos aproximarmos do rebanho. O medo não é o único fator que leva ao pensamento grupal. Tenho visto, muitas vezes, como as pessoas lutam para alinhar suas opiniões com o macho-alfa na sala (e quase sempre é um homem) com o objetivo de se identificar com o grupo de poder dominante. Muitas vezes, esse comportamento é inconsciente. Em outras, a pressão para se alinhar com o macho-alfa é evidente. As pessoas que insistem em ter seu próprio ponto de vista e se distanciam são rotuladas como sociopatas. "Dizem que a cara dele não combina", ou então "ela não acredita no mesmo que nós". E, assim, em nome do trabalho em equipe e da unidade, os dissidentes são expulsos até restar apenas uma voz, a do macho-alfa.

A tendência de gestores atolados em detalhes e sem conseguirem ver o quadro geral também será familiar. Mintzberg novamente aludiu a isso em *The Nature of Managerial Work*, e há uma visão de que os fins das organizações são melhor servidos por "muddling through", dando um monte de pequenos passos em vez de alguns grandes.[7] Há muito a dizer sobre isso, mas os gerentes ainda precisam saber para onde estão indo e manter um senso de avanço. Em vez disso, pode haver uma tendência para a "paralisia da análise", a visão de que nenhuma ação pode ser tomada até que todos os dados relevantes tenham sido analisados.

Mais uma vez, analisar os dados por si só é uma coisa boa. O problema é que os gerentes usam dados tanto quanto os bêbados usam postes de luz. Alguns os usam para iluminação, enquanto outros os usam como suportes para que não caiam. Os gerentes precisam se acostumar com o fato de que, na maioria das vezes, terão de tomar decisões baseadas em dados incompletos. A intuição e a experiência também devem entrar em jogo. E, sim, haverá um elemento de risco.

As organizações e os mercados são sistemas abertos, por isso não podemos controlar todas as variáveis. Mas, em vez disso, existe uma cultura dentro da gestão que insiste naquilo que meu colega Pablo Triana se refere como o "anseio insalubre por precisão". Se *pudermos* identificar cada variável, a crença se mantém, então conseguiremos escrever uma equação que vai contabilizar cada fator e produzir uma solução perfeita. Mas, paradoxalmente, muitas vezes essas tentativas *aumentam* o nível de risco em vez de diminui-lo.

Outro paradoxo: os gerentes precisam analisar os dados e manter os pés no chão, procurando sinais de armadilhas. Ao mesmo tempo, também precisam vigiar o horizonte e continuar pensando no longo prazo, tentando antecipar o que pode acontecer na estrada, assim como Andrew Grove os exorta a fazer. Eles precisam ser mestres da pequena pincelada e da tela como um todo, do detalhe fino e do quadro grande, simultaneamente. Só há um problema. Nosso sistema de educação e formação começou a desencorajá-los de fazer isso. A gestão da educação em si se tornou cada vez mais fragmentada e em silos; o foco se afastando da gestão geral para especialização cada vez maior.

Uma das consequências mais perigosas disso é a crescente separação entre liderança e gestão. De acordo com a teoria, e cada vez mais na prática, todas as coisas que os líderes fazem — como pensamento de longo prazo, visão, inovação, determinação da estratégia, motivação de funcionários, sucesso e excelência — não são mais a tarefa do gerente, e sim cuidar dos detalhes, observar, monitorizar e reportar, criar orçamentos, contratar e despedir pessoas — por outras palavras, ser uma espécie de robô autoconsciente.

As consequências dessa abordagem são alarmantes. Os gerentes que a seguem se tornam ainda mais avessos ao risco do que eram antes. Eles se sentem relutantes em aceitar a responsabilidade. De fato, pode haver pressão para que não aceitem a responsabilidade. E, mais uma vez, essa relutância em aceitar o risco — quando sabemos que é uma das responsabilidades dos gestores — resulta mais uma vez no paradoxo do aumento do risco. Do outro lado da moeda, a incapacidade de os líderes de se envolverem na gestão acarreta seus próprios riscos graves. Ram Charan e Geoffrey Colvin, escrevendo em 1999, estimam que 70% das falhas de negócio eram falhas não de estratégia ou visão, mas de execução.[8] Boas ideias foram mal executadas. Por quê? Charan e Colvin oferecem várias possibilidades, mas, para mim, a resposta é clara: os CEOs e os presidentes que articularam essas boas estratégias não conseguiram acompanhar a execução.

Preven e Colvin oferecem
Tudo o que foi dito acima sobre líderes, é claro, pode ser igualmente aplicado às organizações como um todo. Mais uma vez, volto à questão da cultura. Líderes influenciam culturas, é claro, mas, do outro lado da moeda, culturas também influenciam líderes. As culturas tóxicas os restringem e subvertem, restringindo suas ações e alterando suas mentalidades. Tomemos por exemplo o conservadorismo que, por vezes, se instala à medida que as organizações de rápido crescimento começam a amadurecer. Tornam-se mais avessos ao risco, menos flexíveis e menos inovadores, olhando para seus sucessos passados e não para as oportunidades futuras. Esse conservadorismo não é apenas obra do líder — ele faz parte da cultura de toda a organização, e todos o sentem. A propósito, não se trata de absolver os líderes da responsabilidade. Eles podem mudar a cultura, se tiverem vontade e força para fazê-lo, mas o problema não reside apenas neles.

Muitas vezes, também, a cultura é mais ampla do que a organização. Pode afetar indústrias inteiras, até mesmo o mundo dos negócios. Isso, descobri, é o caso do fracasso em aprender com o fracasso. Quando o fracasso é discutido, é tratado como algo que acontece, inevitável e, como diz Dixon, incontornável. O principal, dizem-nos, é aprender com o fracasso.

Todos parecem adorar essa frase. No último ano, ouvi inúmeros políticos, funcionários públicos, médicos, altos funcionários da polícia e bispos, bem como executivos de empresas, garantirem que "vão aprender com esse fracasso e seguirão em frente". ("Quantos realmente aprendem?", me pergunto.)

Livros sobre incompetência gerencial e falhas gerenciais também costumam tentar resolver o problema, procurando descobrir como recuperar a falha. Por exemplo, *De volta ao sucesso: por que boas empresas falham e como grandes líderes as reconstroem*, de Donald Sull. É um livro muito bom, e recomendo sua leitura. Mas há um problema. Nem sempre é possível "reconstruir" empresas depois de gestores incompetentes terem feito seu trabalho. Ninguém poderia reconstruir o Lehman Brothers; ninguém poderia resgatar a Royal Ahold, ou Marconi, ou Ratner's. Essas empresas caíram no abismo, levando consigo o dinheiro dos acionistas e os postos de trabalho dos funcionários. Assim, embora seja indubitavelmente útil estudar formas de recuperação de experiências de quase morte, é também importante tentar impedir que tais acontecimentos ocorram em primeiro lugar.

Meu objetivo neste livro é a prevenção, não a cura. Espero mostrar como a incompetência pode ser eliminada e como as condições que levam à incompetência podem ser evitadas em primeiro lugar. Fazê-lo pode ter seus custos, mas é inevitável que sejam inferiores aos custos de "reconstruir" uma empresa falida, partindo do princípio de que isso pode ser feito.

O primeiro passo é aceitar que o fracasso não é, apesar da crença generalizada no contrário, inevitável. O fato de o fracasso sistêmico fazer parte da vida empresarial não significa que tenha de ser assim. Os negócios não têm de quebrar. O fracasso pode ser evitado, mas, antes de mais nada, temos de acreditar que isso é verdade.

Na década de 1970, foi aceito que os processos de fabricação teriam defeitos. Uma determinada parte de cada lote teria de ser enviada de volta à fábrica para retrabalho. Os carros construídos em uma sexta-feira nunca funcionariam corretamente. Não era bom, os clientes resmungavam, mas o que poderia ser feito? Os defeitos faziam parte da vida.

Depois vieram os japoneses, com zero defeitos e seis sigma. A história ainda é contada: uma empresa americana encomendou um carregamento de mil componentes de areia e especificou que o nível aceitável de defeitos era dez por mil. O carregamento do Japão chegou, e alguém notou que, além dos mil componentes, havia também uma pequena caixa com mais dez. Ligaram para o Japão: "O que são essas dez unidades?", e veio em resposta: "Oh, são os dez defeitos que pediu."

Hoje, defeitos zero e seis sigma são comuns na fabricação. Não é mais aceitável entregar mercadorias de má qualidade a clientes. A falha nos processos não é mais tolerada. Os processos de fabricação mudaram, é claro, para se tornarem mais eficientes e eficazes, mas o que realmente mudou foi a cultura dos negócios. Espera-se que todos, desde o líder até os funcionários do primeiro andar da fábrica, desempenhem um papel na garantia de que a filosofia de zero defeitos seja real.

O mesmo aconteceu com os acidentes de trabalho. Até alguns anos atrás (e em algumas partes do mundo, ainda hoje), eles eram considerados normais em indústrias como a construção e o aço. Todos os anos, alguns trabalhadores ficavam feridos, outros até morriam. Foi uma pena, é claro, muito triste para eles e suas famílias, mas não era possível fazer nada. Depois, veio o conceito de dano zero, a noção de que os acidentes de trabalho não eram aceitáveis e era dever de todos na empresa garantir que quaisquer acidentes fossem eliminados. Mais uma vez, tratou-se, em parte, de uma questão de tornar os procedimentos mais rigorosos, mas os colegas da área da saúde e da segurança me dizem que a verdadeira mudança é uma questão de mentalidade e abordagem. Mais uma vez, todos, desde o líder até o empregado de chão de fábrica, pensam em como eliminar acidentes, e pensar nisso é o primeiro passo para tornar realidade.

Parte da lógica por trás de ambos, zero defeitos e zero danos, além de manter os clientes felizes e os empregados vivos, é o custo. Produzir bens defeituosos é caro em termos de perda de receitas, compensação paga aos clientes e danos na reputação da empresa, e os investimentos em qualidade quase sempre pagam de volta várias vezes — levando o guru da qualidade Philip Crosby a cunhar a frase "a qualidade é gratuita". Do mesmo modo, os acidentes industriais geram custos enormes em termos de interrupções de trabalho, indenizações e, mais uma vez, de reputação.

É muito mais barato manter os trabalhadores em segurança do que lidar com as consequências dos acidentes.

Defendo que o mesmo se aplica à gestão como um todo. Existem investimentos que são necessários em formação, educação, estrutura organizacional e mudança cultural se quisermos chegar a um ponto em que o fracasso sistêmico seja considerado inaceitável, mas, quando consideramos os milhares de milhões de dólares, libras, euros, ienes, rupias e yuans que foram dizimados só nos últimos vinte anos, podemos contar qualquer investimento nesse sentido como dinheiro bem gasto. Se conseguirmos chegar ao ponto em que as culturas de gestão não causem danos reais às organizações, isso seria um começo; qualquer valor agregado adicional contaria como um bônus.

Produzimos sem defeitos, considerando a saúde e a segurança sem danos. Por que não podemos fazer isso de forma mais ampla?

Que tal tornar isso um conceito? Gestão de danos zero?

Gerenciando o sucesso

No entanto, para chegarmos a esse ponto, precisamos primeiro ver de onde vem a incompetência da gestão e por que ocorrem as falhas — e é disso que se trata grande parte deste livro. Nas páginas que se seguem, apresento sete fatores que levam à incompetência e ao fracasso. Eles são, podemos chamar, os sete pecados mortais da gestão, semelhantes, mas não idênticos, à lista elaborada pelos teólogos católicos. São as seguintes:

1. Arrogância.
2. Ignorância.
3. Medo.
4. Ganância.
5. Luxúria.
6. Pensamento linear.
7. Falta de propósito.

Apesar de este livro discutir as implicações para gestores e executivos individuais, o foco principal é nas culturas corporativas, nas quais essas coisas podem se enraizar. Por exemplo, há gestores e líderes arrogantes, mas, desde que o resto da organização os identifique e tome medidas para lidar com eles, há um limite para a quantidade de danos que eles podem causar. Muito mais perigosas são as culturas de arrogância, em que as empresas acreditam cegamente no próprio brilhantismo. Essas *culturas de menor superioridade mental* levam as empresas a várias armadilhas, entre as quais se destacam excesso de confiança, complacência e uma crença de que são invencíveis. Há também aquilo que eu chamo de arrogância com boas intenções, que acontece quando as empresas acreditam na sua missão de forma tão fanática que estão dispostas a deixar que os fins justifiquem os meios.

Ignorância, ou literalmente "não saber", começa como uma questão pessoal, mas, quando um grande número de pessoas ignorantes é reunido, cria, na verdade, uma organização ignorante. Quero deixar claro que não estou utilizando a palavra "ignorante" em um sentido pejorativo. Há muitas razões pelas quais pessoas e empresas carecem de conhecimento, incluindo inexperiência, falta de oportunidades de aprendizagem e falta de imaginação. A inabilidade de aprender com o passado é uma forma particularmente perigosa de ignorância, muito prevalente entre os executivos que acreditam que "a única constante é a mudança". A ignorância leva a *culturas de ação impensada*, em que as companhias fazem as coisas sem saber por quê, e sem entender quais serão as consequências. Como uma pessoa cega à beira de um precipício, elas não estão cientes do perigo até ser tarde demais.

As empresas receosas estão cientes do perigo, mas não sabem como lidar com ele. O medo da incerteza, do desconhecido, das pessoas e das coisas fora da sua própria experiência, ou que são diferentes de si próprias, cria uma espécie de camisa de força que inibe a ação e o pensamento. Essas empresas procuram opções que pensam que vão reduzir o risco, mas que, por vezes, têm o efeito oposto e aumentam o risco para níveis inaceitáveis. Elas procuram desesperadamente a certeza, não sabendo, ou recusando-se a saber, que a incerteza nos negócios é impossível. Essas são culturas de *precisão ansiosa*, onde ninguém faz um movimento sem fingir que sabe o que vai acontecer depois.

Empresas gananciosas são aquelas que privilegiam o crescimento e a concorrência antes de tudo. Impulsionadas por números, crescem a taxas insustentáveis. Algumas continuam anexando, adquirindo mais e mais subsidiárias até que seus sistemas financeiros e operacionais entrem em colapso. Algumas ficam obcecadas com a escala, outras com os lucros e outras ainda com o "vencer" a concorrência. Essas *culturas de aquisição conspícua* são tão focadas em crescer e vencer que esquecem seus verdadeiros objetivos e propósitos.

A luxúria pode significar luxúria sexual, e mais de uma empresa foi prejudicada pelo comportamento sexual de seus executivos, mas, neste livro, ela também significa a luxúria pelo controle e poder sobre os outros. Nas *culturas de dominação egoísta*, o que mais importa é que os outros façam o que queremos; nossa autoestima, pessoalmente e no sentido corporativo, depende da autoridade exercida sobre os outros. A ânsia de poder, muitas vezes, afirma-se na forma de burocracia, e aqueles que estão no topo da pirâmide burocrática reúnem mais e mais poder para si mesmos simplesmente para ter mais poder.

A presença do pensamento linear nessa lista pode causar surpresa, mas a dependência excessiva do pensamento linear é uma armadilha perigosa na qual equipes e empresas inteiras têm muita probabilidade de cair. Nas *culturas da lógica linear*, as pessoas acreditam que, desde que façam as coisas certas na ordem certa, o sucesso será alcançado. Essas culturas se concentram no curto prazo, porque seus resultados são mais fáceis de controlar. Elas têm fixações por datas, em vez de propósitos ou missões. E não podem fazer um movimento sem planilhas ou PowerPoint, duas ferramentas indispensáveis do pensamento linear nos dias de hoje. Seu pensamento é limitado, estreito e perigoso.

A falta de propósito se manifesta em *culturas de vacuidade*, nas quais a organização esquece seu propósito. Ninguém se importa mais. Executivos passam pelas moções. A liderança é fraca ou ausente. As equipes caem em padrões de pensamento grupal e de mendicidade social. Ninguém está disposto a assumir a responsabilidade. De todos os pecados da administração, esse é o mais mortal, pois abre uma porta fácil para um mundo de corrupção e colapso ético.

Nos próximos capítulos, analisaremos dois exemplos clássicos de falhas de gestão e veremos como esses "pecados" afetam as empresas na prática. Depois, veremos cada um deles por vez e, no final de cada capítulo, discutiremos quais seriam as curas. Na maioria das vezes, elas são de natureza simples, embora sua aplicação nem sempre seja fácil. O conhecimento da gestão de negócios também tem um papel a desempenhar na cura, e no Capítulo 11 eu olho para as mudanças que são muito necessárias nesse mundo também. Finalmente, no Capítulo 12, apresento um resumo das principais lições e alguns passos para uma filosofia de prevenção do fracasso, em vez de confiarmos apenas na cura.

Uma nota pessoal
Para não haver confusão, quero deixar claro meu propósito. Eu dirijo meu próprio negócio há mais de vinte anos, e estive envolvido no estudo e na pesquisa de negócios ao redor do mundo por quase tanto tempo. Nos últimos doze anos, dei aulas no MBA de uma escola de negócios no Reino Unido. *Não* sou contrário à gestão. Os bons funcionários que trabalham arduamente todos os dias para criar valor, servir clientes e ajudar, mesmo que de uma pequena forma para fazer do mundo um lugar melhor, têm meu respeito. Minha crítica é dirigida aos poucos, aos poucos perigosos, às pessoas incompetentes que minam os esforços dos outros, e às organizações rígidas, disfuncionais e tóxicas que forçam até mesmo os bons gestores a percorrer o caminho do fracasso. Os danos que eles causam me enjoam.

Acredito absolutamente no mundo dos negócios como uma força para o bem no mundo. Esqueça o disparate de Ivan Boesky sobre "a ganância é boa", ou a visão totalmente equivocada de Milton Friedman de que o único dever de uma empresa é devolver valor a seus acionistas. Quando se trata de negócios e gestão, meus deuses domésticos são filósofos e não economistas, e apelo a uma linha de pensamento que remonta a Confúcio, Platão, Ibn Khaldun, Ishida Baigan e São Tomás de Aquino, que diz que o negócio é parte integrante da sociedade. As empresas existem porque a sociedade precisa de coisas; as empresas florescem quando fornecem as coisas que a sociedade precisa; as empresas falham quando deixam de fornecer o que a sociedade quer. Se eu pudesse, pintaria esse mantra na parede de cada escritório de cada gerente do mundo. Olhe para qualquer negócio que tem sido bem-sucedido a longo prazo, e você vai encontrar esse conceito no centro de seu pensamento e seus valores. Lembre-se desse princípio básico, e você não errará tanto. Os gerentes incompetentes o perdem de vista. Gestores incompetentes, por uma variedade de razões que vamos abordar, tomam decisões que não são do melhor interesse de seus clientes ou da sociedade, muitas vezes na crença ingênua de que essas decisões são do maior interesse da organização, ou de si mesmos. Isso é um mito. Como disse Peter Drucker: "Há apenas um propósito válido para um negócio — criar clientes".[9] Nenhuma empresa sobreviverá, pelo menos por muito tempo, se negligenciar os clientes. No entanto, os gestores persistem em ignorar esse fato. Estabelecem programas de expansão que não podem suportar. Cortam custos nos lugares errados. Investem em projetos não investíveis. Apostam em novos produtos sem saber se o mercado os deseja. Criam fusões entre organizações totalmente inadequadas que depois fracassam. Abusam de suas posições de poder de formas, muitas vezes, antiéticas, e até mesmo ilegais. Todas essas e muitas outras coisas são sintomas de incompetência gerencial.

E o resultado? Pode-se dizer que a incompetência de gestão é menos grave do que a incompetência militar. Afinal, esse último mata pessoas. O negócio não é um assunto tão sério como a guerra. Mas isso é mesmo verdade? Pensem, mais uma vez, nos milhares de milhões de valor que foram destruídos pelas ações de gestores e empresas incompetentes. Pense nos danos causados às economias nacionais. Pensem nos empregos perdidos, nas casas retomadas por hipotecas, nos cortes na educação, na pobreza e nas privações que daí resultaram. E sim — pense nos mortos, afogados no *Titanic*, queimados até a morte na *Deepwater Horizon*, sufocados por gás tóxico em Bhopal, os que morreram lentamente por envenenamento com mercúrio em Minamata. A renda gerencial não é isenta de consequências. Mata empresas. E, às vezes, também, mata pessoas.

Capítulo 2
Nenhum defeito além do nosso

"Ao longo de todos os anos em que estive no ramo, nunca achei um defeito que viesse de uma força externa. Sempre foi devido a algum defeito interno." — Henry Ford

FORD MOTORS[1]
Há poucas histórias mais extraordinárias na história dos negócios do que a da fundação da Ford Motor Company. Começou como a personificação do sonho americano, o homem que se fez por si mesmo, indo dos trapos para a riqueza, e que se tornou o principal líder empresarial dos Estados Unidos, um homem que refez toda uma indústria e mudou o mundo ao fazer isso. Acabou como uma tragédia shakespeariana, com desastre, loucura e morte.

Analisando em retrospecto a ascensão e a queda da Ford, muitos escritores concluíram que o declínio foi resultado de sua incapacidade de enfrentar o desafio competitivo apresentado por seu principal rival, a General Motors. A GM, diz a história, era mais ágil, mais flexível, mais responsiva às necessidades dos clientes. É verdade — mas qual o motivo dessa incapacidade? Por que uma empresa cujo nome já foi sinônimo de inovação e visão não se adaptou às mudanças? Por que a empresa que inventou o conceito do automóvel de massas não viu esse jovem pretendente a sua coroa?

Orgulho e arrogância, não competição externa, provocaram a queda da Ford. Ela não conseguiu atender ao desafio da GM, porque, durante muitos anos, se recusou a reconhecer que qualquer desafio existia. Henry Ford e seus gerentes seniores acreditavam ser supremos, que nenhum rival poderia tocá-los, e essa arrogância efetivamente os cegou para o que estava acontecendo no mundo ao redor. O caso deles não é único, claro. Os autores trágicos da Grécia antiga reconheceram essa síndrome há muito tempo. Eles a chamavam de húbris, o orgulho arrogante que vem antes da queda, a arrogância que leva à retribuição divina. Henry Ford e seus gerentes tinham arrogância, em abundância.

A estrela em ascensão
De onde vieram o orgulho e a arrogância da Ford? Há poucas pistas a serem encontradas na história pessoal de Ford. Ele veio de origens humildes, nascido perto de Dearborn, no Michigan, em 1863, como um dos oito filhos do agricultor William Ford e sua esposa Mary. Frequentou a escola da aldeia local, mas aparentemente era pouco alfabetizado ao terminar os estudos, em 1879. Deixando a fazenda da família, Ford, de dezesseis anos, encontrou trabalho como aprendiz de mecânico em uma oficina de máquinas em Detroit, e mais tarde assumiu um emprego de meio período reparando relógios. Ele ficou fascinado por engrenagens e até considerou ser um relojoeiro, mas não tinha capital para iniciar um negócio.

Tornou-se evidente que Ford tinha um talento natural para a engenharia. Aos dezenove anos, montou sua própria oficina de máquinas. Alguns anos mais tarde, vendeu esse negócio e assumiu um cargo na Westinghouse Corporation, prestando serviços e mantendo motores a vapor. Ele se casou por volta dessa época, e ele e sua esposa, a sofredora Clara Bryant Ford, tiveram um único filho, a quem chamaram Edsel

O ano do nascimento de Edsel, 1893, testemunhou um avanço quando Ford foi contratado pela recém-formada Edison Illuminating Company, chegando rapidamente ao cargo de engenheiro-chefe em Chicago. Era o começo da iluminação elétrica, e Ford estava na vanguarda de uma indústria totalmente nova. Ele conheceu Thomas Edison; o grande inventor se interessou por Ford, e eles se tornaram bons amigos. Durante anos, Ford, Edison e Harvey Firestone, outro homem que se fez sozinho e fundou uma empresa de pneus para carruagens e depois para automóveis, costumavam sair todos os verões em expedições de camping e pesca ao norte de Michigan, durante as quais costumavam ficar nus. Tendo em conta os mosquitos e as moscas pretas das florestas de Michigan no verão, devemos considerá-los corajosos.

O fascínio de Ford com relógios e engrenagens continuou. Um dos problemas que afetava os primeiros projetistas de automóveis era como transmitir a potência gerada por um motor a vapor ou de combustão interna para as rodas. Ford criou um design simples de uma transmissão e, para testá-lo, construiu seu primeiro automóvel, um caso esquelético que funcionava com quatro rodas de bicicleta — de fato, ele o chamou de "quadriciclo". Mais tarde, Ford lembrou que na época ele não tinha interesse em projetar automóveis, e foi Thomas Edison quem o incentivou a continuar.

Em 1899, com capital fornecido por um negociante de madeira de Detroit, William Murphy, Ford criou a Detroit Automobile Company e se demitiu da Edison para se tornar o superintendente da nova empresa responsável pela produção. Esse empreendimento foi um fracasso total, em grande parte porque Ford nada sabia sobre a produção de carros e conseguiu produzir apenas um punhado de automóveis no primeiro ano — sem dúvidas, não mais de vinte, e possivelmente apenas três. Implacável, Ford e seus financiadores tentaram novamente, criando a Henry Ford Company em 1900. Um dos projetos produzidos dessa empresa foi um carro de corrida de sucesso, e de repente Ford encontrou outro entusiasmo. Ele se envolveu tanto com carros de corrida que seus sócios o demitiram da empresa que tinha o nome dele por negligência do dever (ironicamente, a Henry Ford Company foi mais tarde renomeada como Cadillac Motor Car Company e passou a fazer parte da General Motors). Ford e o antigo piloto de corrida Tom Cooper desenharam juntos o 999, que quebrou o recorde mundial de velocidade em terra. Mas os carros de corrida acabaram por ser apenas uma fantasia passageira.

Em 1900, os automóveis ainda eram artigos de muito luxo. Eram muito caros e só estavam disponíveis para os ricos. Muitos fabricantes de automóveis tinham sido fabricantes de carruagens antes, e continuaram a vender para a mesma clientela de elite. A produção seguiu o modelo de trabalho artesanal, com apenas algumas unidades de alto valor produzidas a cada ano — esse foi de fato o modelo de produção que o próprio Ford havia seguido em suas empresas anteriores. Mas havia sinais de que a procura de carros pela classe média iria crescer. Alguns fabricantes de automóveis tentaram atender a essa demanda, e todos falharam. Parecia que ninguém poderia fazer carros de confiança e baratos o suficiente para atender a esse novo mercado.

Ford resolveu ter sucesso onde outros tinham falhado. Mas percebeu que, para isso, teria que inventar duas coisas: um produto para atender às necessidades do mercado e um sistema de produção que lhe permitisse produzir carros baratos. Esse último, por sua vez, significava produção em volume, a fim de alcançar economias de escala e reduzir os custos. Em 1903, fundou outra empresa, a Ford Motor Company, com o apoio do comerciante Alexander Malcolmson, de Detroit. Da empresa de Malcolmson veio um funcionário chamado James Couzens, que apenas alguns anos antes tinha sido um cobrador de passagens de trem. Ele se tornou secretário da empresa de Ford e, dentro de poucos anos, gerente-geral, dirigindo as operações comerciais e de marketing da Ford. Ele e Ford se complementaram perfeitamente; o talento de Couzens para a gestão combinava com o gênio de Ford como engenheiro.

Alguns anos mais tarde, a Ford Motors comprou um de seus principais fornecedores, a fabricante de aço John R. Keim. Da Keim, Ford recrutou seu novo gerente de produção, William "Big Bill" Knudsen, que completou o grupo de talento de alto nível. Há mais de uma década, descrevi a combinação de Ford, Couzens e Knudsen como "uma das maiores equipes de gestão que o mundo já viu".² E repito isso.

Em 1906, depois de vários modelos experimentais terem falhado, a Ford lançou o Modelo N, vendido por seiscentos dólares, muito mais barato do que a maioria dos carros no mercado da época. Apesar de sua simplicidade e seus defeitos, o Modelo N teve um bom desempenho, provando a visão de Ford de que havia um grande mercado de classe média a ser explorado. O que aconteceu a seguir faz parte da lenda dos negócios.

Ford queria um carro que atraísse as massas. E construiu um. Ele e seu parceiro de design, o improvável Childe Harold Wills, criaram um dos automóveis mais emblemáticos de todos os tempos, o Modelo T. Conhecido carinhosamente como "Tin Lizzie", o Modelo T tinha um motor de 22 cavalos e melhorou o design do chassi e da direção. Era tecnologicamente avançado quando foi lançado, mas seu design era tão simples que as peças intercambiáveis podiam ser facilmente produzidas em massa. Era um carro atraente, também, para os padrões da época — podia ter saído de uma linha de montagem, mas parecia ser de qualidade. Foi provavelmente Wills quem desenhou a caligrafia para o emblemático logotipo da Ford, que ainda hoje adorna os carros da marca. Ford nunca proferiu a frase que lhe foi atribuída, segundo a qual "um cliente pode ter um carro pintado da cor que quiser, desde que seja preto". O Modelo T foi originalmente comercializado em uma gama de cores, mas o preto provou ser o mais popular — para os jovens da época, o Modelo T preto era o epítome do *cool*. O preço inicial, em 875 dólares, foi maior do que a Ford pretendia, mas ela reduziu seus custos de forma que, em 1920, um novo Modelo T poderia ser comprado por 225 dólares.

Entre 1908 e 1927, dezessete milhões de Modelo T foram vendidos, mais do que qualquer outra marca de carro montado durante esse tempo. Ford tinha toda a razão — a procura de carros estava lá, e aumentando. A posse de um automóvel, para os jovens norte-americanos de classe média, significava mais do que ter apenas um objeto. Era um símbolo de liberdade. O carro dava às pessoas a possibilidade de se deslocar, de procurar trabalho em outras partes do país, de migrar em busca das oportunidades que o sonho americano lhes prometia. O carro também se tornou um nivelador social, dando às classes médias e aos trabalhadores ainda mais prósperos a capacidade de viajar, outrora apreciada apenas pelos melhores. Entre os principais beneficiários, estavam mulheres jovens, para quem o carro oferecia chances de fuga e oportunidade, anteriormente negadas. Os pregadores denunciaram o Modelo T como uma influência corruptora sobre a moral das mulheres, mas de pouca utilidade. O longo caso de amor da América com o automóvel tinha começado.

Para fazer essa maravilha automotiva, Ford e sua equipe desenvolveram uma instalação de produção igualmente radical. Eles se basearam nas técnicas de produção em massa e peças padronizadas já em uso por empresas como a Colt e a International Harvester. Eles também se basearam nos princípios da organização do trabalho conhecida como "gestão científica", desenvolvida por Frederick Winslow Taylor e seus colegas da indústria do aço. O jovem arquiteto Albert Kahn foi contratado para projetar a nova unidade de produção em Highland Park, perto de Detroit. Inaugurado em 1910 e cobrindo 62 acres, o Highland Park foi a maior unidade de produção de linhas de montagem do mundo. Revolucionou a produção em massa de carros. Antes de sua abertura, os trabalhadores da Ford levavam entre doze e catorze horas para montar um único carro a partir de peças acabadas. Em Highland Park, o processo demorou uma hora e meia.

Um choque sísmico atravessou o mundo dos negócios. Líderes dos Estados Unidos e da Europa correram para Highland Park para ver a maravilha que Ford havia criado, e tentaram descobrir como funcionava para copiá-la. Uma coisa que não teria escapado à atenção desses visitantes foi a avidez e o entusiasmo dos trabalhadores. Ford, Couzens e Knudsen pagavam bem, muito bem a seus homens. Em 1914, Ford começou a oferecer aos trabalhadores uma taxa de cinco dólares por dia, cinco vezes mais a taxa em vigor noutras fábricas de Detroit. Como resultado, ele poderia recrutar a nata dos mecânicos e engenheiros. Foi estimado que havia cerca de mil canetas de aplicação para cada trabalho na Ford. Outra inovação: o Departamento de Sociologia, chefiado pelo ministro episcopal Samuel Marcus, foi encarregado de estudar as condições e práticas de trabalho e recomendar melhorias. A Ford foi a primeira empresa a conduzir de forma ativa e contínua a investigação sobre a motivação dos trabalhadores, e as lições aprendidas foram integradas na política de emprego.

Isso não foi apenas uma questão de interesse próprio. Como alguém que tinha subido nas fileiras de engenharia, Ford sabia que o trabalho árduo de seu pessoal era a chave para o sucesso da empresa. Os trabalhadores estavam, na linguagem moderna, criando valor e, como outros gerentes e líderes esclarecidos, Ford acreditava ser certo eles participarem dos lucros. Assim como os salários elevados, os trabalhadores da Ford receberam uma parte dos lucros e benefícios generosos. "A empresa era uma instituição no sentido de que não existia para fazer dinheiro, mas para fazer empregos e bens", comentou Allan Nevins em sua história sobre a Ford.[3]

Em 1916, Ford e seus gerentes haviam alcançado sucesso além de seus sonhos mais loucos. Naquele ano, a empresa produziu mais de quinhentos mil automóveis — todos vendidos — e obteve um lucro de pouco mais de 57 milhões de dólares.[4] Eles dominaram a categoria de automóveis do mercado de massa, uma categoria que haviam criado. Tinham uma marca poderosa que não era apenas uma palavra de ordem para a qualidade, mas que explorara a psique americana, tornando-se parte do sonho americano. Ao fazer isso, mudou a própria sociedade americana. Eles tinham uma instalação de produção de última geração, uma força de trabalho leal e comprometida, um histórico de inovação em produtos e processos que davam inveja ao mundo. Tiveram todas as oportunidades de ir mais longe e ter mais sucesso.

E perderam tudo isso.

Orgulho antes da queda

É difícil dizer quando as coisas começaram a correr mal. As fendas começaram a aparecer em 1915. Nos primeiros tempos, Ford era parte de uma equipe, mas então começou a reunir mais e mais controle para si mesmo e tornou-se cada vez mais intolerante a rivais e críticos.

Ele parece ter ressentido a autoridade e influência de James Couzens, que era um membro fundador da empresa e desempenhou um papel muito importante em seu sucesso comercial. Os desacordos entre os dois homens se tornaram mais frequentes e, em 1915, Ford forçou a demissão de Couzens.

E o mesmo aconteceu com outros. James e Horace Dodge, os designers dos motores, foram expulsos do conselho de administração. Samuel Marcus, o chefe humano do Departamento de Sociologia, desistiu em 1921. Willis, o codesigner do Modelo T, renunciou em 1919, logo seguido por "Big Bill" Knudsen, que deixou o cargo após um violento conflito com Ford. Seu substituto foi seu adjunto Charles Sorenson, conhecido pelos trabalhadores como "Cast-Iron Charlie". Sorenson manteve o apelido que surgiu de sua defesa do uso do ferro fundido para chassis e outros componentes. Outros sugeriram que o nome vinha do seu estilo de gestão.

Cast-Iron Charlie era a cara da nova geração de gerentes que subiu ao topo da Ford. Ele era, por conta própria, um "homem do sim". Mesmo quando discordou de Henry Ford, nunca o desafiou, nem tolerou dissidência ou desacordo de seus trabalhadores. A outrora poderosa cultura e ética de trabalho da Ford começou a declinar. O próprio Sorenson nunca tinha visto aquilo — ele acreditava que os trabalhadores o respeitavam e o amavam. Em suas memórias, ele lembrou que, durante uma visita à União Soviética no final dos anos 1920, visitou uma fábrica de montagem de carros e foi recebido com gritos de "Hiya, Charlie!" por trabalhadores da linha que já haviam trabalhado em Highland Park.[5] Nunca lhe ocorreu perguntar por que os trabalhadores deixariam o salário de cinco dólares por dia e os benefícios de Highland Park para trabalhar na cada vez mais autocrática União Soviética. Se lhe tivessem dito que uma das razões poderia ser ele próprio e a cultura que havia criado, não teria acreditado.

Parece também que a atenção de Henry Ford começou a vaguear. Uma das fontes de descontentamento entre Couzens e ele foi que, apesar de Ford ter se interessado muito pelo projeto de Highland Park, não se podia dizer o mesmo quanto a administrá-lo. Ele desenvolveu outros empreendimentos, como uma planta para fazer tratores — mantendo muito disso para si mesmo e se recusando a deixar qualquer um dos seus colegas da Ford Motors se envolver. Outra fonte de discórdia entre eles foi o pacifismo de Ford. Em 1915, Ford fretou um "navio da paz", que transportou ele e outros ativistas da paz, incluindo a pacifista Rosalka Schwimmer e a socialista Jane Addams, para a Europa com a intenção declarada de negociar o fim da Primeira Guerra Mundial. Quando os jornais norte-americanos e europeus souberam da aventura, responderam com ironia. Ford, humilhado publicamente pela primeira vez em sua vida, abandonou a viagem e voltou para casa.

Seguiram-se outros sinais de arrogância. Em 1919, o presidente Woodrow Wilson lhe disse que o país precisava de seus enormes talentos e o convenceu a se candidatar como senador. Ford foi derrotado por pouco, e a experiência parece tê-lo desiludido — a partir desse momento, ele começou a se voltar contra o governo. Outro sinal revelador foi Ford ter uma amante, sua secretária Evangeline Cote. Em público, Ford era um puritano e não tolerava casos entre seus colegas e funcionários, e essa aparição era hipocrisia de alta ordem. Para manter o caso em segredo, ele insistiu para que Evangeline se casasse com seu motorista e instalou o casal em uma casa onde continuou a visitá-la por mais doze anos. Ford se recusou a reconhecer a paternidade do filho de Evangeline, embora tenha dado apoio financeiro.

Por que isso é importante? Porque Ford vivia cada vez mais em um mundo que ele próprio criou. Ele acreditava no que pessoas, como o presidente Wilson, diziam sobre ele: que era um gigante, um titã, um homem de visão. Acreditava que estava certo, que suas opiniões eram as corretas e quem discordava estava errado. Ele não tinha de obedecer às regras que governavam as pessoas comuns — mesmo as regras que ele mesmo tinha feito — porque ele estava acima do rebanho comum. Durante a década de 1920, escreveu uma série de livros em colaboração com o jornalista de negócios Samuel Crowther, filosofando sobre sociedade, cultura, democracia e negócios. O último desses livros, *Moving Forward*, publicado em 1931, contém uma declaração reveladora:[6]

Ao longo de todos os anos em que estive no ramo, nunca achei um defeito que viesse de uma força externa. Sempre foi devido a algum defeito interno, e, sempre que identificamos e reparamos esse defeito, nosso negócio voltou a ficar bom — independentemente do que qualquer pessoa poderia fazer. E é um fato que esse país é mal gerenciado em nível nacional quando homens de negócios ficam à deriva, e que é bem gerenciado quando eles se apropriam dos próprios assuntos, os lideram e avançam apesar dos obstáculos. Só pode ocorrer catástrofe quando os princípios fundamentais do negócio são ignorados e o que parece ser o caminho mais fácil é tomado.

No entanto, Ford e seus gerentes ignoraram os princípios fundamentais do negócio, e havia defeitos na empresa. E a catástrofe estava à espera.

Enquanto Ford flertava com a política, namorava sua amante e se estabelecia como o rei filósofo dos negócios, os "homens do sim" e bajuladores que chegaram ao comando após a partida de Couzens e Knudsen deixaram a empresa à deriva. O Modelo T construído em 1920 era exatamente o mesmo que de 1910. Não houve inovações ou melhorias que impedissem a queda no preço para o cliente. As instalações de produção tinham aumentado muito, e a Ford estava construindo automóveis na Grã-Bretanha e no Canadá, além dos Estados Unidos. Mas a expansão trouxe suas complicações, e a empresa estava cada vez mais burocrática e pesada. Ford foi vítima do que o professor de Harvard Clayton Christensen chama de "dilema do inovador". Tendo criado inovações deslumbrantes no processo e no produto, a empresa se apegou a eles. Ele não poderia suportar ou tolerar o desvio dessa receita original de sucesso.

Entretanto, concorrentes famintos esperavam. O primeiro desafio sério surgiu com Willys Overland no final da adolescência. Seu líder, John North Willys, era um brilhante comerciante que tinha alguns designs excelentes, mas a empresa se expandiu depressa e depois entrou em colapso. Então, a General Motors surgiu. No início, poucos observadores levavam a sério a General Motors. Criada pelo empresário William Crapo Durant, seu nome do meio servia como comentário adequado sobre suas habilidades gerenciais. Adquirindo várias pequenas empresas, incluindo Cadillac e Chevrolet, Durant tentou juntá-los em uma única empresa, a General Motors. Ele falhou. Sua administração o afastou e recrutou Pierre du Pont como novo presidente. Du Pont já era conhecido por ter reestruturado eficazmente a fabricante de pólvora de propriedade familiar, E.I. du Pont de Nemours, antes de abandonar seu conselho após uma discussão com os primos. Como presidente do conselho da General Motors, du Pont transformou o negócio em uma organização com funcionamento suave.[7] Ele contratou grandes talentos, incluindo o lendário Alfred Sloan como chefe executivo. E, pelo menos tão significativamente, em 1921, contratou "Big Bill" Knudsen para assumir a produção da Chevrolet com a tarefa específica de tirar o Modelo T do seu poleiro.

Knudsen respondeu com vivacidade. Pensar em chocar seu ex-chefe era motivo suficiente, e ele pegou todas as habilidades e ideias que tinha aprendido na Ford e as colocou em prática ao serviço da oposição.[8] O Chevrolet Modelo D foi superior ao Ford Modelo T em termos de conforto, velocidade, potência, e. graças a Knudsen, a economia de custos significou que ele logo competiria no preço. O mercado do Modelo T começou a corroer. Agora, era o momento de a Ford responder com inovações próprias, mas a única resposta que os gestores da Ford podiam pensar era reduzir os custos e os preços ainda mais, em uma tentativa de recuperar a quota de mercado.

A atmosfera nas fábricas da Ford mudou drasticamente à medida que os salários foram reduzidos para quase metade e a educação dos trabalhadores e muitos outros benefícios foram eliminados. Foi imposta uma disciplina rigorosa que impedia os trabalhadores de assobiar ou mesmo de falar durante os turnos. O famoso departamento sociológico da Ford, que tinha estudado a motivação dos trabalhadores, foi encerrado e substituído pelo Departamento de Serviço da Ford, que foi encarregado de cumprir a conformidade.

A quota de mercado do modelo T continuou a diminuir. Com o tempo, Sorenson e Edsel, filho de Ford, agora dirigindo a empresa diariamente, perceberam que precisavam inovar. Mas, em vez de mudanças incrementais em resposta à demanda do mercado, eles decidiram recriar a receita bem-sucedida de 1908-10, optando por um novo carro radical e uma nova instalação de produção radical para construí-lo. Mas os gênios do design e da engenharia que tinham criado o Modelo T e Highland Park já não existiam, nem a compreensão instintiva do mercado automotivo — que, em todo o caso, tinha percorrido um longo caminho desde 1910. O sucessor do Modelo T, o Modelo A, levou muito tempo para chegar ao mercado e custou muito caro para projetar. Foi um bom carro, uma melhoria em muitos aspectos sobre o Modelo T, mas não foi radical e não chamou a atenção do público, da mesma forma que o Chevrolet Standard Six, que foi lançado alguns anos depois. E a nova fábrica de produção em River Rouge, Michigan, era gigantesca — no seu auge, empregava 120 mil trabalhadores —, mas houve grandes atrasos na obtenção da velocidade máxima de produção e as eficiências de Highland Park nunca foram igualadas. A mudança de cultura dentro da Ford certamente desempenhou um papel nisso.

A Ford perdeu sua posição no topo do mercado. O Chevrolet se tornou o carro mais vendido por volume, e a General Motors assumiu o lugar da Ford como a maior fabricante de automóveis do mundo, uma posição que a Ford nunca foi capaz de recuperar. E, ainda assim, o declínio continuou. Henry Ford voltou ao negócio mais diretamente, e muito mais autocraticamente do que antes. Ele havia delegado muitos poderes a seu filho Edsel, mas parece tê-lo culpado pelos fracassos e o humilhado e insultado sistematicamente em público. Edsel, já com a saúde comprometida, sofreu sob a barragem de insultos e críticas que seu pai lhe dirigiu. Cast-Iron Charlie Sorenson recorda que a única vez que enfrentou Ford foi devido à forma como tratava Edel, mas não conseguiu balançar o velho. Edsel morreu em 1943, e Sorenson estava convencido de que o próprio pai o tinha perseguido até sua sepultura.

Mas Sorenson não falou sobre a política da Ford. Ninguém o fez, porque uma cultura de medo reinava. Trabalhadores e gerentes estavam sob o controle do Departamento de Serviços Ford, agora dirigido por Harry Bennett, um antigo lutador com supostas conexões com a máfia de Chicago. Seus bandidos usavam ameaças verbais, apoiadas por físicas quando necessário, para garantir que ninguém saísse da linha.

Conforme Sorenson, até a esposa de Ford, Clara, vivia com medo de Bennett. Os sinais de doença mental também começaram a aparecer. Ford estava se tornando cada vez mais paranoico, e achava que Bennett era uma das poucas pessoas em quem podia confiar. Quando eclodiu a Segunda Guerra Mundial e foram dadas ordens para converter as fábricas à produção de guerra, inicialmente, Ford negou o acesso aos agentes do governo, acreditando que eram assassinos enviados pelo presidente Roosevelt. Eventualmente, Ford cedeu e a empresa fez um trabalho de guerra, construindo bombardeiros pesados em uma nova fábrica em Willow Run, Michigan.

A Segunda Guerra Mundial — tanto pelo trabalho de guerra que gerou quanto pelo fato de o mercado automotivo ter efetivamente parado — provavelmente salvou a Ford da beira do abismo. A empresa tinha ficado sem novos produtos, talentos e ideias. Sua marca ainda inspirava respeito, mas a General Motors, com sua estratégia diversificada de produtos, dominava o mercado automotivo. No entanto, Henry Ford não relaxou o aperto de mão, e seus gerentes se ajoelharam diante dele. Em 1943, após a morte de Edsel, Ford insistiu em assumir o controle total da empresa apenas para enfrentar uma revolta da mais improvável das fontes. Sua esposa e sua nora, viúva de Edsel, ameaçaram vender as próprias ações da empresa para a General Motors se Ford não se aposentasse. Com isso, ele perderia o controle da própria empresa. Com relutância, ele aceitou, mas permaneceu como um fantasma malévolo até sua morte, em 1947.

O filho de Edsel, Henry Ford II, foi liberado do serviço militar e enviado para casa para assumir a empresa. Após a guerra, ele começou o longo e doloroso processo de reconstrução. A Ford passou a ter mais sucessos — recrutou uma nova geração de gestores talentosos, incluindo Robert McNamara e Lee Iacocca, e desenvolveu outra marca icônica, a Mustang. Mas a empresa nunca recuperou sua antiga posição no mundo dos fabricantes de automóveis.

Nosso Ford
Ford e seus gerentes eram incompetentes? Em nível técnico, não. Havia alguns engenheiros brilhantes entre eles, incluindo Sorenson, que cri-

tiquei duramente antes, mas que, sem dúvida, era tecnicamente muito bom em seu trabalho. Mas todos eles caíram — e o próprio Ford caiu, acima de tudo — na armadilha de acreditar que a excelência tecnológica era uma garantia de sucesso. James Couzens tinha uma compreensão intuitiva do mercado e de suas necessidades. Por isso, nos primeiros tempos, Ford também tinha. Mas, depois da partida de Couzens, os gerentes da Ford pararam de pensar no mercado. Eles desenvolveram o que um crítico posterior da gestão, Theodore Levitt, descreveu como "miopia de marketing".[9] Eles acreditavam que, se fizessem produtos excelentes e baratos, esses produtos se venderiam misteriosamente. Não foram a primeira empresa a cair nessa armadilha, nem a última. Na década de 1980, a fabricante de automóveis britânica Austin Rover cometeu exatamente o mesmo erro quando embarcou em uma estratégia de "recuperação liderada pela produção", construindo automóveis que o mercado não desejava, pelo menos não em volume suficiente para tornar sua produção rentável.

Então, houve erros técnicos e estratégicos. Mas é difícil escapar da sensação de que esses erros poderiam ter sido evitados, alguns deles facilmente, se a cultura da Ford tivesse sido diferente.

O próprio Ford teve de suportar o peso da culpa. Dos sete pecados mortais, ele exibiu pelo menos três: o orgulho, uma arrogância que aparece em seus livros com tanta força que tira nosso fôlego; a luxúria pelo poder e a dominação dos outros, como a intimidação de seu filho e o tratamento dado a seu secretário; e a ganância, o desejo de mais e mais crescimento, em vez de se concentrar nas necessidades de seus clientes. Dos três, a arrogância é a mais óbvia. Ford acreditava que era supremo, um mestre do universo. Será que ele sabia que o romancista britânico Aldous Huxley o tinha satirizado em *Admirável mundo novo* como "Nosso Ford", a divindade adorada em vez de "Nosso Senhor"? Será que leu a condenação mais sóbria proferida por outro romancista britânico, John Buchan, que o descreveu como um gênio remoto e frio a ser admirado, mas não imitado?[10] Provavelmente não. Em 1930, se não antes, Ford se tornou imune às críticas. Exigiu bajulação. O contraste com o bem-sucedido rival Alfred Sloan, famoso por ser intolerante aos "homens sim senhor", não poderia ter sido mais agudo. Mas Ford não foi o único culpado. Todas essas falhas foram refletidas em seus gerentes em anos posteriores. A empresa se transformou de uma equipe intimamente ligada em uma organização adversária em que as pessoas lutavam pelo poder, seguindo o exemplo do pai e do filho que os conduziu. Figuras de homens másculos como Cast-Iron Charlie e Harry Bennett substituíram gestores mais centrados no ser humano, como Couzens, Wills e Marcus. A administração perdeu o contato com os ideais primitivos de criação de valor e serviço. Em vez disso, tratava-se do exercício nu do poder, geralmente em causa própria, para autogratificação. E a cultura dominante também significava que o talento já não conseguia encontrar um lugar. Bons gerentes logo partiram. O medíocre permaneceu, e gradualmente flutuou até o topo. E, à medida que subiam, a empresa declinou.

A incompetência quase matou a Ford Motor Company. A quantidade de valor destruído entre 1915-16 e 1943 nunca foi calculada. É provavelmente impossível calcular o desperdício gerado pelos custos de oportunidades. Não podemos saber o que a empresa poderia ter feito se ela mesma e seus gerentes tivessem continuado como começaram. Contemplando esses últimos anos, o filho morto, os trabalhadores espancados e acovardados, os clientes decepcionados, os infelizes anos perdidos e, acima de tudo, aquele terrível velho paranoico que vivia sozinho com suas ilusões, tem-se consciência de um sentimento de trágica futilidade e desperdício. Seria de esperar que as lições dessa experiência fossem aprendidas e que outras empresas fossem capazes de evitar as armadilhas em que a Ford caiu. E ainda assim...

Capítulo 3
Como caíram os poderosos

"Vamos reconhecer que este é um evento único em meio século, provavelmente único em um século." — Allan Greenspan

LEHMAN BROTHERS[1]

Às 1h45 da manhã de 15 de setembro de 2008, o Lehman Brothers, o quarto maior banco de investimento dos Estados Unidos, declarou falência. Houve rumores sobre a solvência do banco por um tempo e, desde a crise anterior, em janeiro de 2008, não havia dúvida de que o Lehman Brothers estava com problemas, mas poucos esperavam que isso acontecesse de verdade. Vários planos de resgate foram propostos, e havia confiança — particularmente, no próprio Lehman Brothers — de que uma solução seria encontrada. Uma instituição dessa dimensão e importância não podia falir.

Mas faliu. Seu colapso foi o equivalente a atirar uma pedra em um lago liso. As ondulações se espalharam, primeiro através do setor financeiro norte-americano, depois para a Europa e a Ásia, depois para a economia mundial. Os Estados Unidos e grande parte da Europa entraram em recessão, e o crescimento estagnou em todo o mundo — mesmo as novas potências econômicas, China e Índia, tropeçaram e desaceleraram.

No rescaldo do acidente, as pessoas começaram a procurar razões, e tal é a natureza humana que também procuraram alguém para culpar por seus males econômicos. Não surpreendentemente, a culpa recaiu nos bancos e nos banqueiros, e o presidente e CEO do Lehman Brothers, Richard Fuld, foi um dos escolhidos para críticas e abusos. Uma revista norte-americana o nomeou "o pior CEO de todos os tempos". Outros o classificaram como um dos principais culpados não apenas da quebra do Lehman Brothers, mas da própria crise financeira.

Mas isso é justo? Fuld foi o único responsável pelo fracasso do Lehman Brothers? Ou havia algo mais profundo, uma bomba relógio enterrada dentro do banco e de sua cultura à espera de explodir?

Um século de serviço
Não há nada na história inicial do Lehman Brothers que nos fizesse pensar que acabaria dessa maneira.

A origem do Lehman Brothers pode ser encontrada na cidade de Montgomery, Alabama, onde, em 1844, um imigrante bávaro chamado Hayum Lehman fundou um comércio e mudou seu primeiro nome para Henry. Alguns anos mais tarde, Henry ganhou como sócio o irmão, Emanuel, e depois um terceiro, Mayer, que teve de fazer uma saída precipitada da Baviera depois de ter participado na fracassada revolução de 1848. A loja de varejo que possuíam e administravam se chamava Lehman Brothers.

Os Estados Unidos nos anos 1840 e 1850 não tinham um sistema bancário. Em parte, graças à amarga oposição dos primeiros presidentes, como Thomas Jefferson e Andrew Jackson, que acreditavam que os grandes bancos eram uma ameaça à liberdade e ao modo de vida norte-americano, não havia banco central — o sistema da Reserva Federal só foi estabelecido décadas depois. Tentativas de homens como Stephen Girard e John Jacob Astor de fundar um banco nacional encontraram forte resistência e não foram adiante. Em vez disso, a Lei do Banco Livre, de 1838, abriu o mercado aos pequenos bancos locais, muitos dos quais eram pouco capitalizados e mal geridos. Cada banco imprimiu as próprias notas, e as notas emitidas por bancos suspeitos de estarem em apuros eram frequentemente trocadas por um valor inferior ao nominal. As falências bancárias eram frequentes.

O único banco da cidade de Montgomery tinha falhado pouco antes de Henry Lehman se estabelecer lá. Sem banco, não havia nenhum sistema de crédito e nenhuma instituição para emitir notas ou moedas, e, como resultado, os agricultores de algodão da cidade estavam sempre sem dinheiro. Para aliviar a situação, o Lehman Brothers operava um sistema de crédito próprio, mas também começou a trocar mercadorias por algodão. Então, os irmãos transportaram o algodão para os mercados de Nova Orleans, onde o venderam por dinheiro. Percebendo que havia um importante serviço a ser prestado e dinheiro a ganhar, eles montaram um negócio de corretagem de algodão. No final da década de 1850, isso dava mais dinheiro do que a loja.

Henry Lehman morreu de febre amarela em 1855, mas seus irmãos continuaram expandindo o negócio. Em 1857, Emanuel Lehman se mudou para Nova York e estabeleceu um escritório — Nova York era o centro da indústria de corretagem de algodão, e essa mudança mostra as ambições de crescimento do Lehman Brothers. Mayer permaneceu no Alabama. A eclosão da Guerra Civil Americana em 1861 deixou o negócio em uma posição difícil, pois Nova York fazia parte do norte unionista, enquanto Alabama fazia parte do sul confederado. Um bloqueio sindical aos portos confederados levou a uma depressão na indústria do algodão. Mas a empresa passou por ela intacta e, após a guerra, Mayer Lehman contribuiu fortemente para a reconstrução da economia do Alabama, e até emprestava dinheiro ao governo. Então, possivelmente preocupado com a ascensão de movimentos racistas como o Ku Klux Klan no sul, ele se juntou ao seu irmão em Nova York.

Em Nova York, apesar da sua fé judaica, os Lehman se tornaram pilares da sociedade. Eles ajudaram a fundar a Cotton Exchange, e Mayer Lehman foi um dos primeiros governadores da bolsa. Eles começaram a comercializar outros produtos, como café, açúcar e uma nova commodity em ascensão, o petróleo. O crash financeiro de 1873 e o declínio a longo prazo do mercado de algodão levaram os Lehman a se ramificar em novas direções, investindo em usinas siderúrgicas e ferrovias, especialmente nos estados do sul, famintos por investimentos. Em *Lehman Brothers: como grandes impérios podem virar pó*, Peter Chapman credita aos Lehman a fundação da rede ferroviária no sul norte-americano. Em um movimento muito à frente de seu tempo, a empresa até investiu em uma empresa fabricante de automóveis elétricos.

No início do século XX, uma nova geração da família Lehman assumiu o comando, liderada por Philip, filho de Emanuel. Philip tinha uma casa de verão em Nova Jersey, e seu vizinho era um comerciante chamado Samuel Sachs. Ele apresentou Lehman a seu parceiro, Marcus Goldman. Peter Chapman descreve Goldman e Sachs como "criaturas do pântano", referindo-se às suas relações comerciais na área em torno do East River, em Nova York, conhecida como "o pântano".[2] Goldman e Sachs tinham estabelecido um banco comercial de pequena escala. Eles se uniram ao Lehman Brothers em um esforço para invadir o banco comercial e a subscrição de ações.

Philip Lehman viu uma oportunidade. A Bolsa de Valores de Nova York e a comunidade bancária a sua volta estavam voltadas para as "grandes empresas", especialmente para as grandes empresas industriais: aço, estradas de ferro, manufaturas e afins. Ninguém estava prestando muita atenção nos negócios menores, ou no varejo, e, graças ao rápido crescimento populacional do país, o setor varejista estava florescendo. Os varejistas e as lojas de catálogo estavam surgindo, com empresas como a Sears Roebuck e a Woolworths crescendo rapidamente. Os empresários que as fundaram estavam interessados em flutuá-las. Quando a principal comunidade financeira os ignorou, Lehman e seus novos sócios intervieram.

Sua primeira *joint venture* foi a subscrição da emissão de ações da United Cigars, um varejista com uma rede de quase trezentas lojas em todo o país. Seguiu-se a subscrição da Sears Roebuck, e depois a da grande Woolworths. Seu empresário fundador, Frank Woolworth, precisava de capital para reunir sua enorme cadeia de lojas. Lehman Brothers e Goldman Sachs foram os responsáveis pelo sucesso da flutuação, obtendo lucro e reputação nos círculos financeiros de Nova York ao mesmo tempo. (Ironicamente, a empresa Woolworth foi uma das vítimas da mesma crise de 2008.)

Seguiram-se mais sucessos, incluindo os problemas de partilha das lojas de departamento Macys e Gimbels, e depois uma mudança para a indústria tradicional com as flutuações da fabricante de automóveis Studebaker e da fabricante de pneus B.F. Goodrich. A família Lehman (e Goldman e Sachs) estava rica. Philip Lehman e seu filho Robert, conhecido como Bobbie, tornaram-se notáveis colecionadores e conhecedores de arte. O primo de Philip Lehman, o filho de Mayer Lehman, Herbert, serviu como oficial de infantaria na Primeira Guerra Mundial e depois iniciou uma carreira política. Ele serviu como tenente-governador de Nova York a partir de 1929, trabalhando com o governador Franklin D. Roosevelt — e, depois que Roosevelt se tornou presidente, foi eleito governador.

Philip Lehman se aposentou em 1925 e foi sucedido por Bobbie. Nessa época, Lehman Brothers e Goldman Sachs se separaram, passando a ser concorrentes. Isso não perturbou Bobbie Lehman, um líder talentoso com um olhar afiado para identificar oportunidades. Entre as empresas que ele apoiou no final dos anos 1920, estavam a United Fruit Company e a companhia aérea Pan Am. Uma estratégia de gestão prudente e estratégias de investimento inteligentes, que mantiveram o risco em níveis aceitáveis, permitiram ao Lehman Brothers não se juntar ao frenesi de investimento no final da década de 1920, e atravessou o crash de Wall Street em 1929 com apenas pequenas contusões. Durante a Grande Depressão da década de 1930, havia muito menos emissões de ações para subscrever. Então, o Lehman Brothers desenvolveu um braço de capital de risco, ajudando novas empresas a surgir com uma economia sem crédito. Muitas das empresas apoiadas pelo banco, como a Pan Am, provavelmente não teriam sobrevivido sem esse apoio.

Durante todo esse período, o Lehman Brothers fez o que um banco deveria fazer. A curto prazo, forneceu capital às empresas que necessitavam. A longo prazo, ajudou a contribuir para a prosperidade nacional. Desde a reconstrução da economia do Alabama após a Guerra Civil até o apoio a empresas que poderiam criar empregos, o Lehman Brothers foi uma força social positiva. Hoje, na era de não fumantes, podemos ficar tentados a ver seu apoio ao General Cigars como repreensível, mas isso retira o evento do contexto. Poucos na época pensavam que fumar era condenável. O mesmo se aplica ao apoio às destilarias depois que a proibição foi revogada — uma indústria de álcool legalizada e regulada, forte o suficiente para enfrentar os contrabandistas, foi uma coisa boa.

É também interessante notar que Bobbie Lehman, embora republicano (ao contrário de seu tio Herbert, o governador de Nova York), era a favor da regulação do setor dos serviços financeiros. Ele acreditava que mais e melhores regulamentos poderiam ter evitado o crash de 1929, e disse o mesmo à Comissão de Valores Mobiliários em 1936.

Depois da Segunda Guerra Mundial, o Lehman Brothers desempenhou um papel importante no longo *boom* econômico americano das décadas de 1950 e 1960. Cauteloso, mas clarividente, falando de forma branda, mas aguda, Bobbie Lehman guiou a parceria em constante expansão na cena internacional, abrindo um escritório em Paris nos anos 1960 e investindo em filmes e televisão, bem como nas indústrias tradicionais. American Express, Getty Oil e General Motors estiveram entre as empresas apoiadas pelo banco nesse período. É importante também mencionar que o banco aprendeu uma lição com seus rivais em 1929, e sempre manteve grandes reservas de dinheiro, no caso de ter problemas.

O Lehman Brothers já não era apenas uma empresa familiar. Na década de 1920, membros não familiares foram admitidos como sócios, e havia então dezenas de sócios sem ligação direta com a firma. Bobbie Lehman foi a âncora do balanço da empresa, o guardião de seus valores e como lembrete do propósito do banco e de sua existência.

Mudança de cultura
Bobbie Lehman morreu em 1969. Nenhum outro membro da família Lehman se envolveu no negócio — todos tinham seguido carreiras em

outras áreas. Os sócios escolheram um membro, Frederick Ehrman, como presidente e CEO. Acontece que, quando um líder icônico sai, seu sucessor tem dificuldade em corresponder às expectativas. Foi o que aconteceu com Ehrman. Ele foi incapaz de lidar com as exigências de gerir e liderar a empresa durante a recessão econômica que se seguiu ao primeiro choque petrolífero de 1973.

Ehrman foi demitido e substituído por Pete Peterson, ex-CEO de uma empresa de equipamentos fotográficos, e secretário de Comércio na administração do presidente Richard Nixon. Durante o escândalo do Watergate, Nixon se convenceu de que um membro de seu governo revelava segredos à imprensa, e sua suspeita recaiu sobre Peterson. O que aconteceu a seguir não é claro, mas, em fevereiro de 1973, Peterson se demitiu e se juntou ao Lehman Brothers, sendo nomeado presidente e CEO, apesar de não ter experiência bancária. Essa foi uma decisão fatal.

No início tudo correu bem. Peterson tinha uma visão clara para o banco e o levou a uma política de expansão tanto nacional como internacional. Nacionalista, Peterson vendeu uma participação do Lehman Brothers ao Banco Commerciale Italiana para reforçar sua presença na Europa. Guiou o banco através da primeira de suas grandes aquisições de outros bancos, culminando com a aquisição da Kuhn, Loeb & Co. em 1987. O Lehman Brothers era agora o quarto maior banco dos Estados Unidos. Em parte, graças a essas aquisições, o Lehman Brothers obteve lucros estáveis nos anos 1970.

Lenta, mas seguramente, Peterson mudou a cultura do banco. Bobbie Lehman não era um homem que procurava um alvo — ele procurava um desempenho a longo prazo e rentável, é claro, mas estava acima de tudo interessado em oportunidades. Um conhecedor de arte, também via mercados e investimentos com os olhos de conhecedor. Peterson estava mais interessado na quantidade do que na qualidade. Seu objetivo era o crescimento rápido — ele queria levar o Lehman Brothers para a primeira divisão, ao lado do Goldman Sachs e do Salomon Brothers. Ele conseguiu isso, mas lhe custou o emprego e mudou o destino do banco.

Grande parte do crescimento durante a década de 1970 não se deveu a bancos de investimento, mas sim a atividades comerciais. A divisão de negociação, liderada pelo antigo operador comercial Lew Glucksman, era muito mais agressiva e com perspectivas a curto prazo. O negociante sênior de Glucksman, o jovem Richard Fuld, deu o tom para grande parte da divisão. Contido e intenso, Fuld trabalhava quinze horas por dia, chegando ao escritório muito antes dos seus colegas e permanecendo lá depois de todos terem ido embora. Outros negociantes o viam como um exemplo a ser seguido, especialmente porque Glucksman se favorecia.

Cada vez mais, Glucksman e Peterson começaram a colidir. A elevada capacidade de lucro da divisão comercial significava que Glucksman tinha mais poder na empresa, e ele sabia disso. Sua primeira vitória veio quando Peterson foi forçado a nomeá-lo como co-CEO. As tensões aumentaram, e a luta entre facções eclodiu dentro da empresa. A maioria dos negociantes apoiou Glucksman; os banqueiros estavam em sua maioria com Peterson. Houve cenas desagradáveis durante as quais membros das duas facções insultaram uns aos outros abertamente. Em 1983, os apoiadores de Glucksman fizeram um motim. Peterson se demitiu, deixando Glucksman no comando da empresa.

Quase imediatamente, Glucksman abriu negociações com a Shearson/American Express, uma divisão do grupo de serviços financeiros da American Express. Em 1984, o Lehman Brothers foi vendido para a Shearson — a nova entidade ganhou o nome Shearson Lehman. Um sócio sênior recordou-se de que chorou ao ouvir a notícia. "Para mim, banco de investimento era algo nobre, em que o capital também era utilizado para fins sociais além do ganho pessoal."[3] Isso não aconteceria mais — o que tinha sido o Lehman Brothers era agora apenas mais uma máquina de fazer dinheiro.

"Não existe mais Lehman", afirmou um executivo sênior, e os últimos vestígios da cultura antiga foram extintos.[4] A nova cultura foi de crescimento e competição. Em busca de alvos e ganhos pessoais, as pessoas começaram a cortar caminho. Shearson Lehman foi apanhado em um dos maiores escândalos da década, e um dos seus vice-presidentes, Ira Sokolow, se juntou a nomes famosos, como Ivan Boesky e Michael Milken, na prisão. Na Grã-Bretanha, a empresa se envolveu com o empresário corrupto Robert Maxwell, e teve de pagar noventa milhões de dólares ao povo que Maxwell tinha enganado.

Enquanto isso, a American Express começou a sentir os efeitos negativos de sua mal planejada incursão nos serviços financeiros tradicionais e iniciou um lento processo de retirada. Em 1990, o nome Shearson foi abandonado e a empresa voltou ao antigo nome, Lehman Brothers. (Muitos funcionários do Lehman Brothers nunca deixaram de usá-lo.) Então, em 1994, a AmEx se separou totalmente do Lehman Brothers, criando uma nova empresa, mas com uma diferença significativa — agora era uma sociedade empresária, não uma sociedade. Embora a maioria dos executivos sêniores possuísse ações, eles já não enfrentavam os mesmos riscos. Em outras palavras, eles poderiam entrar em negócios e investimentos mais arriscados sem temer por seus próprios futuros financeiros. À frente da nova empresa independente estava seu antigo chefe de comércio, um homem que tinha se oposto à venda da empresa em primeiro lugar e que tinha feito do Lehman Brothers sua vida: Richard Fuld.

Fuld permaneceu no leme do Lehman Brothers durante os catorze anos seguintes. Abaixo dele, seus adjuntos lutaram uns contra os outros por poder e controle. Christopher Pettit, outro antigo comerciante, foi presidente e diretor de operações, efetivamente o número dois do banco, por dois anos — até que seus colegas descobriram que ele tinha um caso extraconjugal. Fuld tinha fortes opiniões sobre os valores familiares e insistia que seus executivos permanecessem fiéis às suas esposas. Pettit foi forçado a se demitir (haviam rumores de que Fuld também suspeitava de que Pettit fizesse intrigas contra ele para ganhar seu cargo). Bradley Jack e Joseph Gregory foram então nomeados co-COOs, um acordo que aumentou a tensão entre eles quase imediatamente. Jack perdeu a promoção mais tarde e Gregory serviu como único COO até também perder a promoção no início de 2008.

A história da última década do Lehman Brothers foi contada muitas vezes e não precisa ser repetida em detalhes aqui. Em sua busca constante por crescimento e renda — entre 1994 e 2007, a receita líquida aumentou de pouco menos de três bilhões de dólares para mais de dezenove bilhões —, o Lehman Brothers buscou investimentos e negócios que ofereciam maiores retornos. Cortou o último laço com suas raízes, abandonando completamente o comércio de commodities e concentrando-se, em vez disso, em instrumentos especulativos, tais como títulos garantidos por hipotecas, incluindo as agora infames obrigações de dívida colateralizada (CDOs). O Lehman Brothers assumiu uma posição significativa nesse mercado, aumentando sua relação de alavancagem a riscos assustadores. Em 2007, estimou-se que uma diminuição do valor dos ativos de apenas 4% anularia o valor contabilístico do capital do próprio banco.[5]

Queda

E, em 2007, o sistema bancário mundial começava a cambalear. Até mesmo os banqueiros de Wall Street começavam a perceber o perigo, quando a bolha do mercado imobiliário *subprime* dos Estados Unidos estourou e as galinhas de ouro de todos esses investimentos arriscados voavam para casa a fim de se acomodar. Outros bancos começaram a recuar, mas o Lehman Brothers agiu de forma quase imprudente. Se alguém pedisse cautela, era repreendido — assim, ficava implícito que preocupações com o risco provinham de covardia.[6] Ainda mais do que Fuld, o COO James Gregory parecia estar obcecado por riscos e decisões de riscos.

Em teoria, as atividades de Fuld e Gregory e do resto da equipe executiva foram escrutinadas pelo conselho de administração, especialmente pelos diretores independentes responsáveis pela administração e supervisão. Mas, seja por acidente, seja por sua composição, a diretoria do Lehman Brothers estava cada vez mais fraca. Os administradores não executivos eram grandes nomes e tinham currículos imponentes, mas apenas alguns tinham experiência com bancos e muitos estavam aposentados e afastados fazia muito tempo. A administração devia ter tocado os alarmes muito antes do Lehman Brothers ter se metido em encrenca, mas por alguma razão — falta de confiança, de experiência, de vontade de desafiar o *status quo*? — não o fez. Ela se sentou silenciosamente enquanto o banco se aproximava cada vez mais da beira do precipício.

Em junho de 2008, o Lehman Brothers abriu um escritório em Dubai — que estava prestes a sofrer a própria crise econômica — e o próprio Fuld voou para prospectar novos investimentos lá. Convencido de que o mercado imobiliário voltaria a crescer, o Lehman Brothers gastou quinze bilhões de dólares na aquisição de uma empresa imobiliária, a Archstone-Smith Trust, consumindo três quartos do capital disponível do Lehman. A empresa tinha, nas palavras de Peter Chapman, "32 dólares emprestados para cada um dos próprios dólares". A situação, acrescenta, estava "muito delicadamente equilibrada".[7]

Isso é um eufemismo. O crédito estava secando, assim como os empréstimos interbancários. Dois bancos britânicos, Northern Rock e Bradford & Bingley, já tinham entrado em colapso sob pressão. A escrita estava na parede; era só se preocupar em virar a cabeça e lê-la.

Em março de 2008, veio o colapso e a venda do Bear Sterns em Nova York. Alguns no Lehman Brothers ficaram felizes com isso. O Bear Sterns era um rival fora do caminho. Mas os observadores de Wall Street previam abertamente que o Lehman Brothers poderia ser o próximo — sua posição de alavancagem estava insanamente fora de controle e um sopro de vento derrubaria tudo. Desesperado para manter as aparências, o banco recorreu a estratagemas contábeis para inflacionar os lucros, mas, mesmo assim, foi forçado a reportar uma perda trimestral de 2,8 bilhões de dólares em junho de 2008.

Um sinal certo de que o búfalo estava ferido e as hienas estavam à espera da morte, os vendedores ambulantes chegaram. Fuld reagiu com fúria. "Quando encontro um vendedor barato, quero descer, arrancar seu coração e comê-lo na frente dele", disse ele. Peter Chapman comenta: "Bobbie Lehman nunca teria falado isso".

Fuld percebeu que o banco estava em apuros e começou a procurar compradores estrangeiros. Vários manifestaram interesse, mas apenas isso. Em dez de setembro, os credores do Lehman Brothers estavam fechando as portas. Fuld depositava a maior parte de suas esperanças em um resgate da Reserva Federal, e contava com sua relação com o secretário do Tesouro, Henry Paulson — um ex-CEO da Goldman Sachs. Em vez disso, Paulson considerou que o Lehman poderia falir, e havia outras empresas, especialmente a seguradora AIG, mais importantes para a economia.

Em treze de setembro, surgiu a possibilidade de uma aquisição pelo Barclays Bank, mas o acordo levaria tempo — tempo demais. As ações do Lehman Brothers baixaram para quatro dólares por ação e despencaram. Então, em catorze de setembro, Paulson tomou sua decisão. Não haveria socorro para o Lehman Brothers. Não sobrou nada para seus advogados fazerem a não ser pedir a falência.

O que deu errado?

Eu estava viajando, nas nuvens entre Tóquio e Nova York, quando a notícia do colapso do Lehman Brothers foi dada. Aterrissei em Nova York e encontrei uma cidade de luto. O motorista de táxi que me levou do aeroporto JFK para a cidade, o porteiro do hotel, o funcionário que me acompanhou até meu quarto... Não se falava de outra coisa. "Todas essas pessoas", dizia o funcionário, "todos esses empregos e todas essas pessoas", como se estivessem mortas, e não desempregadas. No dia seguinte, meus colegas estavam igualmente sombrios. "Isto vai iniciar uma recessão tão grave como a Grande Depressão", disse um deles. A única resposta que pude dar foi: "Não tem de ser."

À luz do que aconteceu depois, minhas palavras soam bastante tolas, mas continuo a acreditar que era mesmo possível ter evitado o pior da recessão. Se o resto do mundo bancário tivesse respirado fundo, reduzido suas perdas e se concentrado no que ainda podia ser salvo, a recessão não teria sido tão grave como foi. Hank Paulson pensou o mesmo, pelo menos em público — em sua declaração, após a queda do Lehman Brothers, comentou que "o que estamos passando no curto prazo não torna as coisas mais fáceis, mas elas vão melhorar no longo prazo, porque temos apólices que precisamos negociar".[9]

No entanto, ninguém queria ouvi-lo, pois ele já era considerado culpado pela crise. O que queriam ouvir era a tempestade de corvos como a de Allan Greenspan, antigo presidente da Reserva Federal, que comentou obscuramente que "este é um evento único em meio século, provavelmente único em um século".[10] Parecia que estávamos na Europa, na véspera da Primeira Guerra Mundial. Todos sabiam que a guerra poderia ter sido evitada, mas ninguém queria aquilo, e sim uma luta. Agora, todos sabiam que uma recessão poderia ter sido evitada, mas previam a catástrofe e ansiavam por ela há tanto tempo que, quando ela chegou, sentiam-se compelidos a abraçá-la.

E Greenspan tinha razão, porque o pensamento das pessoas fez com que tudo corresse bem. Os nova-iorquinos consideravam o Lehman Brothers como parte de sua paisagem, os banqueiros o consideravam uma potência, e Fuld era um dos sábios velhos de Wall Street, o CEO mais antigo de uma empresa de serviços financeiros. Apesar de sua agressividade e explosões, ele também era inteligente, ponderado e perspicaz, e havia conquistado elogios por seu discurso no ano anterior no Fórum Econômico Mundial, no qual sugeriu que uma crise financeira estava a caminho. Suas reflexões sobre a queda do Lehman Brothers após o evento são silenciosas e pensativas.[11]

O problema era que Wall Street, Nova York e o mundo tinham colocado o Lehman Brothers e Fuld em um pedestal, e Fuld e a empresa tinham começado a acreditar nessa grandeza. Olharam para os números, o crescimento, o aumento acentuado das receitas e dos lucros até 2007, e ficaram deslumbrados com o próprio sucesso. A arrogância deles apenas alimentou o mito público da superioridade que acreditavam ter. A queda, tal como o assassinato de Franz Ferdinand, foi um acontecimento cujo significado simbólico foi muito maior do que suas consequências reais.

Essa queda não aconteceu da noite para o dia, entre os dias catorze e quinze de setembro de 2008. Foi um evento que levou 39 anos para acontecer. Começou com a morte de Bobbie Lehman e com a mudança na cultura da empresa que se deu quando os forasteiros assumiram o controle, homens com pouca compreensão ou interesse nos valores do Lehman Brothers. Continuou com a ruptura interna entre comerciantes e banqueiros e a guerra baronial que se desenvolveu entre as duas divisões. A venda para Shearson e o apagamento dos últimos vestígios da antiga cultura foram um catalisador. As estratégias de alto risco que começaram na década de 1990 acenderam o fósforo e, finalmente, a decisão de aumentar o índice de alavancagem investindo em títulos hipotecários acendeu a chama. Desde que o mercado continuasse a crescer, o banco sobreviveria, mas alguma falha, ou dano, era inevitável. A crise financeira apressou o fim do Lehman Brothers, não o causou.

Culpar Richard Fuld pela queda do Lehman Brothers é um pouco como culpar o capitão Edward Smith pelo naufrágio do *Titanic*. Ambos são responsáveis, porque ambos estavam no comando, e ambos tomaram medidas que contribuíram para a catástrofe. Mas Smith não foi responsável pela presunção arrogante de que o navio não era afundável, nem foi responsável pela falha em instalar barcos salva-vidas insuficientes para todos os passageiros e a tripulação. Fuld não era o único responsável pela cultura de risco no Lehman Brothers — se as contas eram confiáveis, seu vice, James Gregory, também estava interessado em assumir riscos, mas as memórias de Jared Dillan também sugerem que a tomada de riscos foi incorporada na cultura de todo o banco. Em *Traders, Guns and Money*, Satyajit Das revela que uma cultura de risco era endêmica em todo o mundo dos serviços financeiros. As pessoas eram recompensadas e promovidas por assumirem riscos, e ninguém recebia um bônus por tomar uma decisão segura.

O Lehman Brothers caiu porque, ao longo de quarenta anos, afastou-se de suas raízes e de seu propósito, tornando-se "apenas mais um banco", um lugar para fazer dinheiro para comerciantes, banqueiros e investidores. O lucro e o crescimento se tornaram objetivos por si mesmos. O Lehman Brothers se esqueceu para que servia.

A incompetência gerencial, na forma de ganância, arrogância, pensamento linear e, acima de tudo, a fatal falta de propósito, matou o Lehman Brothers. Destruiu a economia mundial, criando um turbilhão econômico que sugou centenas, milhares de outras empresas grandes e pequenas à medida que a crise do crédito se aprofundou e sugou o oxigênio dos pulmões das empresas que precisavam desesperadamente de crédito de curto prazo. É irônico que o Lehman Brothers tenha sido fundado após a falência de um banco, em parte para dar crédito de curto prazo aos agricultores do Alabama. Em 2008, pequenas empresas em todo o mundo começaram a falir em consequência desse fracasso.

Sim, acredito que a catástrofe poderia ter sido evitada — mas não o foi —, e a gestão do Lehman Brothers durante quatro décadas deve assumir sua parte de responsabilidade pelo que aconteceu: oportunidades desperdiçadas, negócios fracassados, carreiras destruídas, pobreza, fome e suicídios. Essas são as consequências do fracasso da gestão. É por isso que as falhas têm de ser evitadas, impedidas de acontecer antes de os danos serem causados.

Capítulo 4
Mestres do universo

Sherman McCoy, o herói do romance satírico de Tom Wolfe, *A fogueira das vaidades*, tem tudo. Um bem-sucedido negociante de títulos de Nova York, ele tem todas as armadilhas do poder: dinheiro para queimar, um carro chamativo, um escritório para se exibir, um apartamento caro, uma esposa, uma família, uma amante. Rodeado pela evidência do próprio sucesso, McCoy se convenceu de que ele não é um homem comum, e sim superior a todos a sua volta. Ele brinca ao se descrever como um "mestre do universo" (uma referência a uma série de desenhos animados de televisão dos anos 1980), mas, à medida que a história continua, torna-se claro que ele realmente acredita na própria grandeza. Ele acha que pode fazer tudo o que quiser, sem medo das consequências.
    É óbvio que tudo dá errado. Sua arrogância provoca sua queda. No final do livro, McCoy perde tudo — e não consegue entender o porquê.
    A arrogância é uma das principais razões pelas quais tantos executivos e empresas sofrem com o que Margaret Heffernan chama de "cegueira voluntária", negando deliberadamente a existência de certos

fatos.[1] Ao contrário da ignorância, que é genuinamente não saber, a cegueira voluntária significa escolher não saber, ou pelo menos se comportar como se não soubesse. Heffernan leu o termo pela primeira vez em uma transcrição das provas dos chefes da Enron, Jeffrey Skilling e Kenneth Lay. Cegada pela luz da publicidade favorável, o ego empresarial acariciado por acadêmicos e consultores que elogiaram o seu modelo de negócio inovador e escreveram e ensinaram estudos de caso sobre ele, a Enron deixou de acreditar na realidade e passou a acreditar em seu próprio mito. A partir desse momento, tal como com Sherman McCoy, só pode haver um resultado.

Isso leva a uma questão importante. Pensamos que a arrogância e a cegueira voluntária são condições que afetam os indivíduos. Na verdade, elas também podem permear a cultura de toda uma organização. Com efeito, a organização — ou, pelo menos, as pessoas que nela tomam as decisões-chave — torna-se infectada por uma espécie de arrogância corporativa. A organização acredita que é superior aos seus rivais e ao mundo a sua volta. E, por isso, a organização e seus executivos não estão vinculados às regras normais do jogo. Podem fazer o que quiserem.

Os resultados da arrogância corporativa se manifestam de várias formas. Uma delas é o desrespeito deliberado da lei, como aconteceu na Enron, na WorldCom, na Parmalat e em muitas outras ao longo dos anos. Outra é o distanciamento do mundo real, quando os executivos perdem contato não só com o ambiente de negócios, mas com a própria organização. A terceira é a complacência, uma espécie de arrogância intelectual que vem com o sucesso — se pessoas suficientes dizem a uma empresa como ela é maravilhosa, mais cedo ou mais tarde a empresa começa a acreditar nisso. A quarta, que se segue a isso, é a crença de que a empresa é invencível e nada pode tocá-la. A quinta é o desprezo — desprezar aqueles que não fazem parte da empresa e tratá-los como sendo de menor importância, porque as necessidades da empresa vêm em primeiro lugar. E, finalmente, há o que chamo de *arrogância das boas intenções*, que acontece quando a empresa está tão convencida da retidão e moralidade do que faz que acredita que os fins justificam os meios (Quadro 4.1).

Quadro 4.1 A tipologia da arrogância

Tipo	Manifestação
Arrogância do indivíduo	"Sou superior, por isso posso fazer o que quiser."
A arrogância do desapego olímpico	"Estamos muito acima do comum; o que acontece nos níveis mais baixos não nos interessa."
A arrogância do sucesso passado	"Somos os melhores do mundo; basta olhar para o nosso histórico."
A arrogância da invulnerabilidade	"Nada pode nos tocar; somos imbatíveis."
A arrogância do desprezo pelos outros	"Nossas necessidades são tudo o que importa. O resto que se cuide."
A arrogância das boas intenções	"Se o resultado for bom, o fim justifica os meios."

Empresas arrogantes cometem o erro crucial de pensar que o negócio é sobre *eles*. Todos e tudo mais — incluindo o cliente — são menos importantes. Essa crença, uma vez arraigada, é um dos principais assassinos de empresas.

Pense em todos os escândalos que afetaram o mundo dos negócios nos últimos cinco, dez, vinte anos – não vou enumerá-los, levaria muito tempo — e pense também nas pequenas falhas de negócios, as grandes empresas que de repente cambalearam, tropeçaram e caíram. Analise o que aconteceu, e você verá que a arrogância pessoal e corporativa foi um fator importante em muitos casos.

Devemos ter cuidado, ao falar sobre arrogância, para não confundi-la com autoconfiança ou confiança. Ambas são necessárias, e, como veremos mais tarde, o medo e a falta de confiança também podem ser perigosos. É bom para uma empresa ter orgulho do que faz. O ponto de inflexão surge quando a empresa já não se preocupa muito com o que faz e, em vez disso, se orgulha do que é — da própria reputação, da própria imagem. Uma cultura de *autoconfiança sem sentido* aprisiona a empresa como uma mosca no âmbar, presa na jaula de seu próprio ego corporativo.

Vamos começar nosso passeio de arrogância com um breve olhar pela arrogância do indivíduo. Isso é mais raro do que alguns acham, mas pode ser muito prejudicial quando ocorre.

FIGJAM

Os australianos têm um termo útil para pessoas que acham que são incríveis: FIGJAM, um acrônimo para "Foda-se, Eu Sou Bom. Pergunte-Me" ("Fuck I'm Good, Just Ask Me").

Sherman McCoy era um personagem clássico para a FIGJAM. Assim como, se aceitarmos a evidência apresentada pelo biógrafo Joe Haines, o empresário britânico Robert Maxwell.[2] Bernie Ebbers, o fundador empresarial da WorldCom, afirmou ter sido escolhido por Deus.[3] O técnico de futebol José Mourinho também se descreveu como "the special one" e "o único".[4]

O perfil FIGJAM também pode ser encontrado em níveis mais baixos das organizações. Tenho trabalhado com vários exemplos ao longo dos anos, na Índia, na Alemanha, na Grã-Bretanha e nos Estados Unidos, e achei todos muito parecidos: superconfiantes, convencidos, barulhentos, dominadores e geralmente desagradáveis de ter por perto. Além disso, nenhum deles era tão bom como pensava ser. A maioria dos que conheci se afundou sem deixar vestígios — um deles caiu e... afundou espetacularmente, causando danos consideráveis dentro da própria organização.

Para começar, tomamos como certo que as pessoas arrogantes são assim por causa de alguma qualidade ou defeito delas, o que Adrian Furnham descreve como "carisma maligno".[5] Mas não é necessariamente assim. Parafraseando um velho ditado: uns nascem arrogantes, outros alcançam a arrogância, e outros têm arrogância lançada sobre eles.

O primeiro grupo, aqueles que nascem arrogantes, é comparativamente fácil de identificar. Adrian Furnham, Manfred Kets de Vries, Sydney Finkelstein e outros descrevem em detalhe a psicologia da mente patologicamente arrojada.[6] É preciso coragem e determinação para enfrentar essas pessoas e controlá-las ou expulsá-las da organização, mas isso pode ser feito. Muito mais insidiosas e perigosas são as pessoas que começam como seres humanos perfeitamente comuns, contudo depois se transformam em monstros do ego. Muitas vezes, as pessoas a sua volta não veem os sinais de aviso até que seja tarde demais.

Não há nada no início da vida e da carreira de Henry Ford que sugira que ele se tornaria um tirano intimidador. Mesmo nos anos posteriores ao lançamento do Modelo T — há poucas pistas sobre a tragédia que virá. Para todos os efeitos, ele foi um líder empresarial de grande sucesso, com uma consciência social mais forte do que a maioria.

Dois fatores contribuíram para a mudança no caráter de Ford. Primeiro, ele começou a acreditar na própria publicidade. Com efeito, deve ser difícil não o fazer — deve ter sido impossível de escapar da avalanche de elogios laudatórios que inundou a imprensa norte-americana e mundial. Ford não era apenas admirado nos primeiros tempos, era idolatrado. Outros líderes empresariais foram até as fábricas dele e voltaram para casa e tentaram imitá-lo. Os chefes de estado pediram humildemente sua opinião sobre assuntos importantes do dia a dia.

Em segundo lugar, Ford estava rodeado de "homens sim senhor" que fizeram o seu melhor para alimentar ainda mais o ego do chefe. Isso se tornou ainda mais verdadeiro após a saída de James Couzens e William Knudsen da empresa, dois homens confiáveis para manter Ford em contato com a realidade e lhe dizer quando achavam que ele estava errado. O sucessor de Knudsen, Charles Sorensen, por sua própria admissão, nunca contradisse o chefe. Os imperadores romanos tinham escravos que lhes sussurravam ao ouvido, lembrando-lhes de que eram mortais. Ford não tinha ninguém para fazer isso.

O empresário britânico Gerald Ratner caiu na mesma armadilha. Há muito a admirar em Ratner — ele pegou uma pequena loja de varejo familiar e a transformou no primeiro negócio global de joalharia em poucos anos. Fez também uma das coisas mais difíceis que qualquer varejista europeu pode fazer; destruiu o mercado norte-americano. No auge do sucesso, a Ratner tinha mais de mil lojas só nos Estados, com várias marcas. Como Ford, Ratner foi objeto de uma barragem de publicidade forte, exaltando suas virtudes como um homem que se construiu e um líder empresarial para seu tempo. A primeira-ministra britânica Margaret Thatcher estava entre seus admiradores.

E, então, em um discurso ao Instituto de Diretores em Londres, em abril de 1991, Ratner destruiu a maior parte do que havia construído. No discurso, contou duas piadas sobre suas mercadorias e, caso você tenha perdido, aqui estão elas:

Fazemos decantadores de vidro cortado com seis copos em uma bandeja de prata... por £4,95. As pessoas dizem: "Como você consegue vender isso por um preço tão baixo?". Eu digo: "Porque é uma porcaria."

E:

Vendemos brincos mais baratos que um sanduíche de camarão da Marks & Spencer. Mas os brincos não vão durar tanto tempo.

O discurso foi noticiado nos meios de comunicação social de todo o mundo. A conclusão de quase todo mundo foi que Ratner estava desprezando os gostos dos seus clientes. Em poucos dias, um relatório de quinhentos milhões de libras foi apagado do valor da empresa, e o próprio Ratner foi expulso da empresa que tinha construído. Os membros restantes do grupo foram vendidos por um preço decrescente. Raramente tanto valor foi destruído em um espaço de tempo tão curto.

Por que ele fez aquilo? Em suas memórias, Ratner descreve o acontecimento com uma franqueza quase dolorosa.[7] Não era a primeira vez que Ratner fazia piadas como essas. Ele já as tinha contado a colegas e amigos, e até em discursos anteriores, em locais fechados sem a presença da imprensa. No entanto, nem ele, nem — e esta é a parte importante — qualquer um ao seu redor parece ter percebido o que aconteceria se essas observações fossem feitas em público. Longe de questionar sua sabedoria, sua equipe e seus colegas o incentivavam. "Conte algumas de suas piadas, Gerald", disse uma pessoa quando lhe pediram sugestões para o discurso. "Todo mundo adora suas piadas."

Henry Ford e Gerald Ratner não começaram como homens arrogantes. Mas, à medida que se tornaram mais bem-sucedidos, se cercaram de pessoas que pensavam que seus próprios trabalhos dependiam de acariciar o ego do patrão. Acho difícil culpar qualquer um dos homens pelo que aconteceu. Sim, eles eram os líderes, e sim, deveriam ter assumido uma responsabilidade pessoal (como Ratner fez, e Ford não), mas não eram os únicos culpados. As pessoas ao redor, seus funcionários, executivos e conselheiros falharam no dever de cuidar de seu líder. Por razões próprias, o medo, o interesse próprio ou o que quer que seja, eles empurraram seus líderes à arrogância. Eles também são culpados.

Curva-te, Ó Grande, ao fausto que ora fitas!
A cultura na Ford não era tanto de uma autoconfiança sem sentido, mas sim de uma crença sem sentido no líder. O mesmo se aplica ao Lehman Brothers, principalmente na sala de reuniões, onde diretores inexperientes e sem confiança efetivamente deram permissão a Richard Fuld e sua equipe executiva para fazer o que quisessem. No entanto, ao mesmo tempo, havia também uma crença na força, no poder e no tamanho da organização. A Ford era a maior fabricante de automóveis do mundo, uma das maiores empresas do mundo, e tinha liderado o caminho para revolucionar não só uma indústria, mas a própria sociedade norte-americana. O Lehman Brothers foi um dos maiores, mais bem-sucedidos, mais antigos e certamente o mais emblemático dos bancos comerciais. Ambos foram de sucesso para sucesso. Era mesmo impossível que eles pudessem falhar?

Eles sofreram com a *arrogância olímpica*, o distanciamento do mundo real que vem ao ser muito grande e muito bem-sucedido (sim, sei o que você está pensando e voltarei a isso no final do capítulo). Às vezes, esse desprendimento se manifesta em um sentimento de que a empresa está acima ou além da lei e, nesses casos, a autoconfiança irracional rapidamente evolui para uma cultura de corrupção. Muitas vezes, isso se manifesta em uma divisão ou departamento da empresa (por exemplo, os escândalos de suborno que afetaram a divisão internacional do Wal-Mart ou as operações da GlaxoSmithKline na China em 2014).[8] Se o resto da empresa se mobilizar rapidamente, a infecção pode ser contida antes de se espalhar. É importante, particularmente para as grandes empresas que operam em muitas geografias, estar atento aos sinais de corrupção, mas uma ideia ainda melhor é criar uma cultura na qual a corrupção não possa se enraizar em primeiro lugar.

Uma maneira de matar uma empresa é a divisão equivocada que surge entre os níveis superior e inferior da empresa. O problema começa quando as pessoas no topo não percebem que essa divisão existe. Elas *acham* que ainda estão em contato com seus gerentes e funcionários juniores, mas, na verdade, não estão. Foi o que houve com a IBM nos anos 1970 e 1980. Os principais executivos se orgulhavam de estarem na empresa mais inovadora do setor, talvez do mundo. Em discursos, por vezes falavam sobre as pessoas que tornaram tudo aquilo possível, os pensadores e os espíritos livres que andavam pela empresa semeando ideias criativas e impulsionando o processo de inovação. "Preciosos patos selvagens" era uma das expressões preferidas do presidente da IBM, Thomas Watson, ao mencionar esses profissionais.

O que Watson e outros no topo não entenderam foi que, no dia a dia, a IBM tinha se tornado uma gaiola burocrática, onde a conformidade era tudo e a liberdade não era mais tolerada. O pensamento criativo tinha se tornado coisa do passado. "O que aconteceu aos patos selvagens?" foi a piada amarga feita nos níveis mais baixos da empresa. "Foram todos alvejados." A desconexão entre a gestão do topo e o resto da IBM foi tão grave que quase derrubou a empresa, e levou vários anos amargos de luta do novo presidente Lou Gerstner para mudar a cultura e as pessoas para se tornarem criativas mais uma vez.[9] (Curiosamente, a IBM ainda se refere a seus funcionários criativos como "patos selvagens".)

A arrogância também aprofunda a fissura entre liderança e gestão. Das alturas majestosas da sala de reuniões, os líderes olham para baixo e veem seus seguidores correndo como formigas para executar suas ordens. Mas, depois de um tempo, como os próprios deuses, eles ficam entediados com isso e começam a olhar para uma distância maior, tirando seus olhos do chão. Com o tempo, acabam por acreditar que não é correto nem adequado que intervenham em questões de mera gestão.

Novamente, como Ram Charan e Geoffrey Colvin apontaram, a maioria das falhas de taxa corporal não é falha de estratégia, e sim de execução. Mas parece que a mensagem não está sendo transmitida. Quantas vezes já vimos uma empresa, ou um líder, aparentemente começando no caminho certo e depois se desintegrando através de uma falha de execução? Bob Diamond era um chefe executivo muito admirado pelo grupo bancário Barclays até ser envolvido no escândalo da Libor. Pressionado a se demitir, recusou inicialmente, alegando não ser responsável: o Barclay's era uma organização enorme, e não se podia esperar que ele soubesse o que se passava em todo o banco (ele se demitiu vários dias depois).

Executivos no topo que são invisíveis para o resto da organização. Essa atitude é generalizada. Pergunte aos presidentes das empresas ou aos diretores executivos se sabem o que se passa nas empresas que lideram. Se eles forem sinceros, vão dizer que não sabem. A maioria também dirá que perdeu o sono por causa disso. Os outros, os olímpicos, vão dizer muito seriamente que não faz parte do trabalho deles se preocupar com isso. Seu trabalho é criar visão, dar direção à empresa, traçar um rumo para o futuro. A execução é trabalho de outra pessoa.

Os sinais de arrogância olímpica são fáceis de detectar. Eles vêm em duas formas, *sinais físicos* e *sinais comportamentais*. Os sinais comportamentais incluem declarações dos presidentes nos relatórios anuais que começam com frases como "À medida que olhamos para trás, para mais um ano de crescimento sem paralelo", ou "Como presidente da empresa dominante no nosso setor, gostaria de comemorar com todos por mais um ano de sucesso". Discursos e declarações à imprensa dos presidentes e/ou CEOs são outros. Além disso, olhe duas vezes para qualquer negócio cujos líderes passam grande parte do tempo sentados em painéis do governo e inquéritos ou dando provas de política *think tanks*. Quando as empresas começam a acreditar que podem influenciar os governos, estão no bom caminho para a arrogância olímpica.

Os sinais físicos incluem grandiosos edifícios de escritórios, estátuas e pinturas do fundador da empresa, chafariz no átrio do edifício da sede, bandeiras da empresa e códigos de vestuário severamente restritivos para o pessoal sem contato. (Devo acrescentar que esses sinais não são, por si só, perigosos — o Grupo Tata exibe imagens de seu fundador J. N. Tata na maioria de seus escritórios em todo o mundo como um lembrete dos valores desse homem muito humilde. Mas a sede principal da Tata em Mumbai, a Bombay House, é um edifício bastante comum — e não há chafariz.) Em *How They Blew It*, Jamie Oliver e Tony Goodwin comparam líderes empresariais que construíram tais monumentos a monarcas como Henrique VIII, que construiu palácios grandiosos em uma tentativa de garantir a própria imortalidade.[10] Eles, como Henry Ford, fariam bem em ler "Ozimândias", de Shelley:

> E, ao pedestal, palavras há inscritas: "Meu nome é Ozimândias, rei dos reis, curva-te, Ó Grande, ao fausto que ora fitas! Nada mais resta: sós, ao longe, à margem da imensa ruína, nuas e infinitas, as areias compõem toda a paisagem."

Sempre fizemos assim (parte 1)
A *arrogância do sucesso passado* é uma armadilha clássica que tem sido comentada por muitos escritores. Em *O dilema da inovação: quando as novas tecnologias levam as empresas ao fracasso*, Clayton Christensen descreve como algumas empresas se tornam prisioneiras do próprio passado. Uma inovação de sucesso especular que impulsiona uma empresa a uma posição de liderança de mercado pode, alguns anos mais tarde, transformar-se em uma camisa de força intelectual. A empresa está tão ligada a ela que não pode conceber qualquer desafio ou mudança para ela.[11] Um exemplo é a Wang Laboratories, que tinham uma vantagem tecnológica sobre outros fabricantes de computadores e sabiam disso.

Os engenheiros da Wang costumavam rir dos desenhos primitivos da rival IBM — até a IBM, revitalizada por seu novo chefe Louis Gerstner, puxar o tapete. Em 1992, a Wang foi à falência.

Exemplos de empresas que caem nessa armadilha são legiões. A Kodak foi durante anos líder no mercado de filmes e câmeras, até o surgimento das câmeras digitais. Ela se manteve fiel a seus produtos experimentados e testados, e foi varrida pela revolução. A Motorola, famosa por seu domínio em telefones celulares com tecnologia analógica, aderiu a essa tecnologia diante do desafio do digital, e perdeu muito de seu *market share*. A Nokia, que assumiu a posição dominante da Motorola, não conseguiu, por sua vez, adaptar-se à próxima geração de celulares. A Motorola sobreviveu à transição na forma diminuída, e até agora a Nokia também. Não a Kodak.

Algumas empresas se tornam dependentes de tecnologias-chave, outras relutam em desistir de marcas estabelecidas. Poucos executivos têm sido mais teimosos na defesa do sucesso passado do que os da Dep Corporation, que fabricou um doce dietético contendo uma droga inibidora do apetite e o comercializou com o nome Ayds. Em 1987, quando a epidemia de Aids começou a ganhar força nos Estados Unidos, foi sugerido que o nome do doce poderia ser, no mínimo, um motivo para os consumidores deixarem de comprá-lo. "Estamos aqui há cinquenta anos", respondeu um executivo. "A doença que *mude* de nome." Dezoito meses depois, a empresa relutantemente mudou o nome para Diet Ayds, o que não fez diferença alguma. No final, a marca, outrora de grande sucesso, saiu do mercado.[12]

Tanto o dilema dos inovadores como a lealdade intransigente às marcas desenvolvidas fazem parte de um problema mais geral de complacência que se infiltra em muitas empresas de grande sucesso. Há uma tendência bastante natural de pensar que, tendo chegado ao topo, a empresa pode descansar sobre os louros. Mas aí está o perigo. Em *Os maus hábitos das boas empresas: e como fugir deles*, Jagdish Sheth escreve sobre as causas e a natureza da complacência, que ele descreve como a ilusão de que "coisas ruins não podem acontecer aqui". A complacência, diz ele, "cria uma suposição de que o futuro será como o presente e o passado, que nada mudará. A complacência gosta da cegueira e da inércia; gosta do *status quo*."[13]

A crença de que, só porque a empresa foi bem-sucedida no passado, continuará a ser no futuro
Um dos exemplos mais interessantes citados por Sheth é a De Beers, que durante o século XX controlava cerca de 85% do mercado mundial de diamantes. Ela não podia imaginar uma situação em que sua hegemonia fosse posta em dúvida. Mas em poucos anos surgiram novos produtores de diamantes na Rússia e no Canadá, além de novas casas de corte e polimento em Israel e na Índia, que começaram a reduzir o preço da De Beers. A indústria diamantífera indiana, em particular, tornou-se um concorrente poderoso, e a De Beers não pôde fazer nada.

Pelo menos, a empresa desenvolveu uma estratégia de resposta e lutou bravamente. A Delta Airlines, outro exemplo de Sheth, também foi uma empresa muito boa, famosa por sua reputação de bom atendimento ao cliente. Mas não notou as mudanças que a desregulamentação estava impondo no mercado de companhias aéreas até que suas receitas começaram a sofrer. A resposta, uma série de medidas de redução de custos que afetaram gravemente o moral dos funcionários, piorou a situação e a Delta foi de uma das companhias aéreas mais admiradas dos Estados Unidos para a falência em 2005 (a empresa já foi transformada).

Digo que a tendência à complacência é bastante natural, porque, no fundo, a maioria dos seres humanos se sente desconfortável com a mudança. Crescimento e mudança de direção e tomada de riscos implicam incerteza, e não gostamos de incerteza. Fazer as coisas da maneira que sempre fizemos nos faz sentir confortáveis e seguros, e não reconhecemos — ou nos recusamos deliberadamente a enxergar — que não mudar nos torna menos seguros. Além disso, criar uma inovação bem-sucedida ou construir uma marca bem-sucedida nos faz sentir bem. Podemos nos sentar e admirá-la, e nos lembrar quão espertos éramos nos velhos tempos, quando tivemos a ideia, e depois fizemos com que acontecesse. Isso infla nossos egos. Porém, mais uma vez, isso também é muito perigoso. Como diz Andrew Grove, toda organização precisa de um senso de paranoia, uma percepção de que nada de bom vai durar para sempre e que, em algum lugar lá fora, alguém está esperando para atacar.[14]

As pessoas dizem: "Mas sempre fizemos assim."
Se encontramos uma receita de sucesso ou um modelo de negócio que funcione, seríamos tolos se continuássemos a reinventá-la. Certo? Como dizem no pôquer, nunca jogue fora uma mão vencedora. É verdade, mas isso só vale enquanto o modelo de negócio funcionar. Clayton Christensen argumenta que, cada vez que uma empresa comercializa uma inovação, ela deve começar a olhar para o próximo passo, a próxima evolução, a próxima tecnologia e que, no conjunto, é isso que empresas como a Apple e a Microsoft fazem. O mesmo princípio se aplica aos modelos empresariais em geral. Temos que continuar a pensar na mudança, no que poderá acontecer em seguida e estarmos prontos para mudar de posição quando chegar o momento.

Nada dura para sempre — nenhum modelo de negócio é sustentável indefinidamente. No pôquer, você tem uma mão ganhadora por apenas alguns minutos, então as cartas são embaralhadas e uma nova mão é distribuída.

Desde que seja preto
Ao contrário da arrogância do sucesso passado, que pode ser tão sutil que durante muito tempo passa quase despercebida, a *arrogância do desprezo pelos outros* é visível e deliberada. Manifesta-se em desdém, explícito ou não, por outras pessoas. Um exemplo clássico de uma organização com uma forte veia de desprezo pelos outros é a máfia. Seus membros são tratados como família e recebem proteção e apoio, mas qualquer pessoa fora da organização é dispensável. Ironicamente, as investigações sobre a corrupção nas forças policiais revelaram um comportamento semelhante: os agentes fecham fileiras para protegerem uns aos outros, por vezes contra os interesses das vítimas de crimes e do público que devem proteger e servir.

Além de ser desagradável, a arrogância do desprezo pelos outros é sintoma de uma estreiteza de visão e da falta de vontade de mudar. Dezenas de estudiosos e consultores ao longo dos anos têm defendido a necessidade de uma cultura corporativa forte.[15] Dizem que os benefícios incluem níveis mais elevados de motivação no trabalho, um maior compromisso com a inovação e a adesão aos valores da empresa, entre outras coisas.

Isso é verdade, mas há também um perigo inerente. As culturas podem se tornar exclusivas, começar a ver o mundo em termos de *nós* e *eles*, e então, gradualmente, há a crença de ser, de alguma forma, superior a *eles*. Somos muito bem-sucedidos porque somos muito bons, diz a crença. Então, as pessoas que não são tão bem-sucedidas como nós também não devem ser tão boas como nós. Com o tempo, essa superioridade se torna impensada, transmitida de pessoa para pessoa como parte de um culto corporativo que tem pouca ou nenhuma base na realidade.[16] A cultura se torna uma camisa de força intelectual e emocional.

Desprezo pelos clientes

Como observado no Capítulo 2, Henry Ford nunca fez a observação infame sobre clientes escolhendo outra cor para o próprio carro a não ser preto, mas, se pedir para citarem algo dito por Ford, a maioria das pessoas vai se lembrar disso. E, apesar do que Ford tenha dito ou não, ele desprezava os clientes. No início, considerava-os com uma espécie de paternalismo benevolente — ele lhes "dava" os bens que queriam. Mais tarde, sua atitude para com os clientes era de que deviam estar gratos pelo que conseguiam.

Às vezes, esse desprezo é simples arrogância, com a empresa acreditando que sabe mais do que os clientes. Como diz Sydney Finkelstein, "elas [as empresas] não se limitam a dizer: 'Sabemos o que os clientes querem.' Elas vão mais longe, afirmando: 'Sabemos o que nossos clientes querem melhor do que eles, porque sabemos o que é melhor e, eventualmente, eles vão reconhecer isso.'"[17] Ele cita a Motorola como exemplo, que continuou a projetar celulares que achavam que os clientes queriam em vez de descobrir o que os clientes realmente queriam. Trata-se de uma arrogância relativamente benigna, que, no final, só prejudicou a empresa e seus acionistas.

Um pouco mais tóxicas foram as atitudes da Lululemon, a empresa canadense de moda que, em 2006, lançou uma marca de capas para roupas, a Vita-Sea. Disseram que elas eram fabricadas com fibras de algas marinhas, com propriedades benéficas para a saúde dos consumidores. Elas foram vendidas, é claro, a um preço elevado. Os testes mostraram, então, que não havia algas nelas, que eram feitas de algodão comum.[18] Confrontada com os resultados dos testes, a Lululemon se recusou a reconhecer o erro, embora tenha eventualmente abandonado as alegações de benefícios à saúde que o uso do produto poderia oferecer. A empresa continuou a desenvolver uma linha de calças femininas que as clientes reclamavam, declarando que eram transparentes. Chip Wilson, o fundador da Lululemon, culpou o tamanho das coxas de suas clientes. No final, ele foi forçado a deixar a empresa.

É claro que erros acontecem, e qualquer empresa, não importa quão bem-intencionada seja, pode se enganar quanto a produtos ou serviços. A maioria dos clientes sabe disso e ficará satisfeita com um pedido de desculpas e reparação. Eles ficam irritados quando sentem que a empresa os trata com desrespeito ou condescendência de propósito. No caso da Lululemon, os comentários depreciativos de Wilson sobre suas clientes renderam resultados espetaculares. Gerald Ratner provavelmente não pretendia desrespeitar seus clientes, mas conseguiu aborrecê-los da mesma forma e matou sua empresa.

Há aqui casos-limite: por exemplo, as companhias aéreas de baixo custo em todo o mundo tratam seus clientes como gado e continuam em atividade. Mas a maioria das pessoas que voam com companhias aéreas de baixo custo sabe o que esperar, e ainda acredita obter uma boa relação custo-benefício. Isso ocorre quando os clientes percebem que estão sendo desrespeitados e que a empresa não se importa, contudo pensam estar economizando o máximo. Hoje em dia, nas redes sociais, em que a retaliação dos clientes pode se espalhar ampla e rapidamente, essa estratégia de negócios não é apenas moralmente questionável, mas também financeiramente perigosa.

Eu me diverti ao ler sobre um empresário de Nova York que afirmava que tratar deliberadamente mal os clientes era parte de sua estratégia de crescimento. Cada incidente resultou em mais publicidade e mais visitas em sites criticando sua empresa. Isso, por sua vez, aumentou a visibilidade da empresa nas pesquisas na internet. Essa forma peculiar de otimização de sites de busca só pode ter um fim.

Regra: irritar seus clientes raramente é uma boa ideia; roubá-los nunca é uma boa ideia.

Desprezo pelos empregados
Os empregadores têm tratado os empregados com desprezo desde tempos imemoriais, mas o problema piorou durante a Revolução Industrial, quando uma nova geração de empregadores, homens que se construíram do nada e cheios da atitude do FIGJAM, surgiu. Homens como Richard Arkwright e Samuel Oldknow viam seus trabalhadores não como pessoas, mas como uma mercadoria a ser explorada (Arkwright mais tarde melhorou seu ponto de vista). Quando o proprietário do moinho, Robert Owen, descobriu que cortar o dia de trabalho de catorze horas para dez horas resultava em um aumento total na produtividade, ele avisou a seus colegas empresários e lhes pediu para seguirem seu exemplo.[19] Eles o chamaram de traidor da classe. Os trabalhadores eram pessoas comuns; que direito tinham de esperar por boas horas ou um padrão de vida decente? Os donos dos moinhos sentiram que não tinham apenas o direito, mas até mesmo o dever de explorá-los.

As atitudes de confronto com os colaboradores persistem até hoje, e a abordagem "nós" e "eles" à gestão dos recursos humanos continua muito comum. Muitas vezes, também, grupos individuais de trabalhadores são identificados por discriminação. As mulheres, as minorias étnicas e as pessoas com deficiência são alvos específicos. Em teoria, esses grupos são protegidos por uma legislação que garante a igualdade de direitos. Na prática, o abuso continua com pouca redução. Em alguns países, notavelmente na China, a situação das mulheres no local de trabalho está piorando. Por toda parte, lhes é negado o acesso a alguns empregos, recebem menos e estão sujeitas a assédio verbal e físico. Em certa medida, porém, esse desprezo pelas mulheres se baseia também na ignorância, no medo e no desejo sexual — e reservarei para capítulos posteriores um aprofundamento da questão.

Tratar os empregados com desprezo é, a longo prazo, contraproducente. Estudo após estudo, começando com a experiência de Hawthorne na década de 1920 e continuando até hoje, mostrou que a motivação das pessoas faz com que elas trabalhem mais.[20] Foi apontado que não há ligação empírica entre motivação e mais produtividade. Talvez sim, mas há muitas evidências de que pessoas desmotivadas trabalham menos. Faz quase 150 anos desde que o economista Henry Carey mostrou que um único trabalhador livre disposto superaria quatro escravos. Alguns executivos ainda não perceberam isso.

A primeira ação industrial registrada na história teve lugar por volta de 1100 a.C., no Vale dos Reis, no Egito, quando os trabalhadores que construíam um túmulo do faraó largaram o trabalho em protesto por não terem recebido pagamento. Seus gerentes incompetentes continuaram a brincar com os trabalhadores, a qualidade do trabalho diminuiu e, então, uma equipe de trabalho outrora altamente eficiente foi dissolvida. Quem disse que não se pode aprender com a história?

Regra: tratar seus empregados com desdém não os motivará a trabalhar mais.

Desprezo pelos fornecedores

A teoria contemporânea da gestão da cadeia de abastecimento sugere construir parcerias ao longo da cadeia de valor, alianças que beneficiem todos os membros da cadeia e resultem em eficiência e boas relações de trabalho. Algumas empresas preferem ver a cadeia de suprimentos como uma série de concursos de gladiadores, em que o vencedor leva os despojos. O conceito dominante não é parceria, mas poder.

Foram realizados vários inquéritos sobre o comércio varejista de produtos alimentares no Reino Unido, dominado por um punhado de grandes cadeias de supermercados com um enorme poder de compra. Muitos produtores de alimentos, especialmente de produtos frescos e laticínios, são de pequena escala. Os supermercados são acusados de baixar os preços pagos aos atacadistas, que, por sua vez, repercutem esses cortes sob a forma de preços mais baixos pagos aos agricultores. Os inquiridos exoneraram os supermercados; os agricultores ainda perguntam por que ganham menos dinheiro (dizem eles) do que trinta anos atrás. Existe uma relação adversária, que não beneficia ninguém. Os agricultores ainda abastecem os supermercados porque têm poucos mercados alternativos, mas, quando surgir uma oportunidade melhor, e isso vai acontecer — veja a arrogância do êxito passado, já discutida —, eles irão para pastagens mais verdes e os supermercados vão ficar em apuros.

Regra: o que vai, volta. Respeite seus fornecedores e trate-os bem e eles o recompensarão com qualidade e serviço. Se não fizer isso, não se surpreenda se ambos se deteriorarem, e se eles procurarem seus rivais na primeira oportunidade.

Desprezo pelos acionistas

A separação da propriedade e do controle, um conceito pioneiro na Alemanha e desenvolvido em toda a sua extensão nos Estados Unidos, defende que os proprietários das empresas, os acionistas, não devem interferir na gestão cotidiana e transferir o controle para executivos profissionais assalariados. Em teoria, essa separação garante que as empresas são geridas segundo o melhor interesse de todos, e não apenas em benefício dos próprios proprietários, garantindo assim a proteção de outras partes interessadas. Na realidade, como James Burnham apontou em *The Managerial Revolution*, os executivos começaram a dirigir empresas como se fossem seus donos e se ressentiram amargamente de qualquer tentativa dos acionistas de interferir ou questionar sua autoridade.[21]

Setenta anos depois de Burnham, pouco mudou. Os administradores executivos olham com desprezo para as direções não executivas ou independentes nomeadas pelos acionistas, acreditando — por vezes, com razão — que esses não sabem nada sobre o negócio e não têm competência para comentar sua gestão. As empresas partilham informações com os acionistas porque são obrigadas a fazê-lo por lei, mas as fornecem de má vontade e, muitas vezes, em formatos tão obtusos que é necessária uma combinação de um gênio matemático e de um lexicógrafo para compreendê-las. Então, quando o acionista desvaloriza a empresa e vende ações, causando a queda do preço dessas, os executivos se tornam ainda mais ressentidos e culpam os acionistas pela ignorância.

Na Ásia e em partes da Europa, a situação é diferente. Na Europa, a separação entre propriedade e controle é menos pronunciada, e os proprietários individuais, muitas vezes, retêm o controle majoritário e assumem um papel direto na gestão. Nesse sistema, o desprezo pelos acionistas é ainda mais forte. Nenhum acionista externo tem poder suficiente para influenciar a estratégia ou a administração. O papel do acionista é entregar dinheiro em troca de ações, ir embora e esperar pelo pagamento dos dividendos trimestrais, sem fazer qualquer algazarra sobre como a empresa funciona. Mais uma vez, os proprietários-executivos perguntam por que razão os acionistas retiram seu dinheiro assim que o mercado começa a abrandar.

O senso comum sugere que executivos e acionistas devem ter uma causa comum e buscar lucro e crescimento em benefício de ambos — e, às vezes, o fazem. Mas isso não é a norma, e, na maioria das empresas, a relação entre a administração e os acionistas é baseada em antipatia, incompreensão e desprezo mútuo. Não há sinais que indiquem que isso vá mudar.

Regra: seja lá o que seus acionistas façam, fazem para você. E são melhores nisso.

Desprezo pelo governo e pelos regulamentos
Uma antiga crença nas comunidades empresariais em todo o mundo é que os governos não entendem negócios. A intervenção estatal nos mercados é sempre vista como uma interferência e acompanhada de um resultado negativo. O governo é um mal necessário, e as leis e os regulamentos são uma barreira e um custo. Sem a regulamentação, segundo tal crença, todos estariam em melhor situação: os clientes pagariam preços mais baixos, as empresas receberiam lucros mais elevados.

Como Jagdish Sheth demonstrou, a desregulamentação pode ser uma espada de dois gumes. Nem todas as empresas lucram nos mercados desregulamentados, e, como os passageiros das estradas de ferro britânicas saberão, os preços nem sempre descem. Ainda mais interessante é a visão de George Siedel e Helena Haapio em seu livro *Proactive Law for Managers*.[22] Eles apresentam duas propostas:

1. A maioria das leis e dos regulamentos existe para proteger as empresas, e que a ausência deles as exporia a mais riscos, e não menos;
2. O cumprimento imediato da lei pode ser uma fonte de força, criando economias de custos e vantagens em termos de reputação. O mais bem-sucedido de todos, dizem eles, são as empresas que se envolvem com o processo regulatório e ajudam a fazer a lei, em vez de simplesmente ficarem esperando até o último minuto para cumpri-la.

Na verdade, quando se pensa sobre isso, ambas as proposições são simples senso comum. Mas muitos executivos *não* param para pensar. Eles simplesmente continuam com seu desprezo arraigado pelo governo, o que faz com que seja um anátema para eles até mesmo considerar trabalhar com reguladores.

Regra: é quase sempre mais barato e mais fácil trabalhar com os reguladores do que combatê-los. Se for enfrentar o *establishment*, certifique-se de que pode ganhar essa luta.

No cerne da questão está a crença de que as necessidades da empresa vêm em primeiro lugar, e depois as dos acionistas. Na verdade, é claro, o oposto. Sem as partes interessadas, a empresa não existiria. Essa verdade precisa ser lembrada, sempre. E, mesmo que você sinta um desprezo genuíno por algumas ou todas as partes interessadas, pelo amor de Deus, não deixe que elas saibam disso!

Síndrome de Titanic

Pergunta: o que têm em comum o RMS *Titanic*, Singapura, o herói grego Aquiles, o navio de guerra alemão *Bismarck* e o Lehman Brothers?

Resposta: duas coisas. Primeiro: durante suas vidas, todos foram descritos como "inafundável", "inexpugnável" ou "invencível". Segundo: todos eles (metafórica ou literalmente) afundaram.

Famosamente descrito como "inafundável" por um dono executivo da White Star, o *Titanic* afundou em sua viagem inaugural. Os britânicos afirmavam que Singapura era uma fortaleza inexpugnável, capaz de resistir a um inimigo para sempre, mas, em 1942, os japoneses entraram em Singapura após um cerco de apenas uma semana. Aquiles não poderia ser ferido a menos que fosse no calcanhar — e foi exatamente onde o príncipe troiano, Paris, o atingiu com uma flecha. O *Bismarck* foi afundado pela Marinha Real inglesa em sua primeira incursão no Atlântico, em 1941. O Capítulo 3 mostra o que aconteceu ao Lehman Brothers.

A *arrogância da indestrutibilidade* tem suas origens na arrogância do sucesso passado, e talvez um pouco na arrogância do desprezo também. Na imprensa popular, é, por vezes, referida como a síndrome do "grande demais para falhar", mas as empresas menores também podem ser vítimas da crença de que são invencíveis. Muitas coisas podem contribuir para essa crença, incluindo uma posição dominante dentro de uma indústria, uma base de clientes muito grande, um sistema de produção ou um produto superior, posse de grandes quantidades de capital intelectual e uma crença pessoal por parte de executivos seniores, pelo menos, de que a empresa foi de alguma forma "escolhida" ou "destinada" à grandeza (talvez devêssemos chamar isso de síndrome de Mourinho).

A Ford, no tempo de Henry Ford, tinha todas essas qualidades. O Lehman Brothers tinha a maioria delas. No início dos anos 2000, após outra onda de escândalos bancários, o CEO do Banco Cooperativo da Inglaterra deu uma entrevista na qual afirmou que o banco era à prova de escândalo. Os valores e o *ethos* do banco, disse ele, eram defesa contra a corrupção. Outros bancos podem tropeçar e falir, mas os altos princípios morais do Banco Cooperativo seguiriam. Pensei que ele estava deixando um refém à própria sorte, e as memórias dessa entrevista vieram à tona em 2014, quando surgiram notícias de um enorme escândalo financeiro, um buraco-negro em suas finanças e um presidente que foi acusado de uso de drogas. Húbris em ação, outra vez.

As pessoas dizem: "Isso não pode acontecer aqui."
Cada empresa tem um calcanhar de aquiles, um lugar onde é vulnerável. Dizer o contrário é estar condenado ao fracasso. Por quê? Porque, inevitavelmente, tudo o que se faz é se referir a eventos que *já* aconteceram. Não podemos prever o futuro, não sabemos o que acontecerá, então como podemos nos defender?

Os leitores já terão detectado um problema. Na introdução, mencionei que o propósito deste livro era identificar os sinais de falhas de gestão e eliminá-las antes que ocorram. Mas, se não podemos prever o futuro, e não sabemos o que vai acontecer, como podemos nos preparar para eventos futuros? A resposta é identificar os sinais de aviso, os avisos de tempestade e, em seguida, tomar medidas contra as *causas* da falha.

Resumindo: em vez de se preparar para combater uma guerra, tome medidas para impedir, em primeiro lugar, que a guerra rebente.

O caminho para o inferno corporativo
Esse caminho, diz-se, está cheio de boas intenções, e o caminho da história empresarial está cheio de destroços de empresas que pensavam que as boas intenções eram suficientes. O Banco Cooperativo da Inglaterra, discutido anteriormente, é apenas uma dessas baixas. Mas acontece que fazer bem não é o mesmo que fazer *o* bem.

Os empresários são particularmente suscetíveis a essa forma de arrogância. Eles surgem com ideias que vão mudar o mundo, e então não entendem por que o mundo lhes agradece. Uma vez trabalhei com uma pequena empresa no mercado de energias renováveis que tinha uma ideia muito inteligente, e estava convencida de que ela era *tão* inteligente que outras empresas dariam generosamente, de graça, as peças de que precisava para construir seus produtos, que depois venderiam. Nem preciso dizer que não trabalhei com essa empresa durante muito tempo. No momento em que escrevo este livro, o setor de sustentabilidade está cheio de empreendedores de olhos brilhantes, que acreditam que o mundo abrirá caminho até sua porta quando souber de sua invenção — e também que, nessa nova era, as regras comuns dos negócios não se aplicam mais.

A primeira coisa que esses empresários precisam é de uma pitada de humildade. Suas invenções que mudam e salvam o mundo têm de ser financiadas e têm de haver um modelo de negócio que funcione. Os princípios da economia não mudaram em quatro mil anos, e é improvável que mudem agora. Oferta e procura, custo de oportunidade, valor da mão de obra, tudo isso ainda existe, por mais puro que seja o coração. Os empreendedores de internet, que também tinham sonhos de mudar o mundo, aprenderam isso da maneira mais difícil, e os empreendedores de sustentabilidade de hoje podiam aprender com os fracassos deles.

A arrogância das boas intenções também pode levar as pessoas e as empresas à corrupção. Pesquisas sobre como a corrupção começa têm mostrado que muitas pessoas se envolvem em atividades corruptas porque realmente querem fazer o bem. Os executivos vão pagar um suborno porque temem que, se não o fizerem, a empresa perderá negócios e terão de cortar funcionários. Cortam caminho em saúde e segurança, a fim de poupar dinheiro à empresa e ajudá-la a manter um contrato valioso. O próprio executivo promete a si mesmo que "isto só acontecerá uma vez", mas depois volta a acontecer e, depois de algum tempo, a violação das regras é normalizada.

Minha preocupação é que isso aconteça, mais cedo ou mais tarde, em algumas das novas indústrias de sustentabilidade, onde a ânsia de salvar o planeta começará a triunfar sobre a necessidade de se comportar eticamente com seus semelhantes. Ainda não ouvi falar de uma empresa de reciclagem que emprega mão de obra infantil, ou de uma empresa de parques eólicos que suborna funcionários locais para obter autorização de planejamento a fim de construir turbinas eólicas, mas temo que seja apenas uma questão de tempo.

Culturas de autoconfiança sem sentido

O que leva um grupo inteiro de gestores, até mesmo uma empresa inteira, a adotar uma cultura de autoconfiança sem sentido? Começa com a visão de que a empresa e suas pessoas são, de alguma forma, superiores a outras: a outras empresas, rivais e concorrentes, e também aos acionistas. No início, essa crença pode muito bem ser justificada. Talvez a empresa realmente tenha uma tecnologia altamente avançada, ou um modelo de negócio superior, ou executivos e funcionários mais inteligentes. Quaisquer competências ou ativos especiais que a façam se destacar se tornam uma fonte de orgulho. E assim começa.

Alguns pais se orgulham das conquistas de seus filhos, mas também estão cientes de suas fragilidades e limitações. Outros se orgulham inutilmente e acreditam que seus filhos não podem fazer nada de errado. Um grupo compreende a realidade; o outro cria uma realidade alternativa na qual vê o mundo como ele quer que ele seja. O mesmo princípio se aplica ao orgulho empresarial. Podemos nos orgulhar de nossa empresa e suas conquistas, mas, ao mesmo tempo, temos de nos perguntar: o nosso orgulho é realista? Estamos mesmo vendo nossa empresa, as falhas e tudo? Ou somos deliberadamente cegos, ignorando fraquezas e falhas, concentrando-nos nos pontos fortes que podemos ver, imaginando outros pontos fortes que não existem? Podemos estar dando início a uma cultura de autoconfiança sem sentido.

Essas culturas são incrivelmente fáceis de estabelecer, porque, no fundo, muitos de nós queremos acreditar que as empresas para as quais trabalhamos e gerimos são boas e que nosso trabalho tem algum significado. (Quando não se preocupam muito com o negócio e simplesmente aparecem para trabalhar, as pessoas nunca são arrogantes — elas têm outros problemas em vez disso.) Se alguns de nossos colegas ou pessoas que respeitamos começam a insistir na superioridade da empresa, é tentador acompanhá-los e acreditar sem questionar o que nos dizem. Há uma diferença crucial. *Questionar* a autoconfiança pode ser uma força positiva, porque nos encoraja a nos reexaminar e a questionar nossos pressupostos sobre nós próprios. A autocrença *sem sentido*, por outro lado, não admite perguntas ou dissidências. Como membros de um culto, ou fãs de futebol, continuamos a acreditar nos ídolos até que eles caiam em ruínas.

O paradoxo do orgulho e da humildade
No início deste capítulo, referi-me a empresas "grandes demais e muito bem-sucedidas". Não é possível ser "muito bem-sucedido?". Bem, sim, é, se você se deixar deslumbrar tanto por seu sucesso que não pode mais ver a empresa com clareza. Vimos anteriormente como os indivíduos podem ter suas cabeças viradas pelo sucesso, e isso também é verdade para as organizações. Uma vez que a ideia de "grandeza" — e há poucas ideias mais perniciosas nos negócios do que a de "grandes líderes" ou "grandes organizações" — entra em uma cultura corporativa, ela exerce um sutil efeito de distorção na forma como a empresa se vê e no resto do mundo.

Não estou dizendo que o crescimento e o sucesso são coisas que devem ser evitadas. *Estou* dizendo que eles têm de ser tratados com cuidado, e o negócio precisa continuar de acordo com seus valores e lembrar por que ele foi criado em primeiro lugar. Sydney Finkelstein fala de "proteger as empresas da própria excelência", assegurando que as empresas bem-sucedidas não levem seu sucesso tão a sério que se tornam cegas quanto à própria reputação e autoimagem. Esse é um perigo que precisa ser levado muito a sério. A todo custo, a empresa deve manter a capacidade de se analisar racionalmente e ver suas falhas e seus sucessos.

O antídoto para a arrogância é a humildade, e estou convicto de que toda organização deve ter um elemento de humildade, sejam os "super--realizadores inseguros" da McKinsey, sejam os executivos da Tata que olham além do lucro para os impactos sociais de seus negócios e constantemente se perguntam por que estão fazendo o que estão fazendo.[23] Citei Tata anteriormente neste capítulo, e os apresento novamente como um exemplo de como o orgulho e a humildade, conceitos que parecem ser o oposto um do outro, podem coexistir em uma organização. O Grupo Tata é o maior grupo empresarial da Índia, com operações em todos os continentes, exceto na Antártida, e sua marca corporativa é uma das cinquenta mais valiosas do mundo. Como empresa, ela está incrivelmente orgulhosa de sua reputação, história e conquistas. Ao mesmo tempo, há também uma profunda compreensão de por que o grupo foi fundado, sua missão e seu propósito, que são contribuir para as comunidades onde atua. Como R. Gopalakrishnan, diretor-adjunto da Tata Sons, disse-me uma vez: "O lucro é um subproduto do que fazemos". E o que eles fazem é prestar serviço.

Orgulho e humildade também coexistem em outros lugares. Em contraste com os exaltados olímpicos, considere a Data General Corporation, a fabricante americana de computadores que tinha sua sede em um prédio de tijolos planos em um parque industrial, longe dos olhos do público. O único adorno ao átrio espartano do edifício foi o primeiro computador do Data General, que imprimiu atualizações regulares sobre o preço das ações da empresa.[24] Isso é confiança tranquila, não arrogância.

Na verdade, orgulho e humildade provavelmente precisam um do outro. Orgulho sem humildade leva à arrogância, enquanto humildade sem orgulho leva à falta de ambição. A humildade nos permite ser orgulhosos e, ao mesmo tempo, nos dá licença para duvidar; sabemos que devemos nos questionar de vez em quando. O orgulho nos permite fazer essas perguntas com clareza, confrontar as respostas de forma sincera e fazer algo a respeito.

Como criamos mais humildade nas organizações? A seleção deve ser uma das chaves para isso. Os tipos de FIGJAM, Fuck I'm Good, Just Ask Me, devem ser identificados e eliminados — a psicometria pode ser valiosa aqui, a experiência e a intuição ainda mais. Os líderes também precisam dar o exemplo — sua humildade será imitada pelo resto da organização. Finalmente, todos os funcionários precisam ser gentilmente lembrados para que serve a empresa, o motivo de ela existir. Mecanismos precisam ser colocados em prática — seminários, encontros, eventos sociais, não importa — que lhes permitam fazer perguntas e receber respostas honestas. E, acima de tudo, todos, do cargo mais alto ao mais baixo, precisam se lembrar: não é quem você é que o faz ter sucesso, é o que você faz, e quão bem faz.

Temos falado de culturas, mas, se voltarmos ao ponto de partida deste capítulo, com indivíduos, penso que o mesmo princípio se aplica a nós. Precisamos nos lembrar por que fazemos o que fazemos, e fazê-

-lo com humildade e com um senso de propósito que vai além de nós mesmos. Poderíamos argumentar que eu mesmo sou culpado — há coisa mais arrogante do que escrever um livro e dizer a outras pessoas como gerir seus negócios? —, mas, na mitigação, eu diria que escrevi este livro não para gratificar o meu ego, mas porque me preocupo de verdade com a forma como as empresas são geridas.

Se você compartilha dessa perspectiva e não abandonou a leitura, então suponho que você concorde comigo.

Capítulo 5
Veados atropelados

O título deste capítulo vem de *The Mind of the Strategist*, de Kenichi Ohmae. Neste livro, Ohmae observa que os executivos que não têm experiência na elaboração de estratégias são, muitas vezes, ruins em lidar com crises. Quando uma ameaça aparece, eles se comportam como veados atropelados por um carro à noite. Eles veem o perigo vindo, mas não entendem a natureza da ameaça e não sabem como reagir.[1] Paralisados, continuam de pé no meio da estrada até serem atropelados e mortos.

Muitos de meus colegas acadêmicos não gostam do livro de Ohmae, alegando que não é um livro rigoroso ou baseado em dados empíricos. Isso é um pouco como odiar uma salada porque não tem carne. O livro nunca foi concebido para ser empírico, e sim como uma reflexão sobre a arte da estratégia por alguém que passou por isso. O argumento de Ohmae é que muito do planejamento estratégico formal tão amado pelos acadêmicos (em seu próprio tempo, e em menor medida ainda hoje) é uma perda de tempo. Em vez de se entregarem a exercícios de planejamento estratégico de longo prazo, Ohmae diz que os executivos deveriam *pensar* em estratégia, o tempo todo. A estratégia não é algo que acontece uma vez por ano; é algo que acontece constantemente a nossa volta. Ohmae acredita que os executivos devem se treinar em pensamento estratégico. Os pugilistas praticam diariamente no ginásio antes de uma luta, e as orquestras sinfônicas passam horas em ensaios antes de uma apresentação. Então, da mesma forma, os executivos devem dedicar uma parte substancial de seu tempo para praticar as artes da estratégia, preparando-se para os momentos reais.

Na realidade, a maioria dos executivos não faz isso e o pensamento estratégico não é algo que ocupa grande parte do tempo deles. Como resultado, as pessoas responsáveis pela estratégia, muitas vezes, não sabem muito sobre a elaboração dessa, e muito menos sobre sua implementação — que é particularmente importante. Qualquer um pode pensar em uma estratégia, mas fazê-la funcionar, como nos recorda Lawrence Hrbeniak em *Making Strategy Work*, requer conhecimento, discernimento e habilidade.[2]

Isso nos leva ao segundo pecado mortal da administração, que é a ignorância. A palavra "ignorância", muitas vezes, tem uma conotação depreciativa, mas isso é abusar da palavra. A ignorância, diz o Oxford English Dictionary, é "a falta de conhecimento", que, em um contexto de negócios, também inclui a falta de habilidade. Algumas pessoas podem ser ignorantes sem culpa, podem carecer de treinamento essencial ou da experiência que lhes dá *insights*. Não são culpadas por isso.

No entanto, promover as pessoas que não têm conhecimento para posições de poder, dando-lhes controle sobre os bens e as pessoas que não sabem como gerenciar e pedindo-lhes para tomar decisões que não estão preparadas para tomar, está errado. E as pessoas que conscientemente sancionam essas promoções merecem nossa condenação.

Tal como com a arrogância, existem vários tipos de ignorância. A inexperiência é uma causa comum de ignorância — quanto mais fazemos, mais aprendemos, mas alguns gestores são promovidos a altos cargos, depressa demais, cedo demais, antes de terem tempo para adquirir o conhecimento de que necessitam. Se muitos gerentes são promovidos dessa forma, a inexperiência da empresa pode ser exposta com resultados fatais.

Na falta de conhecimento, alguns gerentes são atropelados, como animais. Outros vão por outro caminho e se tornam confiantes demais, confiando na própria capacidade. Eles não sabem que existem lacunas importantes em seus conhecimentos que provavelmente os levarão ao fracasso, não importa quão inteligentes ou bem-intencionados sejam. Às vezes, têm sorte e sucesso; na maioria das vezes, não têm.

Outra forma comum de ignorância é a estreiteza de espírito, a exclusão deliberada do conhecimento. Pessoas de mente estreita adotam barreiras mentais que as tornam incapazes de ver ou compreender o mundo a seu redor — é, se você quiser, outra forma de cegueira voluntária.

Uma forma especial de ignorância é a ignorância do passado, que pode assumir duas formas. Em primeiro lugar, há a simples falta de conhecimento de qualquer coisa antes dos dias de hoje, que pode levar as empresas à armadilha da dependência do caminho. O conhecimento do passado é essencial para impedir tal dependência. Em segundo lugar, há a negação da importância do passado, quando os executivos e as empresas se recusam a aprender com o passado, alegando que isso é supostamente irrelevante.

Depois, finalmente, há a *ignorância da ignorância*, também conhecida como pura estupidez, que é mais comum do que deveria ser (Quadro 5.1).

Quadro 5.1 A tipologia da ignorância

Tipo	Manifestação
A ignorância da inexperiência	"Não temos ideia do que fazer a seguir."
A ignorância do excesso de confiança	"Não se preocupe, podemos lidar com tudo o que atiram em nós."

A ignorância do pensar pequeno	"Não reconhecemos esta situação, por isso nos recusamos a lidar com ela."
A ignorância do passado	"Não temos certeza de por que estamos fazendo o que estamos fazendo, mas não podemos pensar em mais nada." "O passado é irrelevante. Só o futuro importa."
A ignorância da ignorância	"Hã?"

A ignorância, assim como a arrogância, começa com indivíduos, mas pode rapidamente se tornar uma cultura que infecta toda uma organização. As empresas ignorantes carecem de tipos críticos de conhecimento. Podem fazer algumas coisas muito bem, mas outras estão para além de suas competências. Em seu famoso artigo na *Harvard Business Review*, "Marketing Myopia", Theodore Levitt também usou a metáfora da cegueira.[3] As empresas não conseguem ver o que acontece a seu redor e, por isso, não conseguem compreender. Em vez de prosseguir com passos deliberados em direção a um objetivo cuidadosamente identificado, como os planejadores estratégicos gostam de pensar que fazem, a maioria das empresas fica no escuro.

A ignorância leva a más decisões, e más decisões matam empresas: às vezes rapidamente, às vezes muito lenta e dolorosamente. Em casos de falência de uma empresa, é raro descobrir que uma única decisão é responsável pelo acidente. Mais comumente, é uma série de decisões, uma concatenação de erros, que põe a empresa de joelhos. Muitas vezes também, achamos que qualquer uma dessas más decisões poderia ter sido evitada e a cadeia de eventos interrompida, se ao menos a empresa e seus executivos soubessem o que estavam fazendo. O problema não reside nos próprios erros. Está na cultura que os permite — e até os encoraja — a acontecer.

Cisnes negros e pontos de inflexão

Em *A lógica do cisne negro*, Nassim Nicholas Taleb, inadvertidamente, jogou uma boia de salvação para gerentes e líderes ignorantes.[4] A tese de Taleb é que o mundo está cheio de incertezas e "cisnes negros" — ou "eventos altamente improváveis" que podem surgir a qualquer momento para desviar uma estratégia do curso. Eventos assim estão fora de nossa experiência anterior; não podemos imaginar a possibilidade de que ocorram e, portanto, não temos como prevê-los. Taleb argumentou que deveríamos nos esforçar menos para tentar prever o futuro e, em vez disso, abraçarmos a incerteza e estarmos preparados para o inesperado.

A intenção do livro era fazer com que as pessoas pensassem e se preparassem para o inesperado, mas, infelizmente, a lei das consequências não intencionais entrou em vigor e o oposto aconteceu. Ouço agora, quase por uma questão de rotina, os gestores se referirem a quase todas as crises — em especial uma em que não reagiram a tempo — como um "acontecimento do tipo cisne negro". "Foi um daqueles acontecimentos cisne negro", dizem, "por isso, é claro que não podíamos fazer nada quanto a isso." "Perder aquele cliente foi inesperado, um verdadeiro evento tipo cisne negro." Essas falas são frequentemente acompanhadas de um dar de ombros. É uma pena que tenha acontecido, mas aí está. Evento do tipo cisne negro. O que podíamos fazer?

Essa é uma enorme fuga intelectual que assenta em várias falácias. Primeiro, só porque falhei em prever que algo iria acontecer não significa que ninguém poderia tê-lo previsto. Uma pessoa mais inteligente, mais experiente e melhor educada na minha posição poderia muito bem ter feito isso. Segundo, só porque um evento é imprevisível, não me absolve da responsabilidade de lidar com ele. E, finalmente, mesmo com eventos genuínos do tipo cisne negro, embora possa ser impossível prever exatamente o que vai acontecer, há quase sempre sinais de alerta que nos mostram que algo está prestes a acontecer. Se pudermos ler os sinais de aviso, podemos pelo menos nos preparar para o impacto, dando-nos uma chance maior de sairmos do choque.

Em *Só os paranoicos sobrevivem*, Andrew Grove também fala sobre o impacto que grandes eventos inesperados — ele os chama de "pontos de inflexão estratégica" — podem ter. Grove diz que as empresas adaptáveis e flexíveis são mais capazes de enfrentar esses desafios, enquanto as inflexíveis e lentas para mudar são mais prováveis de sucumbir. Um dos pré-requisitos essenciais da flexibilidade é o conhecimento, e eu diria que, inversamente, a inflexibilidade é frequentemente um resultado direto da ignorância. Não podemos ser flexíveis porque não sabemos como fazê-lo e não temos experiência para fazê-lo.

Não saber o que fazer em uma crise faz parte da *ignorância da inexperiência*. A outra parte é a tendência dos gerentes e líderes inexperientes de partir cegamente na direção errada e fazer as coisas erradas. Por vezes, e muitas vezes ainda pior, as empresas vão cegamente na direção errada e fazem as coisas *certas*, aquilo que Sidney Finkelstein chama de "má intenção estratégica".[5] Alguns argumentariam que isso é preferível a não fazer nada, mas eu discordo. Uma má estratégia, brilhantemente executada, ainda é uma má estratégia.

Um dos casos clássicos de uma má estratégia bem executada é o do Long-Term Capital Management, o agora infame fundo de cobertura em 1994. Sua estratégia se baseava em um modelo matemático complexo que mostrava como o fundo de cobertura poderia hipoteticamente ganhar dinheiro com a negociação de obrigações do Estado. Convencido de que o modelo funcionaria, o LTCM gastou milhares de milhões em obrigações. Inicialmente, investiu em negócios de risco bastante baixo, mas, com o passar do tempo e a oferta de obrigações de baixo risco diminuindo, o fundo começou a fazer também investimentos de risco mais elevado. Havia apenas um problema: o modelo era defeituoso. Funcionou bem quando os mercados estavam estáveis, mas, quando a crise financeira asiática de 1997 ocorreu, o modelo começou a desmoronar. O LTCM acumulou perdas de mais de quatro bilhões de dólares e, após uma ajuda governamental maciça, o fundo foi liquidado em 2000.[6]

O que deu errado? O LTCM se baseou em seu modelo e sua teoria de como os mercados *devem* funcionar. Perdeu contato com a realidade do funcionamento dos mercados. O que torna isso mais surpreendente é que o LTCM tinha um núcleo de executivos com muitos anos de experiência e também tinha dois economistas ganhadores do prêmio Nobel em seu conselho. Mas esse modelo os levou para um novo território, e ninguém sabia muito bem como funcionaria, porque ninguém o tinha tentado antes. Em algum momento, alguém deveria ter dito: esperem, todos. O que acontece se o modelo não funcionar? Mas parece que isso não aconteceu.

A companhia aérea nacional suíça, a Swissair, é um exemplo de uma estratégia potencialmente boa que falhou devido a uma execução deficiente. Nos anos 1990, a Swissair iniciou uma ambiciosa estratégia de expansão com o objetivo de reforçar sua posição no mercado europeu das companhias aéreas, cada vez mais competitivo. Muitas outras companhias aéreas estavam se fundindo, mas a Swissair rejeitou a concentração a favor de uma estratégia de crescimento que a ajudaria a acompanhar o ritmo de seus rivais. Em vez de se lançar em aquisições totais, a companhia optou por adquirir participações minoritárias em outras companhias aéreas, incluindo, fundamentalmente, uma grande participação na conturbada companhia aérea belga Sabena. Assim, a Swissair investiu montantes elevados — em última análise, insustentavelmente elevados — em outras empresas, mas sem obter o controle delas. Em muitos casos, essas companhias aéreas tinham graves problemas, problemas que, graças a sua posição minoritária, a Swissair não conseguiu influenciar. O inevitável aconteceu: as perdas aumentaram, e a Swissair entrou em liquidação em 2001.

A estratégia de crescimento era complexa, mas deveria ter sido possível fazê-la funcionar se tivessem sido efetuados os investimentos adequados nas empresas certas (ou seja, não na Sabena). A falta de conhecimento desempenhou um papel crucial no fracasso. Examinando o desastre depois, Stewart Hamilton e Alicia Micklethwayt concluíram que a diretoria da Swissair não estava à altura do trabalho.[7] "Ficamos sobrecarregados com a tal análise", queixou-se um dos executivos. Presumivelmente chamou de "tal" análise porque ele não a compreendia. Hamilton e Micklethwayt referem-se ao conselho de administração como "distintos, mas ineficazes" e que "nenhum dos diretores tinha qualquer experiência com companhia aérea".[8] Como o Lehman Brothers, a Swissair havia tentado uma estratégia que estava além da competência de seus diretores.

Uma das coisas estranhas sobre a ignorância da inexperiência é que pouquíssimos gerentes estão preparados para admitir que ela existe, pelo menos em público. Parece haver um tipo de fraternidade pseudomaçônica estranha, especialmente em certos setores, que leva os gerentes a tentar encobrir para outros gerentes, mesmo quando trabalham para empresas rivais. Alguns anos atrás, trabalhei em um livro no qual meus coautores e eu começamos com alguns exemplos notáveis de falhas recentes de negócios: Société Générale, Lehman Brothers e BP. Quando um dos coautores mostrou o rascunho a seus colegas, eles reagiram com consternação. Aqueles casos não podiam ser considerados fracassos de negócios! As falhas surgiram do nada, algo que nenhuma empresa poderia antecipar! Eram eventos do tipo cisne negro! Como poderíamos culpar os gestores por não preverem o imprevisível?

O mesmo voltou a acontecer em 2014, quando escrevi um pequeno artigo para *The Conversation* sobre a Malaysia Airlines no rescaldo do desastre do MH370, quando um avião foi aparentemente sequestrado, desviado do rumo e nunca mais foi visto. A companhia aérea foi criticada por negligenciar os familiares dos passageiros — mensagens de condolências aos enlutados foram enviadas tardiamente e, em alguns casos, entregues por mensagem de texto — e o preço das ações da empresa caiu. Sugeri que uma melhor compreensão da gestão de catástrofes teria ajudado a reforçar a reputação da companhia aérea e sua posição financeira. Após a publicação, recebi muitos comentários — a grande maioria, hostis. Como me atrevo a criticar a Malaysia Airlines? Não havia precedentes! Nada daquilo tinha acontecido antes! Como a companhia aérea saberia o que fazer? Evento do tipo cisne negro!

Na verdade, a maioria desses eventos chamados "imprevisíveis" são perfeitamente previsíveis — se alguém se preocupar em olhar. Nick Leeson, o comerciante desonesto do Barings, só pôde continuar a fazer negócios fraudulentos porque os gerentes a quem ele se reportava não exerceram a devida supervisão sobre ele. A ideia de que a explosão da *Deepwater Horizon*, o incêndio e o derrame de petróleo eram "imprevisíveis" é absurda — é exatamente esse o tipo de acontecimentos que os gestores envolvidos na perfuração em águas profundas *deveriam* prever, é para isso que são pagos. E como vimos no Capítulo 3, os problemas no Lehman Brothers eram notáveis — desde que gerentes e diretores tirassem a cabeça de dentro da areia e olhassem ao redor. Os gestores precisam parar de defender colegas que não são capazes de cumprir seus deveres e começar a reconhecer que a ignorância acaba com as empresas.

Onde os anjos temem pisar
O excesso de confiança, como observado, muitas vezes deriva da inexperiência. A experiência tende a trazer sabedoria e, embora possa também trazer arrogância — lembre o que foi dito sobre a arrogância dos êxitos passados no capítulo anterior —, se for devidamente aproveitada, pode nos ajudar a ter uma imagem mais realista do mundo.

Para os empresários, a *ignorância do excesso de confiança* é quase um risco de ocupação. É interessante ver os concorrentes no programa de televisão *Dragon's Den* — não exatamente uma amostra científica, eu sei, mas uma seção transversal útil, mesmo assim — e quantos compareçam perante o painel com expectativas muito inflacionadas de seu negócio e seus prospectos. Os empreendedores mais realistas são quase sempre aqueles com experiência empresarial anterior — e, especialmente, experiência de sucesso.

Em *A Culture of Purpose*, Christoph Luenenburger fala sobre o efeito Dunning-Kruger, que leva as pessoas a superestimar as próprias habilidades. "É um viés cognitivo de não saber que não sabe", diz Luenenburger, "e assumir erroneamente que sabe um pouco."[9] A presença de pessoas suficientemente confiantes pode levar a toda uma cultura de excesso de confiança em que a empresa acredita que sua capacidade de inovar, crescer ou influenciar o mercado é muito maior do que realmente é.

O excesso de confiança leva as empresas a alcançarem as estrelas e a descobrirem tarde demais que seus braços não são suficientemente compridos. A ideia de uma "estratégia do oceano azul" é muito sedutora — o subtítulo do livro de Kim e Mauborgne com esse nome é "como criar espaço de mercado incontestado e tornar a concorrência irrelevante" — e quem não iria querer isso?[10] O desejo de ser o primeiro, sair na frente, chegar ao topo é tão grande que as empresas começam a investir em áreas onde têm pouca ou nenhuma competência, esperando que, se jogarem dinheiro suficiente no problema, alguma coisa acontecerá. Mas, como Patrick Barwise e Seán Meehan salientaram, muitas vezes tudo o que acontece é que se perde muito dinheiro. A maioria das tentativas de inovação revolucionária termina em fracasso.[11]

Isso não significa que você não deve tentar inovar, longe disso. Barwise e Meehan veem a inovação como essencial para o crescimento. Mas a inovação precisa ser realista e fundamentada no que a empresa pode fazer. A Polaroid era uma empresa maravilhosamente inventiva, que criou dezenas de novos produtos e várias tecnologias inovadoras, entretanto era uma empresa única com uma cultura e um modelo de negócio que apoiava a pesquisa básica. A maioria das empresas não segue esse modelo, mas algumas se comportam como se seguissem.

Para ser justo, Wang Laboratories foi uma organização rica em conhecimento que cresceu a partir da pesquisa realizada em Harvard por um cientista brilhante, An Wang. Quando estabeleceu sua empresa, Wang anunciou que seu objetivo era ser tão grande quanto a IBM, e carregou em seu bolso um gráfico mostrando como esse objetivo seria um dia realizado. Na verdade, ele tinha apenas uma fração dos recursos disponíveis da IBM, em parte, porque essa tinha vendas anuais quinze vezes maiores. Podemos aplaudir An Wang por sua ambição, mas ele não era realista. Uma ambição mais focada em um objetivo alcançável poderia ter ajudado sua empresa a sobreviver. Em vez disso, obcecada pelo crescimento, incapaz de financiar a expansão no ritmo desejado e perdendo sua vantagem tecnológica, a empresa quebrou. Em 1992, Wang Laboratories faliu.

Planos e expectativas irrealistas
O excesso de confiança também vem da arrogância e do consequente desapego da realidade. A Marconi embarcou em uma ambiciosa estratégia de expansão no final dos anos 1990, confiante de que sua grande reputação a tornaria um importante agente no setor da tecnologia. Mas seus executivos não conseguiram ler o mercado. Metas irrealistas

de crescimento foram estabelecidas, e, quando o fundo caiu durante o estouro da bolha da internet, a Marconi acompanhou a queda. Em 2003, o valor de suas ações era quase nenhum e os restos da empresa acabaram vendidos.

Como diz um velho ditado inglês, "os tolos se precipitam onde os anjos temem pisar". Mas o excesso de confiança não é necessariamente uma loucura (mesmo que possa parecer com ele). Confiança em excesso nasce do desconhecimento, das próprias limitações e do quão difícil será executar uma determinada estratégia. Lembre-se, mais uma vez, de que a maioria das falhas é de execução. Subestimar as próprias capacidades e o que pode ser realizado em um determinado período de tempo é uma das principais causas de falha de execução.

A pobreza da imaginação
O mundo da gestão inclui algumas pessoas desagradáveis, de mente estreita e superficiais, e, quando elas se aglomeram, criam culturas de empresa desagradáveis, de mente estreita e superficiais. No capítulo anterior, referi-me à arrogância do desprezo pelos outros e ao tratamento dispensado às mulheres e às minorias em alguns locais de trabalho. É claro, porém, que boa parte desse desdém está enraizada na *ignorância do pensar pequeno*. Vejamos o tratamento das mulheres como um exemplo.

A ignorância masculina sobre as mulheres não é um tema novo, mas sua dimensão ainda assusta. Considere a história da mulher no esporte. Inicialmente, considerou-se que mulheres não deveriam praticar esportes, pois eram muito delicadas e frágeis (uma visão ainda mantida no boxe até alguns anos atrás). Então elas começaram a praticar esportes de qualquer maneira e sobreviveram. Em seguida, argumentou-se que elas deveriam desistir de competições quando se casassem, uma vez que precisavam se concentrar em seu papel principal de donas de casa. Mas as casadas começaram a praticar esportes, e a sociedade não se desmoronou. Foi então ordenado que as mulheres não competissem depois de terem filhos, uma vez que o estresse do parto as tornaria fisicamente incapazes de competir. No entanto, algumas mulheres que tiveram filhos voltaram ao esporte, e adivinhem só? Eram tão boas como antes.

Para cada atividade que as mulheres podem querer realizar, desde andar em trens até votar em eleições e gerir organizações grandes e complexas, há um corpo de opinião (por vezes, apoiado por "provas científicas") que diz que elas não devem/não podem fazer coisas. Raro foi, de fato, o homem que, tal como o presidente vietnamita Ho Chi Minh, estava disposto a proclamar que "as mulheres são metade da humanidade" e a decretar que elas deviam ser consideradas totalmente iguais aos homens. É comum existir até hoje pessoas como Sepp Blatter, presidente da FIFA, que sugeriu que o futebol feminino seria mais popular se as jogadoras usassem calções mais justos.

O estereótipo das mulheres nos negócios é tão forte como em qualquer outro lugar. Mesmo os esforços para apoiá-las são, por vezes, tingidos de sexismo. Tenho em minha mesa um livro excelente, *Beyond the Boy's Club*, que oferece conselhos às mulheres sobre como construir uma carreira no mundo da gestão masculina.[12] Mas o texto na capa está em um rosa bonito, feminino, presumivelmente porque essa é a cor que as mulheres devem gostar. Posso apostar que quem aprovou a capa era um homem.

As mulheres na gestão são, muitas vezes, condenadas se tomam decisões e condenadas se não as tomam e, quanto mais subirem nos degraus da empresa, pior fica. Elas são consideradas "femininas" demais, "suaves" demais para lidar com a pressa e o burburinho da vida administrativa. No entanto, se provarem que fazem frente a seus colegas, são castigadas por não serem suficientemente femininas. Carly Fiorino, durante sua passagem como CEO da Hewlett-Packard, foi descrita pelos colegas como impulsiva, competitiva, agressiva e, às vezes, abrasiva. São qualidades que, em um gerente masculino, seriam vistas como virtudes. Presumivelmente, esperavam que Fiorino dirigisse uma empresa global, enquanto fazia cupcakes, apenas para provar o quão feminina era.

Lynda Gratton recorda como as empresárias são estereotipadas por suas circunstâncias familiares e descritas como "mães" ou "esposas", como se fossem sua identidade primária.[13] Até mesmo o jornal britânico de esquerda *The Guardian* descreveu recentemente uma presidente recém-nomeada como "mãe de três". Se houvesse uma tabela classificativa para a ignorância do pensar pequeno, isso deveria receber algum tipo de prêmio.

O que se passa na mente dos homens — e de algumas mulheres — que assumem essa atitude é difícil de dizer. Provavelmente não é muito. Ho Chi Minh tinha toda a razão: as mulheres são metade da humanidade e não podem se recusar a reconhecer suas capacidades, seus talentos e sua experiência. O mesmo se aplica às minorias étnicas, às pessoas com diferentes orientações de gênero e com deficiência. Cada uma delas representa um conjunto de possíveis talentos que não podem nem devem ser negligenciados.

Os perigos de recrutar conselhos de administração e equipes executivas e de gestão de pessoas que se assemelham a nós são muito conhecidos. Há todas as chances de que eles também *pensem* como nós, e assim não haverá desafio e nada que nos impeça de afundarmos no casulo da complacência. Estudos de cultura organizacional mostram quase universalmente que as empresas com uma mistura diversificada de pessoas em sua força de trabalho têm melhor desempenho e são mais inovadoras do que as dirigidas exclusivamente por brancos heterossexuais. Esse não é apenas um problema ocidental — líderes empresariais esclarecidos na Índia estão começando a aprender o valor de recrutar mais mulheres e forasteiros para seus conselhos, e mesmo os fósseis da grandeza antiga, os conselhos japoneses, estão começando a se abrir lentamente. Mas, na maior parte das vezes, os dinossauros ainda governam.

Intolerância ou preconceito com "pessoas que não são como nós"; sexismo casual e/ou racismo
A razão pela qual falei tanto sobre essa questão é que ela também sinaliza a mesquinhez de outras formas. As pessoas que se recusam a considerar a ideia de mulheres nos conselhos de administração ou em altos cargos financeiros, por exemplo, são igualmente suscetíveis de desafiar qualquer novidade que lhes seja imposta. Elas não são flexíveis em seu pensamento. Não entendem outra visão que não a delas. Cito novamente o exemplo de Chip Wilson, da Lululemon, mencionado no

capítulo anterior, cuja resposta a uma crise envolvendo seus produtos foi depreciar suas clientes. Suas palavras foram ofensivas, mas também mostraram uma recusa em se envolver com o problema dos negócios. O chefe sexista da FIFA, Sepp Blatter, também é conhecido por sua recusa em se envolver com inovações como a tecnologia da linha do gol, fazendo do futebol o único grande esporte do mundo a não oferecer assistência técnica e lógica aos árbitros.

Esse pensamento pequeno é uma forma de ignorância, porque exclui deliberadamente não só alguns tipos de pessoas, mas também alguns tipos de conhecimento. A estreiteza de espírito se recusa a perceber que pode haver mais do que uma solução para um problema, ou que, para fazer uma estratégia funcionar, algumas noções anteriormente defendidas podem ter de ser desafiadas e abandonadas. Pensar pequeno adere às mesmas velhas rotinas, preferindo levar o transatlântico para o iceberg em vez de mudar de rumo. Ford encheu sua empresa de "homens sim senhor" e quase arruinou um negócio poderoso. O Lehman Brothers não reconheceu a realidade a seu redor e quebrou.

Dependência de caminhos

A *ignorância do passado* se manifesta em duas formas. A primeira é uma simples falta de conhecimento do que aconteceu antes, de onde veio a empresa e que decisão-chave foi tomada para moldá-la. Sem isso, há um sério perigo de que a empresa caia no que os economistas chamam de *dependência do caminho*, um tipo de bloqueio intelectual que afeta muitas empresas em certa medida, e é particularmente comum entre as grandes, muito bem-sucedidas.

A premissa básica da dependência do caminho é que qualquer decisão que tomemos, quer saibamos quer não, é condicionada por decisões anteriores que nós ou outros tomamos. Suponhamos que estamos no negócio automotivo e detectamos um surto no mercado de, por exemplo, automóveis com motores híbridos. Tomamos a decisão de investir uma grande soma no desenvolvimento de nossos próprios automóveis híbridos e sua comercialização. Isso nos obriga a criar uma estratégia nesse sentido. Qualquer decisão futura que tomemos sobre a estratégia da empresa deve considerar as consequências dessa decisão. Podemos tentar alterá-la ou invertê-la depois, mas essa decisão terá consequências, e isso também vai limitar a reflexão posterior. A dependência do caminho cria uma espécie de bola de neve e, quanto mais decisões tomarmos para conduzir a empresa em determinada direção, mais difícil se torna mudar de direção. A maioria das organizações, uma vez iniciado um determinado caminho, vai escolher segui-lo até ao fim em vez de optar por uma nova direção porque é mais fácil. As empresas se tornam *dependentes* de decisões sobre estratégia tomadas anos ou mesmo décadas antes — e talvez especialmente dependentes de decisões antecipadas sobre valores e objetivos.

Um exemplo famoso é a indústria ferroviária norte-americana. Como Levitt descreve em "Marketing Myopia", as empresas ferroviárias foram fundadas e dirigidas por engenheiros e homens de estradas de ferro. O pensamento deles dependia, portanto, do caminho a seguir — eles se viam como sendo a indústria *ferroviária*, e era assim que se comportavam e pensavam. Na realidade, diz Levitt, eles estavam na indústria dos transportes e seus verdadeiros concorrentes não eram outros ferroviários, mas companhias aéreas e empresas de transporte rodoviário. As empresas ferroviárias podiam ter se diversificado para competir com suas rivais, contudo sua dependência em relação aos transportes, sua ligação mental à indústria ferroviária, era tal que não sabiam como fazê-lo.

O problema, prosseguiu Levitt, afeta de algum modo muitas empresas, especialmente aquelas que são lideradas por tecnólogos e engenheiros. Esses líderes se concentram "no que sabem e no que podem controlar, ou seja, a pesquisa, a engenharia e a produção de produtos. A ênfase na produção se torna particularmente atrativa quando o produto pode ser fabricado a custos unitários decrescentes. Não há maneira mais convidativa de ganhar dinheiro do que fazer a fábrica se expandir".[14] Ford caiu nessa armadilha, e sua dedicação em construir instalações de produção cada vez maiores e mais complexas, como a River Rouge, foi uma das causas imediatas da eventual queda da empresa e seu quase colapso.

Nunca ninguém questiona a eficácia de uma estratégia quando ela é posta em prática

É possível sair dessa dependência? Sim, claro. A Nokia foi de uma empresa de produtos florestais a uma empresa de tecnologia. A IBM gerenciou uma mudança de ser conhecida principalmente como uma fabricante de computadores para uma nova operação com ênfase em software e consultoria. Em *Rejuvenating the Mature Business*, Charles Baden-Fuller e John Stopford mostraram como as empresas podem efetivamente se reinventar e prolongar sua vida útil.[15] Mas, para isso, é preciso primeiro ter consciência de que essa dependência existe, e quais os fatores que levaram ao caminho atual. Uma vez conhecida a natureza completa das restrições, pode-se formar uma visão realista sobre a mudança de direção e os recursos e esforços que serão necessários para gerenciar essa mudança estratégica com sucesso.

No entanto, muitos executivos nunca percebem o quanto eles e suas organizações são dependentes do caminho. Eles acreditam que sua tomada de decisão é livre e sem restrições, que têm muitas opções à frente. Eles nem sequer sentem as correntes que o tempo envolveu em torno deles, até que, de repente, enfrentam uma crise sísmica e percebem que as opções reais disponíveis são irremediavelmente limitadas e inadequadas, graças às escolhas feitas anos ou mesmo décadas antes.

A dependência dos caminhos também se manifesta de outras formas. Por exemplo, nos procedimentos que utilizamos no local de trabalho para a elaboração de relatórios e controle. Quantos consultores, ao longo dos anos, entraram em uma organização, perguntaram por que as coisas são feitas de uma determinada maneira e receberam a resposta: "Sempre fizemos assim?" Ninguém sabe a verdadeira razão, que se perde nas brumas do tempo. Em algum lugar, alguém decidiu que é assim que as coisas devem ser feitas, e assim que são feitas. E depois, quando tudo desmorona, ninguém sabe porquê. (*Cisne negro!*)

Aqui, novamente, a maioria das organizações dependentes não está ciente de que são dependentes. Continuam com suas rotinas, porque acreditam que a forma como fazem as coisas é a melhor maneira, não porque é assim que sempre foi feito. São como fumantes de crack que, de repente, acordam para a percepção de que estão viciados e percebem que estão fazendo coisas erradas. Isso ainda requer um grande esforço de vontade para que mudem. A revisão dos procedimentos exige um esforço de concepção de novos procedimentos e, em seguida, a formação do pessoal para seguir esses novos procedimentos. Na maioria das vezes, é mais fácil continuar com os velhos hábitos.

O passado é um país estrangeiro
"A história é uma besteira", disse Henry Ford, o que é bastante divertido, uma vez que ele faz parte dela agora.

A dependência do caminho leva a uma complacência impensada, prendendo-nos em um sulco mental e intelectual. O outro lado da ignorância do passado é a negação: a visão expressa por Ford e muitos outros de que o passado não é relevante, e apenas o futuro importa.

Os defensores dessa perspectiva salientam que o passado não pode ser utilizado de forma confiável para prever o futuro. Isso é verdade, mas há dois pontos que devem ser recordados. A primeira é que, embora não se possa prever o futuro, o passado é extremamente importante quando se trata de explicar o presente. Segundo, como diz Taleb, prever o futuro é impossível de qualquer maneira, então por que perdemos tanto tempo tentando?

"O passado é um país estrangeiro", escreveu L. P. Hartley em seu romance *The Go-Between*. "Eles fazem as coisas de forma diferente lá." É verdade, mas, como sabemos por experiência própria ao ir a países estrangeiros, eles também fazem muitas coisas da mesma maneira, e vemos muita coisa que é familiar e reconhecível, bem como muita coisa que é diferente. Nos negócios, muita coisa mudou e continua a mudar, no entanto não podemos esquecer que há também algumas coisas que permanecem as mesmas e sempre vai ser assim. Por exemplo, as empresas sempre confiaram nos clientes para comprar seus produtos e serviços, e a verdade é que, se não houver clientes, em breve não haverá negócios. As empresas inteligentes dos últimos milhares de anos sabem disso e adotaram aquilo a que os gurus chamam "estratégia centrada no cliente", ou o que chamo de "estratégia".

Nem todo mundo percebe isso. Um colega se lembra de dar uma palestra sobre a importância de criar clientes satisfeitos e colocar o cliente no centro do modelo de negócio. Um executivo de marketing intrigado o procurou depois da palestra. "Achei sua conversa muito interessante", disse, "mas devo dizer que a ideia de colocar o cliente em primeiro lugar é completamente contraintuitiva".

Esse foi o erro, ou um deles, cometido pelos empresários da internet no final dos anos 1990, a primeira onda de vendedores virtuais que considerou a tecnologia o mais importante e colocou os clientes mais abaixo na linha de prioridades. Desenvolveram esplêndidas propostas de marketing e excelentes interfaces que permitem a compra de bens, mas se esqueceram de uma coisa importante: como, após a compra, enviar os bens pronta e rapidamente para seus novos proprietários. Erros e atrasos no cumprimento mataram muitas dessas empresas, especialmente a infame de moda Boo.com.[16]

Se eles estivessem menos convencidos da superioridade de seu "novo" modelo e olhassem para trás, para seus antepassados, os varejistas pioneiros na catalogação Montgomery Ward e Sears, os varejistas poderiam ter aprendido algumas lições úteis. Tanto a Sears como a Montgomery Ward colocaram os clientes em primeiro lugar e investiram em sistemas para entregar as mercadorias rapidamente e de forma confiável. Ambas sobreviveram e prosperaram, enquanto a Boo e outras, não. Esse é apenas um exemplo de aprendizagem do passado — há muitos, muitos outros.

Mas a crença na mudança é forte, e alguns, como Tom Peters, até argumentaram que deveria haver mudança por causa da mudança. Em *Thriving on Chaos*, Peters diz que o mantra "se não está quebrado, não conserte" deve ser substituído por "se não está quebrado, conserte de qualquer maneira". Essa atitude conduz a uma grande quantidade de reinvenção desnecessária da roda. Em particular, ela é responsável por muita reestruturação corporativa, pela posição de recuperação de cada executivo-chefe quando ele não consegue pensar em mais nada para fazer. A paixão pela reestruturação que começou nos anos 1960 não mostra nenhum sinal de fim. Os danos causados à moral e o valor

destruído por reestruturações falhadas foram incalculáveis. "Treinamos muito", como diz um ditado amargurado,
mas parecia que, cada vez que começávamos a formar nossas equipes, seríamos reorganizados. Mais tarde, aprendi que tendemos a encontrar qualquer nova situação na vida através da reorganização; e um método maravilhoso pode criar a ilusão de progresso enquanto produz confusão, ineficiência e desmoralização.[17]

No entanto, a reestruturação deixa os consultores muito felizes. "Adoramos ver empresas tentarem se reestruturar", confidenciou-me um deles. "Quatro em cada cinco vezes, eles fazem uma bagunça e depois nos chamam para ajudar a dar uma segunda mordida na cereja. E, às vezes, uma terceira, e quarta."

Constante agitação e reorganização — uma crença na mudança por causa da mudança
É essencial uma mudança dirigida e propositada com um objetivo claro em mente, e a capacidade de realizá-la de forma suave e rápida pode ser uma enorme fonte de força. Mas não há mérito na mudança por si só. Mudanças sem foco ou direção, muitas vezes, destroem o valor em vez de criá-lo. E a continuidade está sempre conosco, quer a reconheçamos ou não. Algumas coisas não mudam. Da próxima vez que alguém lhe disser pomposamente que "a mudança é a única constante", assinale que isso foi dito pela primeira vez pelo primeiro-ministro britânico Benjamin Disraeli, em 1867, e veja se percebem a ironia.

A ignorância da ignorância
Não há realmente muito a ser dito sobre a *ignorância da ignorância*, ou estupidez, exceto para repetir o ponto de que há muito disso na gestão. Mais uma vez, a confraria de gestão, sem dúvida, ficará ofendida: "Como ele se atreve a sugerir que os gestores são estúpidos?" Bem, alguns são, e aqui está um exemplo.

Em 2014, algum varejista da Zara pensou que seria uma boa ideia comercializar uma camiseta infantil com listras horizontais escuras e claras e uma estrela amarela no peito. A camiseta tinha a aparência perturbadora de uniformes usados por prisioneiros judeus em campos de concentração durante o Holocausto. Houve um clamor imediato, e a Zara retirou as camisetas ofensivas de circulação imediatamente, mas sua declaração pública sugeria que ela não sabia do que se tratava. A camiseta foi feita para ter um tema do Oeste Selvagem, disse um porta-voz da Zara, e a estrela não era uma Estrela de David, mas tinha oito pontos como o distintivo de um xerife. Onde estava o mal nisso?

O *Financial Times*, relatando a história, castigou a Zara de leve (embora tenha notado que, alguns anos antes, a Zara tinha sido forçada a retirar uma bolsa decorada com uma suástica) e comentou: "Desenhar roupas e figurinos para crianças pode ser muito difícil."[18] Sim, pode, se você for um idiota. Quantas pessoas no hemisfério ocidental desconhecem verdadeiramente essas imagens potentes e assombrosas de pessoas mortas em uniformes listrados e estrelas amarelas que as tropas aliadas encontraram quando libertaram os campos de extermínio? E como é que alguém tão ignorante e sem educação a ponto de não ter visto essas imagens ascendeu a um cargo tão importante? Pois não foi apenas o designer que errou — alguém na gerência deve ter visto o projeto e aprovado.

Acontece que a lembrança e as desculpas imediatas da Zara provavelmente fizeram pouco mal à empresa. Mas os clientes vão se lembrar disso, e outro incidente como esse será mais difícil de ser varrido para baixo do tapete. A Zara tem agora pontos de penalização: outra ofensa pode resultar em punição.

Adrian Furnham é mais gentil do que eu e se refere a líderes e gerentes assim como pessoas com "desafios cognitivos".[19] Sou canadense e franco, por isso vou dizer: alguns líderes e gerentes são idiotas. A forma como são promovidos a posições de poder nem sempre é certa, embora o nepotismo desempenhe normalmente um papel nisso. Se você encontrar pessoas assim em uma organização, não deve haver espaço para sentimentalismo ou lealdade pessoal. Demita-as. Faça-o com a maior suavidade, gentileza e sensibilidade possível, mas, acima de tudo, faça-o rapidamente antes que tenham chance de causar danos.

Culturas de ação impensada
A ignorância dos indivíduos, como aconteceu na Zara (que é uma empresa muito inteligente e sábia), causa danos, mas a maior parte deles pode ser contido. O perigo real vem quando as culturas começam a privilegiar a ignorância. Elas agem ou sem saber por que o fazem, ou sem pleno conhecimento da posição em que estão, ou ambos. O resultado é uma *ação inacreditável*, cega, desajeitada e lenta.

A *ignorância da inexperiência* é encontrada em empresas onde não há pessoas experientes o suficiente nos níveis superiores e há uma genuína falta de confiança quanto ao que fazer a seguir. (Muitos nos cargos superiores de finanças da Enron, por exemplo, tinham pouca experiência necessária em uma empresa grande e complexa.) Gerentes e diretores ou não entendem o que está acontecendo ao seu redor e não veem os sinais de perigo, ou então veem os sinais, mas não os entendem bem. Com o tempo, isso conduz a uma cultura em que os erros são considerados aceitáveis: defeitos de fabricação, produtos de má qualidade, acidentes e mortes no local de trabalho são considerados normais. Um consultor de saúde e segurança me diz que uma das questões mais difíceis que ele enfrenta é fazer com que os clientes percebam que os acidentes relacionados ao trabalho não são apenas um custo para os negócios.

Nessas culturas, as pessoas cometem erros sem perceber, e não assumem a responsabilidade por seus erros mesmo quando são apontados (*Cisne negro!*). A visão predominante é que não podemos saber tudo, então tudo o que podemos fazer é nos misturar e esperar pelo melhor. Existe o perigo de que, no final, essa cultura se transforme em derrotismo e os gestores, desgastados pela inexperiência e pelo fracasso persistente, parem mesmo de tentar.

A *ignorância do excesso de confiança* é encontrada em empresas com pessoas com um monte de cérebros, mas sem muita experiência. Essas empresas tentam correr antes de poderem andar. Eles começam com uma cultura otimista, o que é uma coisa boa, entretanto novamente o fracasso repetitivo pode levar a um colapso na moral e o espírito otimista original se transforma em derrotista. O otimismo precisa ser apoiado por competência, habilidade e experiência. Caso contrário, existe o risco de que a empresa execute a estratégia errada de forma brilhante.

A *ignorância do pensar pequeno* pode ser vista em culturas que deliberadamente excluem o conhecimento e as pessoas que não se encaixam nas noções preconcebidas do que é "certo". Essas culturas são, por opção, inflexíveis e não estão dispostas a aceitar qualquer coisa nova ou diferente. São muito perigosas.

A *ignorância do passado* se manifesta quer em decisões restritas, quer em um desejo cego de mudança a todo o custo. Ambos os caminhos provêm de uma cultura em que o passado já não é valorizado e só o futuro é visto como importante. Isso vem de uma compreensão defeituosa do que podemos aprender do passado e das conexões entre passado, presente e futuro.

O que liga tudo isso é a própria ignorância do curso, a falta de conhecimento. Em alguns casos, o conhecimento ainda não foi adquirido. Em outros, foi deliberadamente excluído em um ato de cegueira voluntária. Seja como for, o resultado é o mesmo. A falta de conhecimento paralisa as empresas, conduz a más tomadas de decisão e a uma execução deficiente e, repito, mata empresas — e pessoas. É essencial que erradiquemos as culturas em que a falta de conhecimento é aceitável, e as transformemos em culturas nas quais o conhecimento de todos os tipos, de todas as fontes, é valorizado.

Colocar o conhecimento no coração de tudo
Ensinar uma empresa a aprender, transformá-la em um *verdadeiro* órgão de aprendizagem, é a única cura para as culturas da ignorância. Isso não é uma ideia nova. Escritores sobre o conhecimento organizacional, como Peter Senge em *The Fifth Discipline*, Arie de Geus em *The Living Company*, e Ikujiro Nonaka e Hirotaka Takeuchi em *The Knowledge-Creating Company*, defenderam a criação de "organizações do conhecimento" ou "organizações de aprendizagem" dedicadas à criação de conhecimento através da aprendizagem, que De Geus famosamente afirmou ser a única fonte sustentável de vantagem competitiva.[20]

O que significam esses termos? O termo organização do conhecimento confunde alguns, que pensam que é um tipo especial de organização. Talvez haja um oposto, uma "organização estúpida"? Qualquer pessoa familiarizada com meu banco pode muito bem ser perdoada por pensar que há, mas não é disso que De Geus e os outros estão falando. Seu manifesto é que as organizações precisam colocar a reunião e a gestão do conhecimento no centro de seu modelo de negócio. Uma organização do conhecimento não apenas coleta um monte de fatos e os acumula em sua biblioteca. Também o utiliza para inovar e criar. Ela peneira o conhecimento de muitas fontes diferentes — inclusive das mentes de seus funcionários, que são infinitamente férteis e criativos se soubermos como nos envolver com eles — e o coloca em ação para criar valor. Não faz as mesmas coisas de sempre porque só sabe fazer isso; procura novas coisas para fazer e novas formas de fazer melhor. Isso é o que Barwise e Meehan aconselham em *Beyond the Familiar*: tornem-se especialistas na arte da inovação incremental, procurando constantemente pequenas coisas que possam fazer melhor.

Barwise e Meehan citam uma série de exemplos de empresas modernas que fazem isso, incluindo Apple e Procter & Gamble. Mas o mestre absoluto da gestão do conhecimento era uma figura esquecida, Edward Cadbury. No final do século XIX e início do século XX, a família Cadbury transformou uma pequena empresa inglesa de chocolate no líder mundial do mercado de confeitaria, cargo que ocupou durante mais de quarenta anos. Cadbury Brothers é lembrado por suas atividades filantrópicas, mas sua maior invenção foi seu modelo de gestão do conhecimento.

Edward Cadbury via seus funcionários como uma vasta fonte de conhecimento e ideias. Ele desenvolveu vários métodos para se envolver com os funcionários e obter suas ideias. Havia esquemas de sugestões — não aquelas folhas com esquemas que algumas empresas têm, em que as sugestões dos trabalhadores acabam no lixo — reais em que as ideias eram genuinamente aceitas e os trabalhadores, recompensados. Havia comitês de trabalho, nos quais a direção e os trabalhadores se sentavam a uma mesa e discutiam a estratégia e a inovação em uma base de igualdade. Cadbury também contratou funcionários de intelecto comprovado que seriam capazes de trabalhar e se envolver com a gerência. O resultado foi uma empresa quase única, em que todos participaram da inovação e, como notou um observador, "todos pensam".

O Grupo Tata também tem esquemas que reconhecem a inovação dos funcionários e um que não encontrei em nenhum outro lugar: um esquema de prêmios chamado "Dare to Fail". Todos os anos, três colaboradores de todo o grupo são distinguidos e recompensados pelos esforços de inovação *que não funcionaram* — eles foram tão audaciosos e engenhosos que o Grupo quer que continuem tentando. Tata descobriu o segredo de como aprender com o fracasso — e, uma vez que se faz isso, você realmente está gerenciando o conhecimento.

Criar uma cultura na qual o conhecimento está no centro de tudo requer seleção inteligente, compromisso e exemplo de liderança e estruturas organizacionais que apoiam conhecimento e aprendizagem. Tanto Peter Senge como Nonaka e Takeuchi em seus livros oferecem maneiras de fazer isso. A comunicação aberta e os incentivos à criação e partilha de conhecimentos estão entre os ingredientes fundamentais. Criar uma organização de conhecimento é um trabalho árduo (quando é que gestão foi fácil?), mas as recompensas, como a Cadbury, o Grupo Tata e a Apple mostraram, são fenomenais. Gerencie bem o conhecimento, e sua empresa atingirá seus objetivos. Falhe, e a ignorância acabará por sua queda.

Quanto aos gerentes individuais, eles devem aprender, aprender, aprender, aprender. Não há desculpa para não aprender. Comece com sua própria organização e aprenda tudo o que puder sobre ela. Aprenda suas raízes, seus pontos cegos, suas falhas, suas fraquezas e seus pontos fortes, e faça com que esse conhecimento se mantenha. Estou impressionado com o número de executivos que não sabem o suficiente sobre suas empresas, principalmente porque passam o tempo todo em seus escritórios ou no Skype e nunca botam as mãos na massa.

Se, seis meses após a contratação, você não souber todos os detalhes essenciais sobre a empresa para a qual trabalha e não estiver familiarizado com todas as operações, então você deve ser demitido. Seu chefe também deve ser demitido, por não ter certeza de que você aprendeu sobre o negócio.

Seis meses não são suficientes? Para empresas realmente grandes, um ano. Não mais do que isso. Daqui a um ano, sua inexperiência e falta de compreensão podem ter matado a empresa.

Capítulo 6
O anseio insalubre pela precisão

Em *A República*, Platão explica como as pessoas podem ficar tão assustadas com o mundo ao seu redor que se afastam e o rejeitam. Ele descreve um grupo de pessoas que vivem em uma caverna, que acreditam que as sombras que enxergam nas paredes são a única realidade. Quando são levadas para o mundo exterior pela primeira vez, ficam chocadas, assustadas, com medo. Rejeitando o que veem, recuam para a caverna e ficam ali, preferindo a ilusão das sombras à realidade da luz do dia.

O mito da caverna mostra a ligação entre a ignorância e o nosso terceiro pecado mortal, o medo. Se a arrogância leva alguns gerentes e companheiros a se excederem, o medo faz com que outros se retraiam. A timidez pessoal é parte do problema, e temos muitos exemplos nos últimos anos de diretores sentados sem fazer barulho, quando deveriam desafiar seus CEOs e exigir explicações. "Seu comportamento e seus registros sugerem que raramente aceitaram sua função legalmente prescrita de guardiães dos interesses dos acionistas", escrevem Leonard Sayles e Cynthia Smith em *The Rise of the Rogue Executive* e, tal como muitos outros, sugerem que o desejo da parte dos administradores de uma vida fácil e o desejo de não causar problemas foram fatores significativos em muitas empresas falidas.[1] Os gerentes de nível inferior, pensando em suas próprias carreiras, estão igualmente ansiosos para não fazer ondas. Diretores e gestores de grandes empresas são bem pagos e ocupam posições de prestígio. Mas, muitas vezes — muito frequentemente —, o medo de perder essas coisas supera o senso de dever.

No entanto, a timidez por parte dos indivíduos é apenas a ponta do iceberg. As culturas do medo estão incorporadas em muitas organizações. Existe uma crença persistente entre os gestores e as empresas de que os negócios de hoje são mais arriscados do que nunca. Acrônimos como VICA — voláteis, incertos, complexos e ambíguos — são usados rotineiramente para descrever o ambiente de negócios. Como os eventos do tipo cisne negro, VICA se tornou uma desculpa conveniente para os gestores que estão muito confusos ou muito assustados para enfrentar os desafios da gestão de frente. É, diz Nathan Bennett e James Lemoine, "fácil de usar a VICA como muleta, uma forma de se livrar do trabalho árduo da estratégia e do planeamento. Afinal, não se pode preparar para um mundo VICA, certo?".[2]

O medo da incerteza e do desconhecido são dois dos mais importantes grilhões do pensamento gerencial de hoje. Os gerentes tentam lidar com eles reduzindo o risco e buscando a certeza. Evidentemente, não existe certeza, e paradoxalmente nossas tentativas de reduzir o risco podem, de fato, aumentá-lo. Por exemplo, o medo leva empresas a não fazerem o que devem, a não fazerem investimentos-chave em tecnologia ou em mercados importantes, porque não podem ter a certeza de que vão obter o retorno desejado, e essa falta de investimento pode ser prejudicial para sua posição a longo prazo. No capítulo anterior, falamos de excesso de confiança, mas a falta de confiança pode ser igualmente prejudicial.

A expressão "apetite de riscos" é, às vezes, usada para descrever a tolerância de uma empresa a riscos e sua capacidade de lidar com eles. Esse apetite é afetado por uma série de fatores, incluindo a natureza do negócio em que a empresa está inserida — alguns tipos de negócios são inerentemente mais arriscados do que outros — e a natureza dos riscos que enfrenta, mas provavelmente o fator mais importante é a própria cultura da empresa. As empresas com uma forte cultura de gestão de riscos sabem quase instintivamente qual é o nível certo de risco. Já as com culturas fracas em sua compreensão do risco são mais propensas a assumir demasiados riscos ou muito poucos. Os dois tipos podem matar uma empresa.

Há um outro aspecto do medo que precisa ser mencionado, que é o medo do que os pós-modernistas chamam de "o outro", ou seja, pessoas que não gostam de nós mesmos. O medo do outro, ou pelo menos a falta de compreensão do outro, é uma das razões pelas quais tantas empresas fazem tão mal quando tentam pela primeira vez comercializar ou operar no estrangeiro. Como o sociólogo Michel Foucault mostrou, quando temos medo de pessoas que não são como nós, tendemos a fugir e nos esconder delas ou a tentar controlá-las. Qualquer uma delas pode ser perigosa. Uma empresa incapaz de enfrentar o mundo real permanecerá assustada e confusa, como as pessoas na caverna de Platão (Quadro 6.1).

Quadro 6.1 A tipologia do medo

Tipo	Manifestação
Medo da incerteza	"Não podemos fazer isso, é muito arriscado."
Medo do desconhecido	"Não podemos fazer isso, não temos um plano."
Medo do "outro"	"Não podemos trabalhar com essas pessoas, não são como nós."
Timidez pessoal	"Não quero causar problema."

Quais são as raízes do medo? Platão pensou que era ignorância, e que a educação poderia reduzir os medos das pessoas. Alguns medos são provavelmente inatos em certas pessoas — não sei se os geneticistas já encontraram um "gene do medo", mas com certeza é o caso, já que algumas pessoas têm menos tolerância ao risco do que outras, mesmo quando vêm de origens muito semelhantes. As circunstâncias pessoais e a história passada também desempenham um papel. As pessoas mais acima na hierarquia das necessidades e com mais a perder são frequentemente mais avessas ao risco do que as que estão na base da pirâmide, que têm de assumir riscos para sobreviver.

O mesmo aplica-se às empresas. Empreendedores assumem mais riscos do que empresas estabelecidas porque têm de fazê-lo, e muitos escritores têm notado o conservadorismo que acompanha tamanho e sucesso, porque a empresa passa a ter mais a perder. *When Giants Learn to Dance: Mastering the Challenges of Strategy Management and Careers in the 1990s*, de Rosabeth Moss Kanter, um dos livros mais vendidos da década de 1990, continua sendo um excelente exame do fenômeno e do que fazer a respeito.[3] As empresas que atravessaram um período particularmente turbulento podem também se tornar inerentemente mais "receosas" e menos dispostas a assumir riscos. Todas essas empresas tentam gerenciar ou eliminar riscos por meio de medições e controles mais precisos, levando a *culturas de precisão ansiosas*.

Muito depende das personalidades. Um CEO excessivamente cauteloso pode infectar o resto do conselho, que, por sua vez, passa sua cautela para o resto da organização. Uma vez que gerentes e funcionários aprendem que não serão recompensados por assumirem riscos, e talvez até mesmo punidos por fazê-lo, também vão adotar uma abordagem mais cautelosa.

A miragem da certeza

Quantas vezes você já se reuniu com uma equipe e ouviu alguém perguntar: "Temos certeza de que esta é a decisão certa?" Essa é, naturalmente, a pergunta errada, pois nos negócios não existe tal coisa como certeza. A certeza implica uma ausência de dúvida, e nos assuntos humanos há sempre dúvida. No entanto, paradoxalmente, a maioria das pessoas não gosta da dúvida — a falta de certeza as torna ansiosas, infelizes e amedrontadas. É por isso que perguntamos se temos certeza sobre uma decisão, na esperança de que, um dia, uma vez, a resposta possa ser "sim".

Logo, nosso *medo da incerteza* se manifesta em uma vontade de encontrar a certeza. Queremos saber o que vai acontecer, e quando percebemos que não podemos descobrir, recuamos para a caverna. Alguns colocam nossa fé em Deus, ou deuses, outros se apegam à ciência na crença de que ela pode fornecer as respostas. Queremos testes preditivos que nos digam se vamos ter câncer ou demência, queremos previsões meteorológicas que nos digam exatamente qual será o tempo amanhã e queremos modelos que nos digam como nossas empresas vão funcionar e o que vai acontecer com certeza no mundo empresarial.

Mas isso nunca acontecerá. De acordo com Lawrence LeShan e Henry Margenau, é teoricamente possível criar modelos que nos digam o que vai acontecer em um ambiente fechado, ou seja, aquele em que todas as variáveis podem ser medidas e contabilizadas. Em um ambiente aberto, com outras variáveis podendo surgir aleatoriamente, isso é impossível.[4] As empresas operam em ambientes abertos, e qualquer um que pense que pode responder a todas as variáveis possíveis está se iludindo. Nenhum modelo matemático, não importa o tamanho do supercomputador que o produziu, pode prever o futuro de um negócio com algo mais do que a confiança média, e qualquer um que lhe diga o contrário está errado.

No entanto, continuamos procurando a precisão. Os modelos matemáticos para a determinação do risco se tornaram populares na década de 1980, mais conhecidos nos serviços financeiros, em que o modelo de Black-Scholes-Merton para a precificação de opções e, em seguida, uma série de outros modelos passaram a ser usados. Tal como Pablo Triana descreve em *Lecturing Birds on Flying*, no ano 2000 todas as empresas de serviços financeiros tinham uma equipe de matemáticos de alto nível cujo único trabalho era inventar modelos cada vez mais complexos. O problema, diz Triana, é que muitos deles não funcionaram. O modelo de Black-Scholes-Merton era imperfeito, e Triana atribui a ele um papel importante no crash financeiro de 1989. Na década de 2000, um modelo de precificação de obrigações de dívida colateralizada baseado na soma de Gauss, que soa como uma espécie de réptil pequeno, mas é de fato uma fórmula matemática complexa, mostrou-se tão enganoso que as pessoas confundiram títulos de alto risco com títulos de baixo risco, e vice-versa. O valor em risco, outro modelo ao qual os financeiros se agarraram na convicção de que oferecia segurança, também se revelou cheio de defeitos.[5]

Vez após vez no livro, Triana faz a pergunta: por quê? "A proeza científica não é um requisito para ser bem-sucedido como um fundo de cobertura, um gestor de ativos ou um banco de investimento", diz ele. "Nada nos produtos ou mercados dita que você deve ter dominado econometria ou métodos numéricos antes para ser permitido e capaz de jogar [...]. A aritmética elementar e o sólido conhecimento prático do mercado continuam a ser os únicos requisitos reais."[6] Triana está falando sobre mercados financeiros, mas poderia ser sobre *todos* os mercados. Pois, apesar das quebras dos anos 2000, o número de executivos que continuam a confiar em modelos matemáticos complexos e seu uso em muitos setores do mercado para fins preditivos está aumentando.

A resposta à pergunta de Triana, "por quê?", é naturalmente o medo da incerteza. A ideia do mundo VICA tomou posse no pensamento de gestão de tal forma que os executivos estão obcecados com a incerteza. A crença de que a mudança está acontecendo a tal velocidade que ninguém pode dominá-la reduz alguns à paralisia assustada. Tornam-se os animais atropelados mencionados antes. Os modelos parecem oferecer uma defesa contra a incerteza. Triana, Nassim Nicholas Taleb, Espen Haug e outros apontaram as falhas disso muitas vezes. No entanto, os executivos continuam a usá-los, quase desesperadamente, na esperança de encontrar certeza. Eles são como viajantes sedentos, rastejando para um oásis no deserto que é de fato uma miragem. Talvez até saibam que é uma miragem, mas esperam que também possa haver água real por trás da ilusão.

Nem todos os modelos são ruins, e certamente não quero dizer que nunca devemos usá-los. Os modelos podem ser úteis para o pensamento estratégico; modelar sistemas e processos de operações pode nos ajudar a detectar potenciais falhas; modelar cadeias de abastecimento é uma boa maneira de descobrir onde podem estar os pontos fracos, e assim por diante. Mas há limites definidos para os modelos e, em particular, não há modelos confiáveis para prever o comportamento humano. Uma tendência alternativa desenvolvida nas últimas décadas é o planejamento de cenários, no qual os planejadores tentam determinar não o que *vai* acontecer, mas o que *pode* acontecer.[7] Os cenários também têm seus riscos e não devem ser considerados exclusivamente, contudo seu uso tende a reduzir o pensamento linear e levar a uma abordagem mais ampla para resolução de problemas e gestão de riscos. Outras empresas avançaram ainda mais e adotaram uma abordagem de "gestão positiva dos riscos", que reconhece que qualquer situação pode ser potencialmente arriscada e tenta integrar a gestão dos riscos em todas as atividades.[8]

Os executivos devem se habituar à ideia de que a certeza é uma miragem. A única certeza é que não há certeza. Se eles não conseguem se acostumar com essa ideia e se adaptar a ela, então talvez estejam no emprego errado.

Transtorno de planejamento obsessivo-compulsivo

Estreitamente relacionado com o medo da incerteza está o *medo do desconhecido*. É claro que os dois estão intimamente relacionados e se sobrepõem em muitos pontos — e podem, por vezes, ser indistinguíveis. Para os propósitos dessa discussão, medo do desconhecido significa o medo de que existam coisas lá fora que precisamos saber, mas ainda não sabemos o que são; ou, em termos rumsfeldianos, desconhecidos.

Algumas empresas tentam resolver esse problema por meio de uma investigação maciça e pormenorizada que tenta dar conta de todos os riscos e ameaças potenciais possíveis. Esse é um exercício inútil por várias razões. Primeiro, não funciona. Você sempre vai perder alguma coisa, e alguma ameaça vai surgir em um trimestre inesperado. O escritor de ficção científica Isaac Asimov satirizou essa abordagem à gestão de riscos de forma brilhante na série de romances *Fundação*, em que uma fórmula matemática conhecida como "Psico-história" afirma ter contabilizado todas as variáveis possíveis e, portanto, é capaz de prever o futuro. Claro que não é verdade, e tudo vai muito mal (para não dizer pior). Em segundo lugar, o tempo, o esforço e os recursos necessários para realizar esse tipo de investigação nunca vão produzir um retorno do investimento. E, em terceiro lugar, enquanto a pesquisa está sendo realizada e os planos preparados, o resto da empresa se senta e espera em vez de avançar.

Apesar disso, muitas empresas ainda se apegam ao modelo de planejamento estratégico detalhado como forma de tentar administrar o desconhecido. O planejamento estratégico é um fenômeno relativamente novo, surgido nas décadas de 1960 e 1970 do trabalho de estudiosos como Igor Ansoff e Kenneth Andrews.[9] Ele tem sido duramente criticado por Kenichi Ohmae e Henry Mintzberg (entre outros), e as falhas do planejamento estratégico são agora bem conhecidas, mas a prática persiste.[10]

Em um artigo recente na *Harvard Business Review*, Roger Martin liga o planejamento estratégico diretamente ao medo do desconhecido. Muitos executivos acham a estratégia "assustadora", diz ele, "porque os obriga a enfrentar um futuro que só podem adivinhar. Pior ainda, a escolha de uma estratégia implica a tomada de decisões que explicitamente cortam possibilidades e opções",[11] que é o início da dependência do caminho.

O processo de planejamento estratégico oferece segurança. É uma espécie de cobertor de segurança. Ao final do processo de planejamento, os executivos se convenceram de que pensaram em tudo, ou pelo menos na maioria das coisas, e agora tudo o que precisam fazer é executar. Desde que se apeguem ao plano tal como está escrito, nada pode correr mal. E, tão importante quanto isso, se o fizer, ninguém pode culpar os gestores, porque eles estavam apenas seguindo ordens.

Então, o plano se torna uma espécie de divindade doméstica. Todos devem se curvar diante dele. O desvio será punido; a conformidade, recompensada. Há certeza na crença. E assim o planejamento se torna não tanto uma atividade virtuosa, mas uma espécie de desordem obsessivo-compulsiva, algo que deve ser feito para evitar o inferno.

Isso, diz Martin, "é uma forma verdadeiramente terrível de fazer estratégia. Pode ser uma excelente maneira de lidar com o medo do desconhecido, mas o medo e o desconforto são uma parte essencial da elaboração de estratégias. Na verdade, se você está totalmente confortável com sua estratégia, há grandes chances de que não seja muito boa".[12] No início da segunda frase, Martin acerta em cheio — o propósito do planejamento estratégico não é fazer estratégia, é ajudar as pessoas a lidar com o desconhecido.

Isso não quer dizer que não deva haver planejamento. Normalmente, é necessário algum tipo de orientação sobre estratégia, e planejar concentra as mentes das pessoas nos desafios e nos problemas em questão. Há alguns que, como o falecido Jeremy Hope, argumentam contra quase todas as formas de planejamento, incluindo orçamentos, mas isso envolve provavelmente um grau de incerteza e incógnita elevado demais para a maioria das pessoas.[13] Planejar é bom, desde que você controle o plano, em vez de deixar que o plano controle você.

Outra forma de lidar com o medo do desconhecido é a crença, e muitos executivos se agarram como vítimas de naufrágio segurando coletes salva-vidas, como se trabalhando duro e sendo diligentes o suficiente, terão sucesso. Não se trata de ter sorte — o sucesso, quando chega, deve-se inteiramente a seus próprios esforços. Curiosamente, essa visão é apoiada pelo psicólogo Adrian Furnham, que diz que "os gerentes incompetentes acreditam na sorte, os competentes, não".[14]

A minha opinião é exatamente o oposto. Cada gerente é afetado pela sorte em algum momento de sua carreira — gerentes competentes são os que sabem disso, e podem tirar proveito da sorte. Michael Wheeler, em uma postagem para *Harvard Business Review*, diz o mesmo, argumentando que Bill Gates teve três imensos golpes de sorte durante os anos formativos da Microsoft, cada um dos quais mudou o destino da empresa. J. Paul Getty reconheceu o papel que a sorte havia desempenhado em sua carreira — quando perguntado sobre os segredos do sucesso empresarial, ele respondeu: "Levante-se cedo, trabalhe duro, encontre petróleo.".

"A sorte é aquilo que está fora de meu controle", diz Ed Smith, escritor e comentador de críquete cujo livro *Luck* é uma das melhores obras modernas sobre o assunto. "Ganhar na loteria é sorte. Os meus genes são sorte. Meus pais são uma questão de sorte. É sorte se um rival deixa a bola cair quando é minha vez de rebater."[15] Lesões e doenças são, muitas vezes, uma questão de sorte e podem atingir até as pessoas mais bem preparadas e mais saudáveis.

Mas a grande maioria dos gerentes não está preparada para admitir isso. Há alguns anos, ao pesquisar um artigo sobre sorte para o *Financial Times*, achei muito difícil encontrar alguém em uma posição executiva sênior na Europa ou na América do Norte que estivesse disposto a admitir que a sorte desempenhou um papel importante em sua carreira (uma exceção honrosa foi R. Gopalakrishnan, da Tata Sons em Mumbai, que acredita que a sorte gerencial é muito importante). A maioria das pessoas com quem falei estava em negação. Elas estavam convencidas de que seu sucesso se deveu inteiramente a seus esforços e de suas equipes. Perdi a conta do número de pessoas que me citaram o ditado, por vezes atribuído ao golfista Gary Player, segundo o qual "quanto mais trabalho, mais sorte tenho".[16]

E, no entanto, essas são as mesmas pessoas que estão preparadas — dispostas, até mesmo ansiosas — para descrever o inesperado como eventos do tipo cisne negro! É a mesma história de sempre: se sou bem-sucedido, é porque sou muito esperto, habilidoso e competente; mas, se algo der errado, é porque aconteceu algo que estava fora de meu controle. Mas, como diz Ed Smith, quando acontecem coisas que estão fora de seu controle, é sorte.

Reconhecer o papel desempenhado pela sorte é uma forma de encarar o medo do desconhecido. Isso enfaticamente *não* significa deixar tudo ao acaso (e, como Smith aponta, sorte e acaso são duas coisas diferentes). Significa, como foi salientado muito antes por Maquiavel, estar atento à possibilidade de sorte, reconhecer que acontecimentos repentinos e inesperados podem ocorrer e ter a força mental e a flexibilidade para aproveitá-los. Não se domina muito a sorte, dizia Maquiavel, enquanto se olha e observa os acontecimentos e depois se aproveita quando se pode.[17] Não olhe apenas para os cisnes negros, vá até lá e voe com eles. Mas isso significa viver com a incerteza e o desconhecido. Nem todos podem fazer isso, ao que parece.

O perigo que são os estranhos

A xenofobia assume várias formas. Nos meios de comunicação social, a xenofobia é geralmente entendida como um medo de estrangeiros ou de estranhos, mas, como Michel Foucault salientou, pode também significar o medo de "desvios" em nossa própria sociedade, pessoas que se comportam de forma contrária às normas de comportamento que a sociedade estabeleceu para si própria. Tipicamente, diz Foucault, a sociedade tenta expulsar esses desvios ou controlá-los de alguma forma — por isso, por exemplo, era bastante comum prender pessoas mentalmente deficientes ou perturbadas em asilos longe do olhar público, confinando-os em lugares onde seu comportamento "desviante" poderia ser controlado.[18]

Esse *medo do outro* assume muitas formas. O desprezo pelas mulheres, que discutimos no Capítulo 5, tem suas raízes, pelo menos em parte, no medo que homens sentem das mulheres. Os psicólogos freudianos têm muito a dizer sobre isso e, em *On the Psychology of Military Incompetence*, Norman Dixon comenta sobre a hostilidade nascida do medo de que mulheres experimentem o mundo de um homem. "A verdadeira ameaça das mulheres que fazem o trabalho dos homens é que, ao efeminar esse trabalho, elas, por associação, castram aqueles que normalmente o desempenham", diz ele, ou em termos mais simples, os homens se sentem ameaçados por mulheres bem-sucedidas.[19] Em um artigo recente e fascinante, Anne Karpf descreve a longa tradição de homens que tentam manter as mulheres em silêncio e impedi-las de falar e expressar suas opiniões, receando que elas digam algo que possa minar a autoridade deles.[20]

Por que homens devem ter medo de mulheres nos negócios? Caroline Turner acha que pode ter a ver com poder. Há, segundo ela, abordagens de poder masculinas e femininas distintamente diferentes. A abordagem masculina é reunir poder para si mesmo e mantê-lo próximo; a feminina é compartilhar poder e distribuí-lo.[21] O medo de perder o poder pode muito bem ser um elemento importante, e isso explicaria por que homens de meia-idade ainda estão tão presentes nas salas de reuniões e na gerência de nível superior; eles estão retendo o poder. O mesmo aplica-se às minorias étnicas e aos estrangeiros, que, como já foi referido, são mal representados nos conselhos de administração em todo o mundo, e não apenas no Ocidente.

O medo do outro também é uma questão real para as empresas que atuam em outros países, especialmente quando estão apenas começando o processo de expansão. Qualquer empresa que tente se expandir para o exterior e que não tenha um quadro de gerentes sêniores com experiência internacional provavelmente enfrentará essa questão. Algumas pessoas são naturalmente adequadas para trabalhar em diferentes ambientes e se adaptam prontamente às mudanças no ambiente. Outros lutam para se adaptar, e alguns nunca o fazem. Vi em primeira mão como alguns europeus e norte-americanos não conseguem, pura e simplesmente, lidar com a vida na Índia, com o calor e os alimentos e com os extremos entre riqueza e pobreza. Pior ainda, eles não simpatizam ou entendem os indianos, ou aceitam as pequenas, mas sutis diferenças de perspectiva e psicologia, o "software da mente" do qual Geert Hofstede fala.[22]

Um dos resultados desse medo é a suspeita instintiva e a desconfiança. O ponto de vista nos negócios ocidentais de que todos os empresários chineses e indianos não são dignos de confiança persiste. O oposto é que todos os ocidentais são arrogantes. Os gerentes indianos me disseram que também acham difícil confiar nos chineses, enquanto os executivos chineses dizem exatamente o mesmo sobre os indianos.

O medo e a desconfiança dificultam as negociações e podem fatalmente prejudicar a confiança que é tão necessária para trabalhar com parceiros estrangeiros. Na década de 1990, foi impossível contar o número de *joint ventures* entre empresas chinesas e ocidentais que fracassaram, não porque o modelo de negócios não era sólido, mas porque os sócios caíram em uma relação contraditória. É claro que, muitas vezes, empresas comuns da mesma nacionalidade também quebram, mas o problema se agrava quando estão envolvidas duas culturas diferentes. Na mesma altura, os consultores de gestão recomendavam que as empresas ocidentais não se envolvessem em *joint ventures*, contudo insistissem na criação de empresas controladas totalmente por estrangeiros. Dessa forma, como nos asilos de Foucault, podiam disciplinar e controlar o "outro".

Pela mesma razão, algumas empresas insistem em importar procedimentos e métodos de gestão de seu país de origem para o estrangeiro. As empresas norte-americanas na Ásia e na Europa são particularmente conhecidas por sua insistência na gestão e liderança ao estilo norte-americano, mas o problema não se limita apenas a elas — as primeiras empresas japonesas a se expandir para os Estados Unidos tiveram dificuldades semelhantes em impor seus próprios métodos de gestão à cultura empresarial norte-americana. Os gerentes expatriados quase sempre ocupavam todas as posições-chave de poder, e viviam vidas estranhas, ligeiramente surreais, separadas dos países para os quais foram destacados. Soube de um caso de um executivo norte-americano e sua família na década de 1990 que, tendo sido transferido para o exterior, fixou residência em um condomínio exclusivamente norte-americano, fez compras apenas em lojas norte-americanas, enviou seus filhos para escolas norte-americanas e, antes de sair de casa, filmou um ano inteiro de programas de televisão norte-americanos para não ter de assistir à TV estrangeira enquanto vivessem no exterior. Isso seria perfeitamente compreensível no Iraque, ou na Birmânia, ou no Tajiquistão; mas eles viviam na Inglaterra! O uso de expatriados diminuiu desde então, em parte por razões de custo, mas ainda há muitas empresas que insistem que a gestão em culturas estrangeiras é o mesmo que a gestão em casa.

O medo do outro, tanto profissional como pessoalmente, domina muitas vidas e também pode infectar culturas inteiras. O resultado é pensar pequeno, impedindo a construção de relações de confiança com outros grupos. A eliminação das barreiras culturais e a promoção da diversidade são essenciais para que se possam fazer progressos.

Educação violenta

Acabei de encontrar outro exemplo de sorte. Enquanto eu estava escrevendo a seção anterior, um e-mail da Thinkers50 chegou, com um link para um post no blog de Gianpiero Petriglieri, professor associado do INSEAD. Ele descreve um cartum em que uma equipe executiva está sentada em uma mesa de reuniões. O presidente pergunta: "Todos a favor?" Todos levantam as mãos em acordo, mas acima de cada cabeça há uma balão de pensamento com frases como "Você deve estar brincando" ou "Nem a pau".

"Tenho um nome para essa mistura de deferência, conformidade e agressividade passiva", escreve o professor Petriglieri. "Chamo de educação violenta."[23]

Por que isso acontece? Por que as pessoas não falam quando sabem que algo está errado? Por que aceitam comportamentos que sabem que estão errados? A resposta, na grande maioria dos casos, é a *timidez pessoal*, o medo das consequências para si mesmos e talvez também para suas famílias e seus amigos. Esse tipo de medo é bem conhecido pelos denunciantes. É preciso coragem para falar quando sabe que perderá seu emprego muito bem remunerado e prestigiado, que você e sua família terão de encontrar um novo meio de subsistência e que, muito provavelmente, você não voltará a trabalhar nesse ou em qualquer outro setor.

Mesmo em casos menos graves, as pessoas ficam relutantes em falar quando há chances das repercussões as atingirem. Desenvolve-se aquilo a que alguns chamam síndrome do "cão acenando com a cabeça", em que os membros das equipes ou dos conselhos simplesmente acenam sempre que o líder propõe uma nova ideia. Isso é perigoso, porque, como diz Petriglieri, não só não há crítica ou dissidência, mas também os membros da equipe ficam frustrados e com raiva reprimida. Eles podem ver as coisas erradas sendo feitas, mas acreditam que não podem evitá-las. Poucas coisas no trabalho são mais desmotivantes ou desmoralizantes.

Petriglieri também observa que o mesmo fenômeno acontece em todos os níveis da empresa. Os executivos juniores não falam, porque não têm certeza de sua posição; os seniores, porque estão sob mais pressão (e, eu acrescentaria, geralmente têm mais a perder). "O tempo não convoca a coragem", escreve ele. "Apenas transforma o medo de falar a verdade *ao* poder no medo de falar a verdade *em* poder [meus grifos]."[24]

Ansiedade e medo também levam a percepções errôneas de risco e à falta de apetite pelo risco. Norman Dixon cita o exemplo da Marinha Real, que tem um procedimento automático de corte marcial para qualquer capitão que perca seu navio. Se o tribunal marcial achar o capitão inocente, então ele é exonerado e livre para retomar sua carreira. No entanto, diz Dixon, há sempre o medo de que, quaisquer que sejam as circunstâncias, o capitão possa ser considerado culpado, caso em que sua carreira seria arruinada. Como resultado, alguns capitães estão relutantes em colocar seus navios em posições de risco, embora a necessidade militar possa exigir que o façam. Sua prevenção de riscos aumenta, assim, o risco real que eles e seus colegas enfrentam — por exemplo, se um capitão se recusar a correr riscos com seu próprio navio, sua frota poderá perder a batalha.

Além do medo da autoridade, há também o medo que deriva da pressão dos demais. Uma cultura de bullying surge em algumas organizações. Às vezes, como na Enron, há pressão para se envolver ou, pelo menos, fazer vista grossa ao comportamento ilegal — muitas vezes, isso é feito com o objetivo de tornar o maior número possível de pessoas cúmplices, para que não se atrevam a falar ou a denunciar o caso. Em outros casos, a cultura do bullying permite que os mais barulhentos, fortes e impiedosos criem bases de poder para si mesmos.

Alfred P. Sloan, o lendário presidente da General Motors, tinha pouco tempo para a síndrome do cão acenando com a cabeça. "Presumo que estejamos todos de acordo quanto a essa questão?", perguntou uma vez ao seu conselho de administração, e todas as cabeças acenaram concordando. "Então, senhores", continuou Sloan, "sugiro que adiemos esse assunto para a próxima reunião. Até lá, pensemos em algumas boas razões para discordar, para que possamos ter uma discussão adequada sobre o assunto." Encorajar as pessoas a falarem, em uma atmosfera livre de ameaças ou perigos, é a melhor maneira e provavelmente a única maneira de dissipar o medo.

Culturas de precisão ansiosa
Uma vez conheci um executivo da indústria editorial que não tomava nenhuma decisão, grande ou pequena, sem antes consultar uma planilha. Se os números mostrassem lucro, ele diria sim. Caso contrário, a resposta seria não. Isso incluiu não só decisões sobre publicação, mas

também algumas decisões pessoais, como para qual escola mandar seus filhos, e um murmúrio no escritório sugeriu que ele usasse a planilha para regular seus movimentos intestinais.

Como com a arrogância e ignorância, há maneiras de lidar com pessoas temerosas. Muitas vezes, o que lhes falta é confiança. Às vezes, é falta de coragem moral, a qualidade que permite que as pessoas se levantem e façam o que é certo, independentemente das consequências. Ambos podem ser inculcados, com tempo, experiência, encorajamento e talvez treino também. O problema se agrava, porém, quando uma cultura de medo impregna toda a organização.

As empresas que *temem a incerteza* tendem a confiar, como a planilha mencionada antes, em ferramentas, métricas e modelos para, de fato, fazer seu trabalho por elas. Uma das razões pelas quais os gestores recebem mais dinheiro é que são pagos para usar seu julgamento, seu conhecimento e sua experiência. Empurrando a responsabilidade para um programa de computador, por que os gerentes existiriam em primeiro lugar? Por que não entregar o controle a um computador, apagar as luzes e fechar a porta? Os computadores não adoecem, não querem opções de ações ou planos de pensão, e nunca fazem comentários sexistas sobre suas roupas femininas. O que há para não gostar?

As empresas que *temem o desconhecido* são, como já disse anteriormente, muito semelhantes, e há, frequentemente, um grande número de cruzamentos entre as duas. O medo do desconhecido se manifesta, muitas vezes, em uma obsessão por planejamento, porque ele cria a ilusão do conhecimento e oferece a pretensão de que o futuro pode ser controlado. Ele rejeita qualquer influência da sorte ou de eventos aleatórios, e insta a vã esperança de que, se trabalharmos duro o suficiente, podemos controlar o que está acontecendo ao nosso redor.

O *medo do outro* cria culturas fechadas e voltadas para si mesmas, em que as pessoas tendem a olhar, agir e pensar de forma muito semelhante. A conformidade nessas culturas se torna um mecanismo de defesa, uma forma de reter o estranho e o desconhecido. Muitas vezes, há um cruzamento entre o medo do outro e o medo do desconhecido. Tememos aqueles que não são como nós, porque não os conhecemos.

As empresas com esse tipo de cultura têm muita dificuldade em operar em mercados fora de seu próprio território.

A *timidez pessoal* é todos esses outros medos um pouco menores combinados. Nossos receios nos fazem ansiar por proteger o que temos; olhamos para os riscos de enfrentar o desconhecido, ou o outro, e decidimos que é mais seguro deixar as coisas como estão. É claro que isso apenas aumenta o risco que já enfrentamos, mas a maioria de nós é capaz de enterrar esse conhecimento e seguir em frente, esperando que o *status quo* se prolongue um pouco mais. Como disse anteriormente, isso não deve necessariamente ser considerado um vício e não devemos menosprezar as pessoas afetadas pela timidez pessoal como "fracas". A maioria de nós provavelmente já teve momentos tímidos em algum estágio ou outro em nossas carreiras profissionais.

Chamo a essas *culturas de precisão ansiosa,* porque nelas o medo impulsiona a necessidade de certeza e de conformidade. Existe uma convicção totalmente irracional de que, se conseguirmos alcançar a certeza e a conformidade, teremos banido a fonte de nossos receios. É por isso que os modelos e o planejamento são redes de proteção tão importantes — eles nos permitem fingir que estamos no controle. Algumas pessoas e empresas estão conscientes de que isso é uma ilusão, mas continuam mesmo assim. Outras nunca percebem que as sombras na parede da caverna não são reais. É difícil saber o que é mais perigoso.

Só os paranoicos sobrevivem

Aceitar que o mundo é bagunçado, confuso, impreciso, incerto e cheio de estranheza é a chave para lidar com o medo. Isso, naturalmente, é muito mais fácil de dizer do que de fazer.

Qual é a solução? Essa é uma área na qual os grupos que trabalham juntos, devidamente orientados, podem dar força a si mesmos. A primeira condição prévia é partilhar os receios e expô-los abertamente. Depois, os próprios receios devem ser analisados e discutidos. O que tememos mais? Como podemos enfrentar esse medo? Como lidar com ele? Não com modelos ou planejamento ou planilhas, mas aprendendo a viver com medo e incerteza, percebendo que, como diz Sydney

Finkelstein, vivemos em um mundo de erros.

Ter *algum* medo na cultura de uma organização é saudável, pois a falta de medo pode facilmente levar à arrogância. Um nível sensato de medo é importante na gestão do risco. Andrew Grove argumentou que todas as organizações precisam de um nível de paranoia. Alguns medos são irracionais, mas muitos outros são justificados e estamos certos em ter medo — só porque você está paranoico não significa que alguém não vai te atacar. Porém, parafraseando o que eu disse antes, precisamos controlar nossos medos, e não deixar que eles nos controlem.

Aqui estão algumas das táticas de enfrentamento que podem ser consideradas:
- Reconheça que a incerteza traz oportunidades e desafios. Lembre-se: todos os outros são tão incertos e temerosos quanto você, possivelmente mais ainda. Tente, como Maquiavel sugeriu, ver o mundo como um lugar de possibilidades, não apenas de ameaças.
- Aceite que a sorte tem um papel nos negócios. Aprenda a tirar proveito dela e a gerir as consequências da má sorte.

As ferramentas científicas e os métodos de investigação têm um papel importante a desempenhar nas empresas, mas em si mesmos não são suficientes. Peter Drucker sempre negou que a administração fosse uma ciência, insistindo que era a última das artes liberais. Experiência e julgamento são ingredientes essenciais. Isso não significa que eu esteja argumentando que os gestores devem usar sua intuição; não estou totalmente convencido de que a intuição exista, e penso que muito do que acreditamos ser intuição ou aquele "frio na barriga" é, muitas vezes, uma combinação de senso comum, experiência e conhecimento tácito. Mas nem tudo na gestão pode ser calculado ou medido.

Use os planos como uma forma de concentrar o pensamento, mas não confie neles. Esteja preparado para jogá-los fora se as circunstâncias mudarem. O marechal de campo Helmuth von Moltke advertiu sua equipe de que "nenhum plano sobrevive ao contato com o inimigo". Eu mudaria a frase para: "Nenhum plano sobrevive." Todos os planos enfrentam obstáculos que forçam emendas ou desvios. Aderir ao plano quando o senso comum nos diz que ele deve ser abandonado é uma das piores coisas que podemos fazer.

O risco pode ser um poderoso estimulante. Músicos profissionais sabem que, quando entram em um estúdio para gravar, eles e seus engenheiros e produtores têm controle sobre todas as variáveis. Estão em um sistema fechado e podem produzir praticamente tudo o que quiserem. As apresentações ao vivo, no entanto, são bem diferentes. Lá estão em um espaço aberto e não há como saber o que vai acontecer, como a multidão vai reagir. Mas é isso que torna a performance ao vivo tão excitante; há um limite de perigo ao qual tanto os artistas como o público respondem. É por isso que a maioria dos músicos adora tocar ao vivo, e muitas das melhores performances de todos os tempos são performances ao vivo.

Pouco depois de os nazistas terem ocupado o que era então a Checoslováquia, em 1939, a Orquestra Filarmônica Checa tocou um concerto ao vivo, *Ma Vlast*, o épico ciclo de poemas em tons do compositor checo Smetana, que se tornou sinônimo de orgulho nacional checo. O poder e a paixão com que a orquestra tocava eram esmagadores. No final, o público foi à loucura e, em seguida, explodiu em um coro improvisado do hino nacional. Todos na sala de concertos, artistas e público em geral, sabiam que estavam colocando suas vidas em risco ao tocar, ouvir e cantar, mas fizeram isso de qualquer maneira.

Mais de setenta anos depois, ao ouvir a gravação dessa performance, minha pele se arrepia. Isso é grandeza, grandeza alcançada na sombra do medo.

Pode ser feito. Por isso, não se preocupe e aprenda a amar seus medos.

Capítulo 7
Síndrome de Creosote

Um dos personagens mais memoráveis de *Monty Python – O sentido da vida* é o Sr. Creosote, o guloso *gourmand* que come tudo à vista e depois incha a um tamanho tão monstruoso que é incapaz de se mover. Quando o pessoal do restaurante o tenta com um último doce, um "wafer-thin de hortelã", ele sabe que não deve comer e recusa. Então, sua gula vence. Ele enfia o doce na boca, engole e explode.

A síndrome do Creosote, em que as empresas se deslumbram com as aquisições até explodirem — ou implodirem —, é bem conhecida no mundo dos negócios. Um exemplo famoso foi a Royal Ahold, o grupo de supermercados holandês que fora muito bem-sucedido no mercado interno, mas que tinha ambições de atuar mundialmente. Ao longo de oito anos até 2002, a Royal Ahold gastou mais de vinte bilhões de euros em aquisições em todo o mundo, especialmente no continente americano. A empresa comprou uma posição importante no setor de varejo alimentício dos Estados Unidos e parecia destinada a continuar a se expandir, apesar de os custos de integração para as principais aquisições serem muito maiores do que o previsto e a desvalorização da moeda na América do Sul ter reduzido profundamente os lucros na região.

O doce de hortelã da Royal Ahold foi a Argentina, onde uma aquisição relativamente pequena azedou quando um parceiro local não pagou suas dívidas. Depois disso, a Royal Ahold se desfez com uma velocidade absurda. Suas operações norte-americanas despencaram; executivos de uma subsidiária tentaram encobrir suas perdas por meio de uma fraude contábil desajeitada, que foi descoberta quase imediatamente. A Royal Ahold entrou em colapso. Seu CEO e CFO perderam seus empregos, e a empresa foi investigada por delitos criminais. Foi uma das quedas mais espetaculares na era dos negócios modernos, e tudo poderia ter sido evitado se ela tivesse gerido sua estratégia de crescimento em vez de simplesmente engolir todas as oportunidades que surgiram.

A ganância por parte dos indivíduos conduziu a alguns fracassos empresariais espetaculares, e analisaremos esse assunto com mais detalhes no próximo capítulo, sobre a luxúria. Aqui, o foco está na ganância corporativa, ou *culturas de aquisição conspícua*, na qual o crescimento, a expansão, o lucro, a participação no mercado e o valor para o acionista se tornam fins por direito próprio, metas às quais a empresa se dedica.

Isso não quer dizer que crescimento, expansão, lucro, participação no mercado e valor para o acionista não sejam importantes. São importantes, claro. Muitas vezes, são os critérios pelos quais uma empresa é avaliada e, com ou sem razão, é uma realidade com a qual todos os líderes empresariais e gestores têm de viver. Mas — e esse é um problema que, muitas vezes, se torna mais óbvio à medida que crescem e amadurecem — as empresas, frequentemente, desenvolvem uma espécie de miopia corporativa sobre lucro, crescimento e participação de mercado, escolhendo uma dessas coisas como importante e ignorando o resto. Há alguns anos, encontrei um livro intitulado *Profit or Growth? Why You Don't Have to Choose*.[1] A primeira coisa que me passou pela cabeça foi "se você tem que escolher, então está fazendo algo errado". Esse é de fato o ponto que os autores do livro, Bala Chakravarthy e Peter Lorange, exploram, mas o que me preocupou foi a questão ter que ser feita em primeiro lugar.

Pensando nisso, finalmente notei que o problema está em como percebemos o lucro e o crescimento: não como indicadores de sucesso, mas como fins por si mesmos. Como o desempenho corporativo é tão fortemente impulsionado por metas, há uma tendência a estabelecê-las cada vez mais — metas que parecem impressionantes e mostram aos investidores e à imprensa financeira como somos agressivos e confiantes. Assim, estabelecemos grandes metas de lucro e depois estabelecemos metas de lucro para espremer o máximo de dinheiro possível das operações — e, claro, para os clientes — de modo a atingi-las. Como alternativa, definimos metas de crescimento ambiciosas e estabelecemos como objetivo nos tornarmos os maiores do nosso setor/do nosso mercado regional/mundial.

É aqui que entra a ganância. Cada alvo que atingimos desperta em nós o desejo de seguir em frente e atingir outro, ainda maior. O sucesso de nossas empresas se reflete em nós mesmos. A psicologia é simples: minha empresa é maior/mais rentável/tem um preço melhor do que a sua, por isso ela é superior, e assim seguimos sem dizer que sou superior. A ganância toma conta da razão.

As empresas gananciosas, portanto, são aquelas em que os objetivos originais do negócio foram perdidos ou esquecidos, mas aquelas em que o crescimento e o lucro assumem como novos objetivos. Quando isso acontece, essas empresas correm o risco de se concentrarem nesses pseudo-objetivos tão completamente que perdem de vista todo o resto. Sua ganância as esmaga; elas se esforçam cada vez mais até que vão longe demais.

Quadro 7.1 A tipologia da ganância

Tipo	Manifestação
Ganância pelo crescimento	"Queremos ser os maiores do mundo."
Ganância pelo lucro	"O propósito de um negócio é ganhar dinheiro."

Ganância pela participação no mercado	"Queremos dominar tudo."
Ganância pela vitória	"Nós somos os melhores!"

A síndrome do Creosote pode se manifestar de várias formas, como mostra o Quadro 7.1. Uma forma comum de ganância é a *ganância pelo crescimento*, que triunfou sobre a razão na Royal Ahold e liderou a empresa em sua estratégia de crescimento, que acabou em colapso. A ganância da Ford pelo crescimento a levou a aventuras imprudentes, como a Fordlandia, a desastrosa tentativa de montar uma fábrica de borracha no Brasil, em 1928, que custou à empresa mais de vinte milhões de dólares (muito dinheiro na década de 1920).

A outra manifestação principal é a *ganância pelo lucro*, o desejo de fazer tanto dinheiro quanto possível, como se o vencedor fosse a pessoa com a maior pilha de dinheiro. A crença no lucro como um objetivo em si mesmo é surpreendentemente rara nos negócios, mas quando ocorre pode ser perigosa.

Menos visível, só que mais insidiosa e perigosa ainda é a *ganância pela participação no mercado*, que, às vezes, se infiltra na cultura corporativa sem que os executivos tenham consciência disso. O mito de que ter a maior cota de mercado conduzirá a uma posição de invulnerabilidade competitiva é um mito muito sedutor, sobretudo em indústrias em que o crescimento do mercado é relativamente estável. O setor automotivo e o de supermercados são dois daqueles em que a ganância por participação no mercado levou a algumas decisões espetacularmente ruins, mas nenhum setor e nenhuma empresa são imunes a isso. Ter uma grande fatia de mercado é, naturalmente, positivo, contudo dominar o mercado, longe de ser uma receita de sucesso, pode ser uma armadilha que conduz ao fracasso.

A simples ganância por si só é perigosa, porque leva as empresas a ignorar as coisas realmente importantes nos negócios, mas o perigo surge quando empresas gananciosas passam muito tempo olhando para seus concorrentes. A ganância é então agravada pela inveja. O rival tem uma cota de mercado superior, então não fará nada, mas temos de aumentar nossa participação até ser maior do que a dele. As empresas que acham que sua principal missão é competir e "vencer" seus rivais estão realmente fadadas à falência. Algumas formas de concorrência, como a guerra de preços, podem, a curto prazo, ser benéficas para os clientes, mas a longo prazo os clientes acabam se tornando um dano colateral. A competição deve ser considerada como um mal necessário, *não* como uma meta.

Crescimento e morte
A Royal Ahold não é, de forma alguma, a única empresa que colocou a ganância pelo crescimento à frente da experiência, sabedoria e senso comum. Outros exemplos recentes incluem o Lehman Brothers, a Swissair e a Marconi, já mencionados, e Nortel. A subida e a descida da Nortel foram ainda mais meteóricas do que as da Royal Ahold. A Nortel deixou de ser uma obscura empresa de telecomunicações canadense para se tornar uma gigante global com receitas maiores de trinta bilhões de dólares e ações valendo quase 125 dólares e depois quebrou, com suas ações valendo menos de cinquenta centavos de dólar, tudo em apenas quatro anos.

"Binge" é a palavra que os comentaristas usam para descrever a estratégia de crescimento da Nortel. Há poucas provas de planejamento. Algumas aquisições muito caras duplicaram coisas que a Nortel já estava fazendo com bastante eficiência internamente. O enorme crescimento foi conseguido à custa dos lucros, assumindo uma dívida massiva. Quando a bolha da internet rebentou em 2001, e acabou com o fundo do mercado das telecomunicações, a dívida da Nortel a derrubou. A empresa cessou sua atividade em 2002, deixando mais de sessenta mil desempregados.

A ganância pelo crescimento sempre esteve conosco. Na Idade Média, Florença emergiu como o centro da indústria bancária europeia e, no século XIV, o maior e mais prestigiado banco de Florença foi a Sociedade da Bardi. A sociedade emprestou dinheiro a magnatas de negócios, nobres, reis e papas, mas o problema deles era não saber dizer não. Mais e maiores empréstimos foram feitos, incluindo uma série maciça de empréstimos ao rei Edward III da Inglaterra, para ajudá-lo a financiar as fases iniciais da Guerra dos Cem Anos. O inevitável aconteceu — Edward não podia pagar suas dívidas, e a Sociedade da Bardi quebrou.[2] Os bancos que investiram fortemente em títulos de alto risco antes de 2008 foram culpados da mesma ganância pelo crescimento.

Novamente, o crescimento não é uma coisa ruim, mas é importante fazer uma distinção entre *crescimento saudável* e *crescimento ganancioso*. Uma medida de crescimento é boa para as empresas, desde que seja controlada e gerida seguindo a estratégia e os objetivos da empresa. Crescimento ganancioso, por outro lado, é crescimento por si só, crescimento sem sentido na crença de que todo desenvolvimento é bom e que o objetivo de todo negócio é conseguir ser o maior possível. O tamanho passa a importar — grande é melhor, e maior é melhor ainda. Essa forma de pensar leva a aquisições sem sentido e a um eventual desastre.

Mas mesmo o crescimento controlado tem seus perigos. À medida que as empresas crescem, tornam-se mais difíceis de gerir. O CEO já não consegue ver o panorama geral. A equipe de gestão da Royal Ahold, na Holanda, não fazia ideia do que se passava nas subsidiárias da América do Norte e da América Latina, só quando já era tarde demais. A menos que o crescimento físico seja acompanhado por um crescimento igual dos sistemas de gestão, existe um forte risco de que partes da empresa, pelo menos, fiquem fora de controle. A falha da GlaxoSmithKline em controlar seus gerentes na China custou à empresa trezentos milhões de dólares em multas e viu alguns de seus executivos serem acusados, bem como os danos a sua reputação em todo o mundo.[3]

Alfred Mond, conhecido pela imprensa britânica como "o Grande Conglomerador", era outro que acreditava no crescimento por si só. Começando na década de 1920 com uma pequena empresa química familiar, Brunner Mont, Alfred Mond se expandiu em todas as direções, construindo um enorme conglomerado conhecido como Imperial Chemical Industries (ICI) com interesses em químicos, fertilizantes agrícolas, explosivos, tintas, produtos plásticos, produtos farmacêuticos e motocicletas.[4] O desejo insaciável de Mond por aquisições parecia não ter limites, e, no romance *Admirável mundo novo*, Aldous Huxley o satirizou como "Mustafa Mond", o ditador mundial. Mas Mond, pelo menos, sabia como integrar seus negócios, e a ICI prosperou — no início. Após sua morte, em 1930, a onda de aquisições continuou, mas seus sucessores não tiveram a mesma perspicácia e o grupo começou a lutar para manter a coesão. Na década de 1950, era um conglomerado madeireiro de mais de cem empresas sem ideologia ou missão central. Foi preciso um programa de reestruturação maciço e muito caro para fazer a ICI se encaixar mais uma vez.

O crescimento é arriscado se ficar fora de controle, e até mesmo o crescimento controlado cria negócios que são cada vez mais difíceis de gerenciar. Por que, então, as empresas sucumbem à ganância pelo crescimento? A resposta usual é que os acionistas exigem crescimento para aumentar o valor de seus próprios ativos, mas há dois problemas com isso. Em primeiro lugar, o crescimento descontrolado não conduz a um valor para o acionista — nos casos da Royal Ahold, Marconi e Nortel, o caso foi exatamente o oposto. Em segundo lugar, a ganância pelo crescimento afeta não só as empresas cotadas na bolsa, contudo também as empresas públicas e privadas. A pressão dos acionistas para o crescimento desempenhou um papel na Nortel — os acionistas também podem ser afetados pela ganância pelo crescimento —, mas na Royal Ahold parece claro que eles desempenharam um papel pequeno na influência da estratégia de crescimento rápido. O ímpeto para tal veio da sala de reuniões.

Outro argumento é que a escala dá às empresas maior proteção contra as flutuações dos mercados e da economia, e isso é verdade até certo ponto. As empresas de maior dimensão têm mais recursos para ajudá-las a ultrapassar as dificuldades econômicas, têm mais dinheiro para gastar em inovação e mais pessoas para participar nos esforços de inovação. Mas, mais uma vez, há limites para o valor da escala. Uma vez que crescem além de um ponto, as empresas se tornam menos flexíveis e menos capazes de se adaptar às mudanças. Isso aumenta os riscos que elas enfrentam em vez de diminuí-los. A IBM no final da década de 1970 foi, de longe, a maior fabricante de computadores do mundo, mas seus rivais menores orbitavam a sua volta. Como resultado, apesar de seu tamanho, a IBM chegou perigosamente perto do colapso nos anos 1980. As pressões reais para o crescimento são duplas: a pressão dos pares e a natureza humana. Muito poucas pessoas entram em cargos de gestão, porque querem um trabalho fácil e agradável, com uma boa pensão no final da carreira. A maioria dos gerentes vai para a gestão em primeiro lugar, porque querem fazer coisas. Acham muito difícil não fazer nada, mesmo quando nada é, de fato, a coisa certa a fazer. Quando o mercado está crescendo e outras empresas estão crescendo, tendemos a querer crescer nossa própria empresa também. Se possível, a um ritmo mais rápido do que as outras. Nossos instintos competitivos vêm à tona. Minha empresa é maior que a sua, eu sou melhor que você.

Mais uma vez, esses instintos não são necessariamente ruins. O truque é canalizá-los de tal forma que a vontade de fazer, de criar e de crescer tenha uma saída também benéfica para a saúde da empresa a longo prazo. A inovação é, de fato, uma forma fantástica de deixar os espíritos inquietos de uma empresa desabafarem, e pode também produzir bons resultados para a empresa. Os desinvestimentos estratégicos são uma boa maneira de redimensionar a empresa e talvez dar um jeito em sua direção estratégica. A criação de uma nova empresa dá aos gestores mais aventureiros algo para fazer e impede que o resto se torne complacente demais. Há muitas coisas que uma empresa pode fazer, além de crescer imprudentemente, para satisfazer a seu desejo de ser ativa.

Mas o crescimento pelo crescimento se tornou agora institucionalizado na cultura de gestão. O crescimento é bom. Esse mantra é ensinado aos alunos nos estudos de caso e avisa solenemente que as únicas opções são "crescer ou morrer". Analistas e corretores olham para as taxas de crescimento como uma métrica-chave. E, claro, como já foi dito, os gerentes também são recompensados por suas conquistas — não há bônus para ficar quieto. A cultura empresarial empurra ativamente as empresas e os gestores para a ganância pelo crescimento e, enquanto continuar a fazê-lo, haverá fracassos empresariais.

A obsessão iludida pelo lucro
A ideia de que o objetivo principal de um negócio é lucrar é relativamente nova. É geralmente atribuída a economistas defensores do mercado livre, especialmente aqueles da Escola de Chicago, que tomaram sua deixa do falecido Milton Friedman (cuja visão era, ao contrário, de que o principal dever de um negócio é devolver valor aos acionistas). Essa credencial acadêmica ligeiramente espúria permite que empresas com culturas de ganância busquem lucro enquanto, ao mesmo tempo, afirmam ser de mente elevada e pura intenção. Não é um espetáculo edificante.

Para que não haja mal-entendidos, permitam-me deixar claro que sou totalmente a favor do lucro. Eu mesmo dirijo um negócio, e sempre penso no lucro. As empresas têm de obter lucros — uma empresa que não o faz não sobreviverá. Concordo também com essa autoridade bastante surpreendente sobre o assunto, São Tomás de Aquino, que, em meados do século XIII, argumentou que não só os empresários tinham o direito de obter lucros, mas também que seus lucros deviam aumentar em função do nível de risco que corriam. Aquino desaprovava a noção de valor inerente. Um bem, disse ele, valia o que as pessoas estavam dispostas a pagar por ele em um determinado momento. Se elas estavam dispostas a pagar um preço alto, então as empresas que os vendiam tinham direito ao que podiam obter.[5]

Os problemas começam quando as empresas enxergam o lucro, assim como o crescimento, como um fim e definem seus objetivos e metas baseadas nisso. Se você acredita que seu único propósito é lucrar, e recompensar seu pessoal apenas com base nos lucros que eles ganham para o negócio, então você vai enfrentar algumas consequências muito desagradáveis. O primeiro e mais óbvio é um desejo de cortar caminho, de modo a fazer ou exceder as metas de lucro. Esse desejo aumentará se os bônus de gestão estiverem ligados à consecução desses objetivos, pois a empresa vai de fato incentivar a corrupção. O colapso da Royal Ahold foi, em parte, desencadeado pela revelação de que uma filial tinha mexido nos livros, a fim de evitar expor um déficit de lucros. No momento em que escrevo este livro, o grupo de supermercados britânico Tesco está sob investigação por superestimar seus lucros quando os lucros da empresa estão diminuindo.[6]

Mais grave, e com consequências potencialmente mais graves a longo prazo, é que o foco no lucro pode levar à mudança na mentalidade corporativa. O foco muda das partes interessadas para a própria empresa; suas necessidades são tudo o que importa. Os clientes estão lá para pagarem todo o dinheiro possível; os fornecedores devem ser pressionados a fornecer bens ou componentes a preços cada vez mais baixos; os salários dos empregados devem ser mantidos baixos; e os benefícios devem ser reduzidos (embora os salários e regalias dos quadros superiores sejam normalmente os últimos a serem reduzidos), tudo para que a empresa possa obter mais lucros.

As partes interessadas não são estúpidas. Elas sabem quando seus interesses são sacrificados para que a empresa possa atingir seus objetivos de lucro e, se tiverem alguma escolha, mudarão seu negócio e sua mão de obra para outro local. Aqueles que não têm escolha vão continuar onde estão, mas vão se ressentir e ficar observando para conseguir a sua vez. Uma atmosfera de antagonismo entre empresa e seus clientes, fornecedores e empregados não é propícia a boas perspectivas de crescimento a longo prazo. Um lucro a curto prazo terá de ser pago por alguém — geralmente nos cargos mais baixos.

É claro que o lucro não é e nunca foi o principal objetivo de qualquer negócio bem gerido. Recordo mais uma vez o comentário de R. Gopalakrishnan de que "o lucro é um subproduto do que fazemos". Se uma empresa cumpre seu verdadeiro objetivo — o fornecimento de bens e serviços que as pessoas querem e necessitam — de forma eficiente e eficaz, então terá lucro e nenhuma pessoa sensata vai invejar tal lucro. Mas ele vem da missão, não vice-versa.

A obsessão ainda mais iludida com a participação de mercado

Tal como a ganância pelo lucro, as empresas que se entregam à ganância pela participação de mercado são capazes de afirmar que sua ganância tem fundamento intelectual. Nesse caso, podem recorrer a uma peça altamente influente de pesquisa de negócios, o projeto Profit Impact of

Market Strategies (PIMS) do início dos anos 1970.[7] Os investigadores observaram uma correlação entre participação de mercado e rentabilidade e sugeriram que um aumento — ou diminuição — de 10% dessa participação seria acompanhado por um aumento ou diminuição de 5% no retorno do investimento. Várias gerações de gestores e líderes empresariais já cresceram com a ideia de que a cota de mercado equivale diretamente à rentabilidade.

Diversas palavras de cautela estão em ordem. Em primeiro lugar, o aumento da rentabilidade que acompanha um aumento da parte de mercado nunca foi inteiramente explicado, mas se deve provavelmente às economias de escala que acompanham o aumento da parte de mercado. Mas as economias de escala são uma espada de dois gumes. As grandes empresas podem produzir bens físicos mais baratos — há algumas dúvidas quanto aos serviços — e, assim, aumentar sua margem de lucro, mas apenas até certo ponto. Eventualmente, a lei da diminuição dos rendimentos prevalece. Além disso, os economistas dizem que, normalmente, as economias de escala só podem ser alcançadas à custa da flexibilidade.

Dois setores em que grandes empresas dominam, e nos quais a cota de mercado é um fator muito significativo na elaboração de estratégias, são o automotivo e o de produtos alimentares. Os custos de investimento em ambos os setores são elevados, e existem barreiras substanciais à entrada, o que significa que ambos são dominados por operadores históricos de longo prazo. É de notar que, em ambos os setores, a cota de mercado e a rentabilidade têm pouca relação entre si a longo prazo. Durante a maior parte da primeira década deste século, a General Motors teve a maior fatia do mercado automobilístico mundial, mas, em 2009, pediu falência com dívidas de 170 bilhões de dólares. A Tesco, a cadeia de supermercados britânica com a maior cota de mercado há mais de uma década, é também a que se encontra com mais problemas financeiros. As empresas mais rentáveis em ambos os setores não são as que detêm a maior fatia de mercado, e sim as que têm estratégia correta em primeiro lugar. Além disso, dada a dimensão dessas empresas, elas não conseguem se adaptar rapidamente quando se deparam com problemas. Levou anos para a General Motors resolvê-los e se colocar de volta nos trilhos, e, a menos que seu novo CEO seja um milagreiro, vai levar anos para fazer o mesmo com a Tesco.

É claro que as economias de escala ajudam, especialmente em indústrias de pesquisa intensiva, como a farmacêutica, nas quais podem ser necessários um bilhão de dólares para colocar um novo medicamento no mercado. O que quero dizer não é que as economias de escala não sejam úteis — pelo contrário, têm suas limitações, e qualquer estratégia baseada unicamente na obtenção de economias de escala, conquistando e ocultando cotas de mercado, também tem. A elaboração de uma estratégia nessa base introduz outra forma de miopia.

O primeiro problema com a pesquisa PIMS, e a escola de pensamento de participação de mercado em geral, é que só funciona bem em um mercado puramente estático, com um conjunto finito de clientes. Mas os mercados raramente são estáticos. Normalmente, estão se expandindo, com mais clientes gastando mais dinheiro, caso em que é perfeitamente possível ser lucrativo, não importa qual seja sua participação de mercado. Ou estão se contraindo, caso em que empresas menores e mais ágeis vão ter uma chance maior de se ajustar às condições do mercado em mudança do que as gigantes, que dependem de economias de escala.

O segundo problema está relacionado com a discussão acima: a cota de mercado deve ser, em qualquer caso, o objetivo principal? Se uma empresa serve seus clientes bem, atende às suas necessidades, mantendo-os felizes e sempre comprando (o que gera lucro), então não precisa se preocupar com participação alguma. Ela pode diversificar sua oferta de produtos existente, pode inovar, pode entrar em novos mercados — todos com potencial para gerar crescimento a longo prazo.

Alguns investidores não vão gostar disso. Eles vão querer aplicar o modelo PIMS e insistir em aumentar a cota de mercado, o lucro e o crescimento. Nesse caso, a administração deve ter coragem para manter suas convicções e sugerir que levem seu investimento para outro lugar. Se querem retornos rápidos, o que inclui perdas mais rápidas, há muitas ações arriscadas de tecnologia em outras empresas, ou podem ir até a pista de corridas mais próxima e fazer uma aposta. Os investidores inteligentes que compreendem o negócio — e há alguns — vão investir onde podem ver um futuro. Isso nos leva, naturalmente, à questão de saber que tipo de investidores você quer e se a abertura de capital é a melhor coisa para uma empresa — isso é outra história e, provavelmente, um livro inteiramente novo.

O mito da competição

A ganância por uma fatia do mercado nos leva inevitavelmente à questão da concorrência e à noção de que essa fatia só se ganha se a retirarmos dos rivais. A ideia de que as empresas existem apenas para competir entre si é quase tão perniciosa e enganadora como a ideia de que elas existem apenas para obter lucros. A justificação intelectual aqui é Darwin, ou melhor, o resultado bruto das teorias de Darwin conhecidas como "darwinismo social" — o que aplica parte da teoria darwiniana à sociedade e à economia. Já perdi a conta do número de vezes que ouvi gerentes me explicarem com seriedade como, nos negócios, os fracos devem perecer e os fortes sobreviver, porque foi isso que Darwin disse.

De fato, como Geoffrey Hodgson e Thorbjørn Knudsen escreveram em seu excelente livro *Darwin's Conjecture*, Darwin não disse isso.[8] O que ele *disse* foi que não são os mais fortes que sobrevivem, nem os mais inteligentes, mas os mais capazes de se adaptar e evoluir. Por vezes, isso significa competição, entretanto Darwin também discutiu conceitos como ajuda mútua, simpatia e cooperação, em que as espécies colaboram e trabalham em conjunto para assegurar a sobrevivência umas das outras. Hodgson e Knudsen salientaram ainda que as economias e os mercados funcionam de acordo com os mesmos princípios e que a cooperação e o interesse mútuo são pelo menos tão ou mais importantes do que a concorrência direta.

É óbvio que, no fundo, já sabemos disso. E, se deixássemos as coisas acontecerem, colaboraríamos mais livremente, haveria mais trocas entre empresas, mais parcerias entre supostos rivais com o objetivo de atender clientes de forma mais eficaz. Mas somos calados pelos economistas do mercado livre, que insistem que a concorrência é necessária para assegurar mercados eficientes, e pelos gurus da estratégia, que nos dizem que a concorrência é o que mantém as empresas magras, famintas e em forma — caso contrário, se não houver concorrência, afundamo-nos na preguiça, na ociosidade e na complacência.

Até parece. Administrar um negócio por conta própria já é difícil o suficiente. Por que devemos sair e travar lutas com estranhos aleatórios para tornar ainda mais difícil? Os artistas lutam com outros artistas para aperfeiçoar sua técnica de pintura? Os poetas atacam os editores de poetas rivais para impedir que seu trabalho seja impresso? Os cientistas se difamam para que as pessoas deixem de ler o trabalho de seus colegas e leiam só o deles? Por que, então, os gerentes devem sair e atacar outros gerentes, em vez de economizar sua energia para fazer o que devem fazer, que é servir os clientes?

Mas atacam, e por isso tantos livros com títulos como *Marketing de guerra*, *The Basics of Business Warfare* e *Financial Market Warfare* (e, enquanto escrevo esta frase, um comunicado de imprensa aparece em meu e-mail anunciando a publicação de *Building a Culture to Win: Unveiling "Top Gun" Strategies for Successful Organizations*). Somos encorajados a pensar em estratégia em termos militares, e os mais entusiastas até leem as obras de Clausewitz e as biografias de Napoleão e Alexandre o Grande na esperança de aprender os segredos do sucesso competitivo. Nos anos 1970 e 1980, houve uma febre ocidental pelo livro *The Book of Five Rings*, a memória do famoso lutador de espada japonês Miyamoto Musashi, na qual ele descreve os segredos de sucesso que o levaram à vitória em mais de sessenta duelos. (Será que os leitores entenderam que eram duelos até a morte? Pergunto-me se o livro seria tão popular se Miyamoto tivesse descrito em detalhe gráfico como é um corpo humano depois de ter sido cortado com vinte e quatro polegadas de aço popular.)

Mais populares ainda hoje em dia são as metáforas esportivas. O negócio está cheio de gírias e jargões derivados do futebol, beisebol, críquete e outros esportes. Falamos de "equipes vencedoras", temos "líderes de torcida" que promovem ideias e novas iniciativas, e até "coaches" que nos ajudam a tirar o melhor de nós mesmos. Nos negócios norte-americanos, um projeto-piloto do qual não se espera muito poderia ser chamado de "Hail Mary"; na Grã-Bretanha, tomando emprestado da sinuca, poderia ser chamado de "sinuca de bico". Os melhores esportistas são levados às empresas como palestrantes motivacionais, como se, aparentemente, um pouco de sua poeira estelar fosse nos afetar e fazer de nós também vencedores.

As metáforas esportivas abundam em *Jogar para vencer: como a estratégia realmente funciona*, de A.G. Lafley, o muito admirado presidente e CEO da Procter & Gamble.[9] Os títulos dos capítulos incluem "What is Winning", "Where to Play", "How to Win" e "The Endless Pursuit of Winning". Ganhar está ficando cada vez mais difícil, declara Lafley, porque nós (adivinhe) vivemos em um mundo VICA. Aqui estão algumas das perguntas que ele sugere que façamos a nós mesmos:[10]

- Já definiu ganhar?
- Já decidiu onde jogar para ganhar?
- Já determinou como, especificamente, vai ganhar?

Ganhar? Ganhar *o quê*, pelo amor de Deus? É um concurso? Recebemos prêmios no final, ou troféus? Será que A.G. se imagina em um pódio de reportagem no final do ano, segurando um buquê enquanto alguém pendura uma medalha de ouro em seu pescoço e uma banda toca a música da companhia P&G? O único troféu que importa, o único prêmio que vale a pena, são os clientes satisfeitos. O jogo da competição é apenas isso, um jogo, jogado por gerentes a fim de impulsionar seus próprios egos. Eles fingem que, na gestão de um negócio, estão fazendo algo heroico, e podem se sentir superiores aos outros — especialmente se trabalham nas empresas que "derrotamos". "Minha empresa venceu a sua. Sou melhor do que você."

Isso é um completo disparate. Se as empresas passassem metade do tempo pensando em seus clientes como pensam em rivais, provavelmente ganhariam muito mais dinheiro. Faço aqui e agora uma declaração que pode ofender a maioria dos leitores, mas faço mesmo assim: a palavra "ganhar" não existe no mundo dos negócios. Não estamos aqui para "ganhar". Estamos aqui para criar valor, satisfazer a outras pessoas e, nesse processo, lucrar. É *isso* que importa.

É claro que há competição nos negócios, por recursos, talento, atenção dos clientes, que tentam fazer a melhor escolha em um mercado lotado e movimentado. Nós competimos por esses recursos quando precisamos, mas o fazemos com mais frequência do que deveríamos. A chamada "guerra pelo talento", por exemplo, poderia ser terminada de uma só vez se as empresas concordassem em fazer um investimento colaborativo adequado na educação e no desenvolvimento das futuras gerações de gestores, em vez de responsabilizarem as escolas de gestão e de se queixarem da qualidade e da quantidade de diplomados que elas produzem.

O mito da competição é que ela é um objetivo. A ganância pela vitória é uma distração perigosa do verdadeiro propósito do negócio. Esqueça isso. Repito: isso não é sobre você. Concentre-se nas pessoas que importam, nos outros investidores e, acima de tudo, nos clientes.

Ganância e corrupção
Qualquer tipo de ganância conduz quase inevitavelmente à corrupção, e sempre que pessoas e instituições competem entre si — especialmente quando o prêmio é dinheiro —, há a tentação de burlar as regras. Algumas pessoas são filosóficas sobre isso e consideram a corrupção como uma espécie de custo de transação, uma parte inevitável do funcionamento de um mercado livre e competitivo. "Se abrirmos a porta", disse o antigo líder chinês Deng Xiaoping, ao advertir que a introdução de mercados livres e da concorrência na China poderia levar a um aumento da corrupção, "é inevitável que algumas moscas entrem". Essa é uma atitude perigosa. Há uma linha tênue entre a aceitação e a tolerância da corrupção até seu próprio envolvimento.

A ganância desenfreada conduz a culturas em que a ganância é aceitável, capaz e até mesmo uma coisa boa. Nem todos discordaram do comerciante de Wall Street, Ivan Boesky, quando ele disse que "a ganância é boa". Um pouco dela, dizem, é um estímulo útil — faz as pessoas se esforçarem mais, trabalhem mais e serem mais criativas por saberem que vão ser recompensadas por seus esforços.

Talvez seja possível, embora o mesmo argumento tenha sido utilizado a favor do açoitamento na Marinha Real — um toque de chicote de vez em quando torna os marinheiros mais disciplinados e melhores lutadores. (Se isso fosse mesmo verdade, por que a Marinha aboliu o açoitamento mesmo?) Mas a ganância também cria culturas como a da bolha da Companhia dos Mares do Sul, de 1711 a 1720, quando o establishment e a comunidade financeira de Londres se despediram coletivamente de seus sentidos e mergulharam na busca da riqueza em benefício próprio. Charles White Mackay, em *Extraordinary Popular Delusions and the Madness of Crowds*, relata essa era de insanidade em massa com algum detalhe, e oferece esse exemplo de quão longe as coisas foram:[11]

> O maior absurdo, e que mostrou, mais completamente do que qualquer outro, a total loucura das pessoas, foi o iniciado por um aventureiro desconhecido, que escreveu "Uma empresa para realizar um empreendimento vantajoso, mas ninguém sabe o que é". Não fosse o fato afirmado por testemunhas credíveis, seria impossível acreditar que qualquer pessoa pudesse ser enganada por tal projeto. O gênio que fez essa ousada e bem-sucedida incursão sobre a credibilidade pública apenas declarou em seu prospecto que o capital necessário era de meio milhão [de libras esterlinas], em cinco mil ações de cem libras cada, depositando duas libras por ação [...]. Na manhã seguinte, às nove horas, este grande homem abriu um escritório em Cornhill. Multidões estavam a sua porta e, quando ele encerrou o expediente, às quinze horas, nada menos que mil ações haviam sido subscritas e os depósitos pagos. Ele ganhou, em seis horas, duas mil libras. Ele era esperto o suficiente para se contentar com sua aventura, e partiu na mesma noite para o continente. Nunca mais se ouviu falar dele.

Sim, esse homem era um vigarista, mas não poderia ter ganhado nada se não em um ambiente no qual a ganância era considerada boa. A empresa norte-americana de saúde HealthSouth falsificou suas contas, inflando a renda em até quatro mil por cento ao ano por cerca de sete anos antes do estouro da bolha e do colapso da empresa. Por que isso?

Porque alguns de seus executivos sêniores estavam tão entusiasmados com o desempenho da empresa que não fizeram perguntas. Como é que os vendedores do Barclay conseguiram manipular as taxas LIBOR de modo a aumentar seus próprios bônus? Porque trabalhavam em uma cultura em que os bônus representavam não só dinheiro, mas também status. A ganância é boa.

A ganância distorce o julgamento de muitas maneiras. Ela tira nossas mentes dos objetivos reais do negócio, e também distorce nosso senso de certo e errado. A ganância nos diz que os fins justificam os meios, que a única coisa que importa é que tenhamos nossos lucros, crescimento e cota de mercado, e quaisquer meios que utilizemos para atingir isso são justificados. A ganância cria um vazio moral nas culturas empresariais, um vazio que suga as carreiras dos gestores e os destrói — e, às vezes, também destrói as empresas.

Culturas de aquisição conspícua

A ganância individual é, muitas vezes, impulsionada por uma série de fatores — os dois mais proeminentes são o medo e a testosterona. Nós lidamos com o medo no capítulo anterior, e a luxúria é o tema do próximo capítulo. Mas como é que a ganância de alguns indivíduos acaba infectando empresas inteiras para criar culturas de aquisição conspícua?

A origem da infecção pode ser rastreada até algumas pessoas dominantes, muitas vezes as que estão no topo da organização. Elas dão o tom para o resto da organização por meio de seu exemplo, mas também têm uma poderosa influência na forma de sistemas de recompensas, especialmente bônus relacionados ao desempenho. Se os bônus se basearem principal ou exclusivamente na conquista de objetivos de crescimento, lucro ou cota de mercado, encorajará uma cultura de ganância coletiva.

Poucas empresas são tão flagrantes quanto a gigante do software Oracle, que, na década de 1990, se ofereceu para pagar bônus a sua equipe de vendas na forma de barras de ouro.[12] Em um certo nível, não importa se os bônus são pagos sob a forma de notas de cem dólares ou barras de ouro, ou conchas de cauri ou cabeças de esquilos secas (todos legais em algum momento no passado), mas o simbolismo era poderoso. Os vendedores da Oracle estavam sendo recompensados em ouro, o metal precioso que tem sido um dos símbolos mais potentes da ganância ao longo da história, do rei Midas à *Desolação de Smaug*. Na ocasião, houve um clamor público e a Oracle descontinuou a prática, mas há muitas outras formas, mais sutis, de reforçar as culturas da ganância.

Nem o ímpeto vem sempre do topo. Qualquer pequeno grupo influente dentro de uma empresa pode definir o tom e mudar a cultura. *Inside Arthur Andersen*, um dos vários livros para mapear a queda dessa empresa outrora orgulhosa, descreve como o lócus do poder se deslocou do lado contábil de Arthur Andersen, famoso por sua probidade e seus altos padrões éticos, para o braço consultor, menor só que mais capaz de lucro e mais ganancioso. Algumas figuras-chave da área de consultoria começaram a pressionar os contadores para que fossem mais flexíveis em seus padrões. Na falta de energia para resistir, os contadores cederam. O resultado foi a Enron, com Arthur Andersen, sendo arrastada para baixo no seu rasto.[13]

Esses e outros exemplos citados mostram, espero, como é fácil para as culturas de ganância se estabelecerem em uma organização. Muitas vezes, o motivo inicial é bom. Crescimento, lucro, participação de mercado, tudo isso é importante, e há muita pesquisa acadêmica e justificativa intelectual para sua busca. Corro o risco de me repetir agora, mas os problemas começam quando as métricas e metas de crescimento, lucro e participação no mercado assumem os objetivos originais do negócio. É por isso que me refiro a eles como culturas de aquisição conspícuas: porque o crescimento e a expansão se tornam as coisas de que a empresa mais se orgulha, e que sinaliza em seus relatórios anuais. Suas verdadeiras realizações são brilhantes ou perdidas por completo — ou, por vezes, como no caso da HealthSouth, nunca existiram de todo.

A *ganância pelo crescimento* é uma armadilha particularmente fácil de cair, porque o crescimento é importante. O problema é que, muitas vezes, confundimos o que é crescimento. Nós o confundimos com crescimento físico, expansão, criação de novas unidades de negócio, novas subsidiárias, aquisição de novos clientes, e, por vezes, ignoramos o fato de que também existem outros tipos de crescimento: crescimento do capital intelectual, crescimento das relações comerciais, crescimento em termos de mais eficácia e eficiência e melhores sistemas de gestão. O crescimento externo é, muitas vezes, privilegiado em relação ao interno, provavelmente porque esse último é mais fácil de medir e valorizar. Apesar do que os acionistas possam dizer, isso não é razão suficiente.

A escala é, naturalmente, importante, e uma empresa tem de ser suficientemente robusta para sobreviver. Mas o crescimento contínuo, irrestrito, não planejado e cego é uma das formas mais seguras para matar um negócio. Bom crescimento, não crescimento ganancioso, deve ser o caminho a ser seguido.

A *ganância pelo lucro*, como já mencionei, é surpreendentemente rara — nos últimos vinte anos, trabalhei com pouquíssimas empresas em que o lucro foi o motivo dominante, e tentei não me envolver com elas durante muito tempo. Mas, quando essa ganância acontece, é perigoso. Ela encoraja a subestimar as necessidades de outros investidores em favor das nossas, e nos encoraja a reduzir os custos, incluindo os custos éticos.

A *ganância pela participação do mercado* é uma armadilha perigosa. Apesar da pesquisa PIMS, há muitos exemplos de indústrias em que a empresa com a maior participação de mercado é também a que tem mais problemas. Construir relacionamentos fortes com os clientes que você tem é melhor — e quase certamente mais barato — do que tentar roubar clientes de outra empresa. Esse tipo de ganância também nos leva à perigosa falácia de que a concorrência é o fim do jogo. Vou repetir, só para irritar ainda mais: a palavra "ganhar" não existe nos negócios.

Talvez seja surpreendente, mas parece que o dinheiro não é tudo
Nos últimos anos, houve várias tentativas para encontrar novas definições de termos como "lucro" e "crescimento" que possam refletir

as realizações de uma empresa em geral. O trabalho de valorização do capital humano tem sido particularmente interessante, mesmo que ainda não seja amplamente aceito.[14] Esses esforços são louváveis, mas a solução para o problema da ganância é mais profunda. Temos de deixar de pensar nas empresas como máquinas de ganhar dinheiro e começar a pensar nelas como aquilo que são: instituições que servem as pessoas.

    A ideia de que as empresas existem para ganhar dinheiro está bem estabelecida tanto na cultura empresarial como no folclore urbano em geral. É, no entanto, um equívoco. Ganhar dinheiro e obter lucros é um subproduto do exercício mais amplo de produção de bens e serviços que os clientes querem e precisam. Se uma empresa *não* produz bens e serviços que os clientes querem e precisam, então ela não terá lucro e ponto final. A única maneira de permanecer vivo é entrar no mundo das bolhas de aquisições, empilhando as empresas adquiridas para preencher o balanço patrimonial. Porém, mais cedo ou mais tarde, o preço dessas aquisições deve ser pago, e a única maneira de fazer isso é criar clientes e gerar receita. Caso contrário, a bolha rebentará, como aconteceu com a Nortel, a Royal Ahold e muitas outras.

    Henry Ford, em seus primeiros dias, entendia exatamente a relação entre clientes e negócios. Ele tinha uma conexão quase instintiva com o público norte-americano, sabia como as pessoas pensavam, o que queriam e quais eram seus sonhos. Repensando, Ford não vendeu carros. Ele vendeu mobilidade, a chance de segurar o volante e ir para uma cidade diferente ou um estado diferente em busca de oportunidades. A mobilidade pessoal deu às pessoas a oportunidade não só de realizarem seus próprios sonhos, mas também de se tornarem parte do grande sonho americano. O Lehman Brothers também compreendeu em seus primeiros dias que administrar um banco era muito mais do que ganhar dinheiro — era prestar um serviço vital que uma economia faminta e em crescimento precisava. O banco não era só negócios, era uma missão social. Só muito mais tarde é que ele perdeu de vista essa missão e sucumbiu à ganância dos lucros e do crescimento, tal como Ford fez.

    "Todos os mercados respondem às necessidades do povo", escreveu o polímata Ibn Khaldun, do século XIV, e nada aconteceu nos séculos seguintes para provar que ele estava errado.[15] A história, a experiência passada e presente mostram que os negócios que ganham dinheiro a longo prazo são aqueles que desenvolvem relações próximas com seus clientes, e o fazem entregando qualidade consistentemente ao longo do tempo. Em *Beyond the Familiar*, Patrick Barwise e Seán Meehan fazem um perfil da Aggreko, uma empresa especializada em fornecer sistemas temporários de fornecimento de energia e controle de temperatura, tanto em contratos de longo prazo para cidades e corporações quanto para ocasiões pontuais, como grandes eventos esportivos e também a posse de presidentes dos Estados Unidos. A promessa dessa marca é "serviço excepcional e confiabilidade total". Barwise e Meehan descrevem como a empresa se preparou para a posse do presidente Barack Obama, em 2009:[16]

> Tudo foi planejado até o último detalhe. Não há margem para erro. Todos os empreiteiros são os melhores de sua classe e totalmente confiáveis — não 95%, 99% ou mesmo 99,9% confiáveis, mas absolutamente 100% confiáveis.

A principal prioridade da Aggreko são seus clientes. Eles estão felizes? Estão recebendo um bom serviço? Onde estão as falhas que precisam ser corrigidas? A Aggreko é uma das poucas empresas que mede não apenas a satisfação dos clientes, mas também a *in*satisfação deles. Seus gerentes sentem que as pesquisas de satisfação do cliente, frequentemente, fazem as perguntas erradas. As pessoas vão dizer por que estão felizes, sem necessariamente dizer por que estão ou se estão infelizes. Assim, a Aggreko faz de seus clientes sua principal prioridade — e, ao fazer isso, ganha muito dinheiro.

A Aggreko não é uma empresa gananciosa. Uma empresa gananciosa pressionaria seus contratados pelo preço em vez de se preocupar com a qualidade, e se concentraria em conquistar a maior participação de mercado possível em vez de oferecer o melhor serviço possível. Em vez disso, a Aggreko se concentra no serviço, e os lucros fluem naturalmente —246 milhões de libras de lucro em 2013, em receitas de cerca de 1,5 bilhão de libras.

Livrar-se da ganância significa estabelecer uma cultura em que, repito, o foco está nos interessados e não na própria empresa. Construir relações, estabelecer uma posição no mercado e uma reputação de excelência, aliadas a um funcionamento eficiente e eficaz e a uma gestão de recursos humanos, é a receita primária para o sucesso da administração. Mas, em toda essa receita, o ingrediente mais importante são os clientes. O dinheiro não é tudo. Os clientes são.

Ah, alguns vão dizer agora: se ao menos fosse assim tão fácil. Há mais para gerir um negócio bem-sucedido do que apenas o foco no cliente.

E eu respondo: já tentou?

Capítulo 8
Luxúria em ação

A palavra "luxúria" é geralmente ligada a sexo, e o desejo sexual desempenha um papel importante em alguns fracassos de gestão. Mas a luxúria, segundo o *Oxford English Dictionary*, também pode significar "desejos fortes ou excessivos" em geral. Os teólogos cristãos primitivos equiparam a luxúria com a gratificação sexual, mas suas raízes são mais profundas do que isso.

Em última análise, a luxúria tem a ver com controle. As pessoas gananciosas querem mais de cada coisa, querem controlar o que já têm. É evidente que existe uma grande área comum entre as duas, e a ganância que nos leva a perseguir o crescimento, o lucro e a cota de mercado é, muitas vezes, acompanhada pela ânsia de controle e de dominação. Dividi os dois conceitos, no entanto, porque suas manifestações e consequências podem ser muito diferentes. Neste capítulo, vou me concentrar nos aspectos da luxúria — definidos em termos gerais — que não se sobrepõem aos elementos da ganância que discutimos no capítulo anterior.

No coração da luxúria por controle e dominação está a agressividade. Para os homens alfa, ou aqueles que se veem nesse papel — e isso pode incluir mulheres —, o comportamento luxurioso é um canal para estabelecer o domínio sobre os outros. Os psicólogos freudianos provavelmente diriam que o desejo sexual está no coração da luxúria pelo poder. Pode ser, mas muito do comportamento prejudicial causado pela luxúria tem, pelo menos abertamente, pouco a ver com sexo e muito mais com poder. A quantidade de domínio e controle que se pode estabelecer é um fator crítico na autoestima pessoal. Tenho poder sobre você, portanto, sou melhor do que você.

O poder é, naturalmente, um conceito interessante. O motivo de as pessoas sentirem a necessidade de ter poder sobre as outras é um assunto que tem ocupado muitos livros de psicologia, e muitos textos sobre o comportamento de organizações. É claro que há um lado positivo no poder, como explica Rosabeth Moss Kanter:[1]

> Quando os gerentes estão em situações poderosas, é mais fácil para eles realizarem mais. As ferramentas estão lá, é provável que eles estejam muito motivados e consigam motivar seus subordinados... Eles ganham o respeito e a cooperação que o poder atribuído traz. Os talentos dos subordinados são mais recursos do que ameaças.

A visão de Kanter assume que o poder é exercido por meios benevolentes. Mas, como salienta um famoso artigo de Seth Rosenthal e Todd Pittinsky, "Narcissistic Leadership", esse nem sempre é o caso. Alguns líderes "são principalmente motivados por suas próprias necessidades e crenças egomaníacas, substituindo as necessidades e os interesses daqueles que lideram".[2] Rosenthal e Pittinsky traçam uma linha divisória entre a *liderança carismática*, que busca motivar as pessoas, e a *liderança narcisista*, que busca explorar as pessoas para obter mais poder para si mesmo, seja o poder referente que vem com reputação, seja o controle mental e físico real sobre outras pessoas — ou ambos.

Manfred Kets de Vries fala sobre os extremos de tal comportamento e as extensões a que a ânsia de poder pode levar em seu estudo de déspotas e tiranos e, embora ele fale principalmente de líderes políticos, não há dúvida de que um comportamento semelhante também pode ser encontrado no mundo dos negócios.[3] Harold Geneen, o tirano chefe do conglomerado americano ITT, espezinhou seus gerentes e funcionários e levou o grupo a uma expansão cada vez maior, reunindo cada vez mais poder para si mesmo. Como Henry Ford antes dele, Geneen apreciou a atenção da mídia que seu sucesso trouxe e ficou cada vez mais arrogante em sua busca de poder, e mais disposto a assumir riscos. "Se o risco é um cavalo indomado, um conglomerado é a melhor maneira de aproveitar a viagem", escreveu ele.[4]

Mas o desejo de poder de Geneen provou ser sua ruína. Seu "wafer-thin de hortelã" surgiu quando se descobriu que, na década de 1970, ele tinha oferecido à CIA um milhão de dólares para evitar que o governo de esquerda do Chile nacionalizasse as participações do ITT no país. Pouco depois, com a ajuda da agência de inteligência, o governo chileno foi derrubado por um golpe militar. Os esforços de Geneen escandalizaram o mundo, e os escritórios do ITT sofreram piquetes e até foram bombardeados. O desempenho financeiro começou a sofrer, e o preço das ações da empresa caiu de sessenta dólares para doze dólares. Em 1978, Geneen foi demitido pelo próprio conselho, e nunca mais ocupou uma posição de gerenciamento sênior (Quadro 8.1).

Quadro 8.1 A tipologia da luxúria

Tipo	Exemplos
Luxúria sexual	"Quero prazer e não me importo como o consigo."
Luxúria por dominação	"Quero dominar outras pessoas."
Luxúria por reconhecimento	"Quero que todos saibam o quão bom eu sou (FIGJAM)."
Luxúria burocrática	"Quero construir um império e ser seu líder."

Tal como nos capítulos anteriores, o interesse aqui não está no comportamento dos indivíduos, exceto quando ele afeta e impacta no resto da organização, mas sim na cultura que o permite e até o encoraja. Harold Geneen era um indivíduo brilhante e carismático, mas ninguém tem poder suficiente para forçar uma organização inteira a fazer sua vontade. Henry Ford foi capaz de dominar e controlar a Ford Motors graças à aquiescência de subordinados flexíveis como Charles Sorenson, e as ambições de Richard Fuld poderiam ter sido dominadas se seu conselho de administração tivesse sido mais proativo. A questão, como Manfred Kets de Vries explica, é que nenhuma pessoa é responsável por falhas. Os líderes dependem de uma coalizão de pessoas a seu redor que compartilham uma cultura e visão de mundo comuns, o que significa que eles toleram ou até incentivam o que o líder faz.

Sexo, mentiras e internet
William Whiteley era um homem de negócios brilhante. Um homem que se construiu, deixou a escola, em 1845, com catorze anos, e virou aprendiz no comércio varejista. Uma visita à Grande Exposição de 1851 lhe deu a inspiração para construir um grande ponto de venda de uma variedade de produtos sob o mesmo teto, uma espécie de Crystal Palace do varejo. Ele visitou Paris, onde viu os primeiros experimentos em design de lojas de departamentos realizados por Aristide e Marguerite Boucicaut, em Au Bon Marché. Em 1872, fundou a primeira loja de departamentos da Grã-Bretanha, a Whiteley's, em Londres. A Whiteley's apanhou a imaginação do público e foi um sucesso imediato. Whiteley se tornou conhecido como o "provedor universal", e diziam que ele poderia fornecer qualquer coisa, de pinos a elefantes. A rainha Victoria era uma cliente.

No final da década de 1870, Whiteley arrumou uma amante, Louisa Turner, que manteve em um apartamento em Brighton, na costa sul da Inglaterra, visitando-a de vez em quando. Em 1879, ela deu à luz um filho, Horace. O provedor universal se recusou a reconhecer a criança, e não teve contato com o menino. Em 1907, Horace decidiu que tinha aturado o suficiente e forçou seu caminho até o escritório de Whiteley, exigindo que ele o reconhecesse como filho. Quando Whiteley se recusou, Horace sacou um revólver e o matou.[5]

Poucos gestores e líderes sofrem as consequências do desejo sexual tão fatalmente como Whiteley, mas, sem dúvidas, ele tem destruído carreiras ao longo dos anos. Os piores problemas são, muitas vezes, problemas de dois pesos e duas medidas. Whiteley, enquanto mantinha sua amante, insistiu em segregar seu pessoal masculino e feminino e demitiu quaisquer funcionários que se envolvessem. Henry Ford também manteve uma amante, e baniu as mulheres da fábrica de borracha em Fordlandia, alegando que a presença delas seria ruim para a fibra moral dos trabalhadores. Billy Butlin, pioneiro dos campos de férias na Grã-Bretanha, insistiu no "comportamento saudável" e no estrito decoro entre o pessoal e os convidados enquanto a irmã de sua primeira mulher era sua amante. Todas essas coisas causam ressentimento entre os funcionários, embora poucos vão tão longe quanto a equipe de Whiteley, que em várias ocasiões tentou queimar a loja.

O negócio de Whiteley nunca se recuperou de sua morte, e a loja não conseguiu acompanhar o ritmo de novos rivais como Harrod's, John Lewis e Selfridges. Geralmente, porém, é bastante raro o delito sexual de uma única pessoa ter um impacto sobre um negócio.[6] Mais perigoso é a emergência de culturas que parecem tolerar comportamentos sexuais inapropriados. Esse tipo de cultura foi exposto no final dos anos 1950 pelo jornalista Edward R. Murrow, que revelou a prática generalizada de as empresas norte-americanas oferecerem prostitutas a clientes favorecidos ou potenciais clientes como um incentivo a fazer mais negócios. Murrow estimou que, só em Nova York, mais de trinta mil mulheres ganhavam a vida dessa forma, sendo algumas até listadas na folha de pagamento das empresas.[7] Um escândalo semelhante eclodiu na Volkswagen no início dos anos 2000, e surgiram relatos de práticas semelhantes em Hong Kong e no Japão.[8] Embora nenhuma empresa tenha sofrido grandes danos devido a esses escândalos, não há dúvida de que, durante algum tempo, pelo menos, sua reputação ficou manchada. E as carreiras individuais podem ser afetadas — a revelação de que agentes do Serviço Secreto dos Estados Unidos usavam prostitutas enquanto estavam de plantão na Colômbia foi um dos fatores que custaram ao diretor do serviço seu cargo.

O assédio sexual continua a ser um problema em muitas organizações. Além de ser moralmente inaceitável, provoca proibições no local de trabalho e afeta pessoas que não são os alvos diretos — não apenas os direitos humanos da vítima têm de ser considerados, mas também a harmonia do negócio como um todo. Uma praga sexual em série pode fazer tanto mal à moral do grupo, se não mais, como um valentão no local de trabalho. O caso Tailhook, em que oficiais da Marinha norte-americana foram acusados de ter agredido sexualmente 83 mulheres e sete homens durante uma conferência de quatro dias em Las Vegas, em 1991, foi um grande escândalo, mas o que realmente abalou a Marinha foi a revelação de que os oficiais superiores presentes na conferência sabiam das agressões e não tomaram medidas para evitá-las. Mais uma vez, a Marinha sobreviveu como instituição, mas muitas carreiras foram danificadas ou destruídas: não apenas as dos agressores, mas também as das vítimas. Os bons gestores estão atentos aos sinais de assédio sexual e tomam medidas severas contra ele.

O problema é agravado ainda mais quando o próprio gerente é o assediador. Uma empresa canadense foi forçada a se separar de seu CEO há alguns anos, quando ele confundiu um presente de uma colega com um convite. Ele provou ser um daqueles homens que são incapazes de compreender o significado da palavra "não". Foram feitas queixas formais e, pior ainda, o assunto se tornou público e foi noticiado nos meios de comunicação de todo o mundo.

A Air India sofreu uma série de acusações de assédio sexual ao longo dos anos, principalmente em 2009, quando um piloto e um membro masculino da tripulação trocaram socos enquanto o avião estava em pleno voo, devido a alegações de que o piloto tinha assediado uma comissária de bordo.[9] Esse incidente — que também foi relatado em todo o mundo — causou imensos danos à reputação da Air India. O evento foi, naturalmente, investigado, e os membros da tripulação envolvidos foram suspensos, mas o problema persiste. A Air India ainda tem muitos problemas, e esse tipo de comportamento por parte do pessoal e dos gestores, e a falha da empresa em reprimir o problema não ajuda sua reputação nem a moral do pessoal.

Isso não quer dizer que devamos voltar aos tempos da Ford e da Whiteley e proibir todos os contatos sociais e sexuais entre os funcionários. Na verdade, há pesquisas que sugerem que os locais de trabalho nos quais o pessoal é encorajado a socializar e onde relacionamentos são comuns têm um moral mais elevado e são mais produtivos e inovadores do que os locais de trabalho em que relacionamentos são desaprovados ou proibidos. O sinal de perigo é quando relacionamentos sexuais não consensuais e desiguais começam a se tornar aceitáveis.

Uma alta incidência de divórcios e assuntos extraconjugais também pode ser um sinal de que nem tudo está bem na cultura corporativa. Temos de ter cuidado para não nos intrometermos em assuntos privados, é óbvio, e, infelizmente, muitos relacionamentos avariam. O momento de se preocupar é quando, em uma reunião social, se veem muitas esposas-troféus (ou, menos comumente, maridos-troféus). No passado, era quase regra em algumas culturas empresariais para os homens, ao atingir certa eminência empresarial, divorciar-se de sua primeira esposa e casar com outra, muito mais jovem e glamorosa.

Perdi a conta do número de casos em que gerentes sêniores se divorciaram de suas esposas e se casaram novamente com bailarinas. Por que bailarinas? Eu tenho uma teoria, ainda não comprovada e provavelmente impossível de provar, de que, quando alguns homens olham para bailarinas deslizando pelo palco, eles veem sua mulher ideal: bonita, graciosa, sexualmente atraente — e silenciosa.

A pergunta óbvia é: por que isso importa? Por que as altas taxas de divórcios e esposas-troféu devem ser um sinal de perigo? A resposta é que essas coisas são frequentemente sintomas de problemas mais profundos. As elevadas taxas de divórcio podem ser um sinal de que os gestores estão sob pressão demais e não estão conseguindo gerir o próprio equilíbrio entre vida profissional e familiar. Nesse caso, eles provavelmente também têm um fraco desempenho como gestores. Alternativamente, poderíamos estar olhando para uma cultura "macho", em que homens colocam os próprios interesses em primeiro lugar e desvalorizam as mulheres. A maioria dos homens que se casaram com bailarinas não era grande fã de balé (para aqueles que são e se casaram por amor, peço desculpas, mas vocês são minoria). Casaram-se com mulheres que pensavam poder controlar — e, quando desejam controlar suas esposas, podem querer controlar outras coisas e outras pessoas também.

Todas essas coisas — hipocrisia sexual, assédio sexual, sexo para controle e culturas de exploração sexual — são muito mais importantes agora do que cem anos atrás, ou cinquenta, ou trinta, graças ao poder da internet. No passado, era mais fácil para as empresas sufocarem notícias de mau comportamento, ou pelo menos mantê-las dentro de círculos limitados. Hoje, e-mail e mídia social significam que cada indiscrição individual é conhecida mundialmente em segundos. Mesmo os casos inofensivos podem se tornar postagem do Facebook.

A internet adora sexo e, se você estiver em qualquer tipo de posição de responsabilidade ou poder, haverá alguém esperando por descrições de suas atividades sexuais. As três coisas que não podemos esquecer sobre ter uma vida amorosa na era da internet são: discrição, discrição e discrição. Não faça nada de que se envergonhe caso seja manchete dos jornais de amanhã (porque há uma excelente possibilidade de que isso aconteça).

E, geralmente falando, quando sua empresa está nas manchetes por causa das atividades sexuais de seus gerentes em vez de seu desempenho corporativo, você tem um problema. Se seus gerentes estão gastando mais tempo pensando no que têm dentro das calças do que nos clientes, então a atenção deles está no lugar errado. Por si só, os mal-intencionados sexuais não são assassinos de empresas (se deveriam ou não ser é um assunto para um debate separado). O verdadeiro problema está na cultura que permite que tais coisas aconteçam.

O desejo de dominar

Do desejo de dominar sexualmente passamos ao desejo de dominar de forma mais geral — a luxúria pelo controle. Aqui vemos fortemente a área em comum mencionada no início do capítulo entre a ganância pelo crescimento, os lucros e a cota de mercado e a luxúria pelo controle. Tendo lidado com questões externas à empresa no último capítulo, quero focar agora em assuntos internos, como a luxúria pelo controle afetando as organizações a partir do interior e impedindo que elas funcionem sem problemas.

O desejo de controlar e dominar os outros é mais forte em alguns indivíduos. Muitas vezes, isso se manifesta de forma bastante benigna como ambição ou impulso. Um dos paradoxos adicionais da gestão e da liderança é que uma dose de ambição é necessária para ter sucesso — novamente, como tem sido muitas vezes apontado ao longo dos anos, as pessoas se tornam gestores porque querem as coisas feitas[10] —, mas, ao mesmo tempo, a ambição é uma armadilha que pode afundar as pessoas.

Até foi questionado se aqueles que *querem* ascender a posições de chefia são realmente as melhores pessoas para liderar — será que o desejo deles de liderança significa que estão mais focados em si mesmos do que em seus seguidores ou clientes? O político britânico Eric Pickles comentou uma vez que qualquer adolescente com a séria ambição de se tornar primeiro-ministro ou presidente quando crescer provavelmente precisa de ajuda psiquiátrica. Certamente, tem havido líderes bem-sucedidos que canalizaram suas ambições para suas empresas em vez de suas próprias carreiras — William McKnight, da 3M, foi um; Li Ka-shing, de Hutchinson Whampoa, e Ratan Tata, do Grupo Tata, são dois outros.

No entanto, há também muitos outros que veem as posições mais altas como uma rota para o poder pessoal. Como gerentes arrogantes, eles podem ser identificados e controlados ou expulsos da organização. A maioria das empresas provavelmente concordaria que não há lugar em seu meio para pessoas que buscam ganho pessoal em vez de sucesso para a organização como um todo. Entretanto, as culturas emergem — novamente, muitas vezes sem que ninguém perceba — onde a ânsia pelo controle se torna parte integrante dessa cultura e a competição pelo ganho pessoal domina ou até eclipsa os objetivos do negócio.

Em *Management and Machiavelli*, Anthony Jay descreve culturas que são baseadas quase inteiramente no poder pessoal.[11] Ele usa a metáfora da "guerra baronial" para descrever como o poder é usado. Os "barões" são gestores poderosos que controlam uma parte da organização e procuram expandir sua base de poder à custa dos rivais. Com efeito, eles veem a organização como uma entidade de soma zero, onde cada um só pode se expandir tomando poder de outra pessoa. Não há a ideia de que o crescimento pode vir através do crescimento colaborativo de toda a organização.

Entre os exemplos citados por Jay está a empresa norte-americana General Dynamics, que era composta por nove unidades de negócios praticamente independentes, todas em conflito umas com as outras. Frank Pace, que assumiu o cargo de chefe executivo em 1957, "viu-se praticamente prisioneiro de seus barões feudais".[12] Entre 1960 e 1962, a General Dynamics perdeu 425 milhões de dólares, um recorde mundial de perdas corporativas.

Jay acredita que o problema na General Dynamics e outras empresas afetadas pela guerra baronial poderia ser resolvido com a imposição de uma forte liderança de centro, um rei (ou rainha) que faz os barões guerreiros se acalmarem. Isso em si, como mostra a história da guerra baronial atual, está longe de ser fácil e longe de ser sem sangue — levou nove anos para que os líderes do Japão sob o imperador Meiji sufocassem o último dos barões e colocassem o Japão sob controle.[13] Reestruturar e reorganizar as empresas para que haja mais controle central requer um grau de crueldade que poucos gestores possuem na medida do necessário. Muito mais comum, como vimos anteriormente, é uma reestruturação fracassada que deixa a empresa em pior estado do que o anterior.

Além disso, algumas culturas empresariais pensam que a guerra baronial é uma coisa boa. Em uma espécie de versão corporativa bizarra de *Game of Thrones*, no final da década de 1970, o supremo da Coca-Cola, Robert Woodruff (conhecido universalmente como "o chefe", graças a sua participação majoritária na empresa, embora ele não ocupasse uma posição sênior), decidiu substituir seu CEO, Paul Austin, e ofereceu o cargo a um de seus gerentes sêniores. Seguiu-se uma luta pelo poder entre Roberto Goizueta, Ian Wilson e Donald

Keough. Goizueta e Keough eventualmente formaram uma aliança para forçar a saída de Wilson, cada um concordando em nomear o outro como seu vice. A maioria do conselho preferiu Keough, mas Goizueta contou com o apoio das empresas de engarrafamento da Coca-Cola, prometendo às mais fortes que poderiam assumir algumas das divisões menores, e também cortejou alguns dos outros principais acionistas. Em 1981, Goizueta assumiu o cargo de presidente e diretor executivo, mas honrou seu acordo e fez Keough seu número dois.

Isso foi uma coisa boa? Teria sido a escolha certa? Quatro anos mais tarde, ao enfrentar a concorrência crescente da Pepsi, Goizueta levou a Coca-Cola a seu maior fracasso público: a desastrosa eliminação de sua marca icônica Coke em favor da "New Coke". Dezenas de milhões de dólares foram investidos nesse projeto, e, menos de dois anos depois, quando as vendas caíram, Goizueta foi forçado a voltar com a velha marca, e a New Coke desapareceu discretamente de cena. Parece claro que o próprio Goizueta forçou o projeto, escondendo-o do "chefe", Robert Woodruff.[14] É claro que uma palavra de cautela está em ordem: Keough ou Wilson, se tivesse tido sucesso, poderia ter cometido o mesmo erro. A questão não é quem estava no comando, e sim que uma cultura contraditória baseada no controle pessoal turvou o julgamento das pessoas, tanto sobre a empresa e seus produtos quanto sobre quem deveriam ser seus líderes. A Coca-Cola perdeu o foco e, apesar de nunca estar em perigo de colapso, pagou um preço elevado.

Polegadas de coluna
Algumas empresas também desenvolvem culturas narcisistas onde o desejo de reconhecimento se torna uma característica dominante. Novamente, há muitas áreas em comum com a luxúria pelo controle, com o reconhecimento e o controle, muitas vezes, andando de mãos dadas — quanto mais poder você tem, mais admirado e lisonjeado você está. Ida Tarbell, em sua grande polêmica do início do século XX contra a Standard Oil Company, escreveu desesperadamente sobre uma geração de jovens nos Estados Unidos e em todo o mundo que admirava quase ao ponto de reverenciar líderes empresariais, como John D. Rockefeller,

que havia chegado ao poder por meios desonestos, imorais e ilegais.[15] Nada disso, aparentemente, importava. Tudo o que importava era que fossem bem-sucedidos, e assim os fins justificavam os meios.

Rockefeller, para ser justo, não procurou o reconhecimento público. Na verdade, ele o evitava ativamente. Mas muitas outras pessoas de negócios adoram a luz da fama. Elas a desejam e, quanto mais famosos se tornam,, mais a cortejam. Para alguns, estar na televisão é mais importante do que gerir o negócio. Para outros, não é tanto a fama fugaz da mídia, os "quinze minutos" de Andy Warhol, que importa tanto quanto a imortalidade na forma dos negócios que dirigem. "Tornar-se CEO da Ahold foi apenas o primeiro passo", escrevem Stewart Hamilton e Alicia Micklethwayt sobre o antigo líder da Ahold, Cees van der Hoeven. "Ele tinha que imprimir sua própria impressão na companhia."[16] Não é raro isso acontecer com CEOs, e, muitas vezes, leva à reorganização ou à reestruturação, com o novo homem ou mulher tentando moldar a empresa a sua própria imagem. Como vimos anteriormente, essas reestruturações causam infelicidade generalizada, deixando a maioria das pessoas se perguntando o que estava errado com a velha maneira de fazer as coisas. As únicas pessoas que estão felizes são o CEO, que acredita que ele/ela já cimentou seu lugar na história, e os consultores que ganham honorários substanciais quando aparecem para juntar os cacos.

Os empresários também gostam de carimbar sua própria personalidade nas empresas que criam, mais uma vez na crença (geralmente equivocada) de que isso lhes trará imortalidade. Funcionou, de certa forma, para Henry Ford e também para Bernie Ebbers na Tyco, dois líderes narcisistas no molde clássico que deliberadamente cortejaram a fama. O anúncio de Ebbers, de que ele era divinamente favorecido, foi uma afirmação bastante direta de narcisismo. Ford era mais sutil, dispensando sabedoria olímpica sobre negócios, política, sociedade e o mundo em geral por meio de seus livros e discursos e convidando o mundo a lhe dizer como ele era inteligente.

Líderes como van der Hoeven, Ford e Ebbers não lideram apenas de forma narcisista, eles criam culturas nas quais se espera que todos os outros também se comportem de forma narcisista. As pessoas são recompensadas e reconhecidas publicamente por suas realizações pessoais e não por suas contribuições para a empresa. Isso nos traz de volta aos bônus e, claro, quando a cultura da luxúria pelo reconhecimento é mais proeminente hoje do que em serviços financeiros, em que os grandes bônus — apesar dos numerosos esforços para limitar os prêmios — ainda são comuns. Os bônus têm sido associados ao desenvolvimento de uma cultura de ganância na comunidade de serviços financeiros, mas a cultura de luxúria por reconhecimento que eles geram é muito mais poderosa e difícil de erradicar. Não é apenas o dinheiro que banqueiros e comerciantes procuram quando perseguem bônus; é o reconhecimento. Há uma ordem de bicada em muitas empresas, com aqueles com os maiores bônus no topo dela. Meu bônus é maior do que o seu, então sou melhor do que você.

Novamente, isso não importa, exceto quando a busca do reconhecimento pessoal prejudica o julgamento e distrai as pessoas do verdadeiro propósito do negócio. Nick Leeson adorou a adulação que recebeu como comerciante de primeiro nível na bolsa de valores de Singapura, e desfrutou tanto a reputação e o dinheiro que ganhou que o arruinou. Pode-se dizer que ele sabia dos riscos, mas o problema é que ele também levou o banco que o empregava, o Baring's, com ele.

No entanto, como comentei no capítulo de abertura deste livro, os gerentes sêniores do Baring's não eram inocentes. Eles ajudaram a criar a cultura que encorajava os comerciantes a buscar reconhecimento e se tornar famosos por sua ousadia e habilidade. Não podem se esconder da própria responsabilidade no caso Leeson — como as investigações subsequentes demonstraram, sua incapacidade de instituir controles adequados sobre Leeson foi, em grande parte, responsável pelo fracasso.[17] Da mesma forma, a equipe sênior do Barclay não deveria ter escapado da censura sobre o escândalo da LIBOR, quando os comerciantes conspiraram para manipular as taxas de juros interbancárias a fim de aumentar seus próprios bônus. Criaram essa cultura, semearam o vento.

A luxúria pelo reconhecimento é, como a luxúria pelo controle, boa em pequenas doses. Não faz mal nenhum encorajar as pessoas a buscar reconhecimento por suas realizações. É quando o reconhecimento se torna mais importante do que a realização que nos deparamos com problemas. Se os funcionários e gestores estão trabalhando principalmente ou apenas para um objetivo de reconhecimento, então suas agendas pessoais vão assumir e os objetivos da empresa vão ser abandonados.

O glutão burocrático

Para aqueles que estão familiarizados com a velha definição de luxúria, a luxúria burocrática soa como uma contradição nos termos. A própria palavra, com suas conotações de estupidez e conformidade, é uma verdadeira paixão assassina — nossos corações não batem mais alto quando ouvimos a "burocracia" sussurrada, ainda que sensualmente, em nossos ouvidos. Ninguém, a não ser talvez o inspetor fiscal ocasional, alguma vez empregou a palavra "burocracia" em uma proposta de casamento.

Mas a luxúria burocrática, a luxúria pelo domínio e império em constante expansão, é uma força muito real nos negócios. O grande analista da burocracia, C. Northcote Parkinson, observou que a finalidade da burocracia é "multiplicar subordinados e não rivais".[18] As burocracias não gostam de lutas. Elas preferem a expansão pacífica por meios diplomáticos, mas sua ânsia de dominação não é menos forte por isso. Os gestores gananciosos saem e conquistam; os burocráticos colonizam o corpo hospedeiro da organização a partir de dentro e, ao fazê-lo, estabelecem o domínio.

Nem todas as burocracias são más. Algumas burocracias pequenas e enxutas são incrivelmente eficientes. A posse de uma pequena, mas muito eficaz burocracia governativa é um dos fatores-chave que permitiu à pequena nação da Inglaterra entrar pesado na política europeia durante vários séculos. E haverá momentos e lugares em que será necessário algum elemento de estrutura e controle burocrático. Organizações completamente anárquicas são possíveis, contudo só florescem em circunstâncias raras. A maioria das pessoas, ao que parece, precisa e quer um elemento de controle em suas vidas.

O problema surge quando a burocracia fica fora de controle e, como descreve Parkinson, vê a própria perpetuação como o único objetivo que importa. As *burocracias de capacitação* são aquelas que ajudam outras pessoas a alcançar seus objetivos e ajudam a empresa como um todo a prosseguir com sua missão. As *burocracias tóxicas* dificultam a missão da empresa e esmagam as aspirações e esperanças dos indivíduos, geralmente por nenhuma outra razão que ponha em perigo o próprio poder e sua expansão. Nada importa mais a não ser a burocracia. George Orwell descreveu o triunfo da burocracia política tóxica em seu romance *1984*, mas muitos de nós já experimentamos a vida em negócios burocráticos tóxicos — a principal diferença é que o quarto 101 não está cheio de ratos, mas de manuais de procedimentos.

As burocracias tóxicas podem se instalar em quase qualquer lugar de uma organização, mas é mais provável que floresçam onde há um grande número de regras (necessárias ou desnecessárias) e se nota relativamente pouco contato direto com o cliente e, o mais importante, o departamento local já tem certa quantidade de poder sobre outras partes da organização. Escritórios de conformidade, departamentos de saúde e segurança, gerentes de controle de qualidade e outros são os principais candidatos à infecção burocrática, mas de longe o anfitrião preferido para o vírus burocrático é o departamento financeiro, pois todas as três condições são obtidas. Os gestores financeiros, uma vez sugados pela burocracia, começam a pensar em primeiro lugar e, acima de tudo, em como podem expandir o poder que já possuem à custa daqueles que os rodeiam. Eu controlo seu orçamento, portanto sou melhor do que você.

Derrubar os muros em torno do departamento financeiro e a sua burocracia é uma tarefa importante, mas deve ser feita. Em *Reinventing the CFO*, Jeremy Hope argumenta convincentemente que, em muitas organizações, o departamento financeiro atua efetivamente como um freio ao investimento, à inovação, a praticamente tudo.[19] A desburocratização, acreditava ele, poderia fazer do departamento financeiro um motor de crescimento, não um arnês de contenção.

As burocracias tóxicas são orientadas, antes de mais nada, para sua própria expansão e sobrevivência, e estão dispostas a utilizar todos os meios para garantir essa sobrevivência. E, quando chegamos a um ponto em que os fins justificam os meios, estamos, naturalmente, abrindo a porta para uma potencial corrupção. Para algumas pessoas, o termo já se tornou quase sinônimo de corrupção. Isso é irônico, se considerarmos que as burocracias foram inicialmente desenvolvidas como um meio de assegurar a prestação de contas, o controle e a responsabilização. Por conseguinte, era uma defesa *contra* a corrupção.

O que aconteceu? Pura e simplesmente, as burocracias se tornaram meios da luxúria por dominação. Quando as pessoas erradas obtêm o controle das burocracias, têm de entregar a ferramenta perfeita para estabelecer o controle. Parar seu progresso e alavancá-los é, como diz Jeremy Hope, muito difícil, demorado e caro. É muito melhor e muito menos dispendioso evitar, em primeiro lugar, a formação de burocracias tóxicas.

Culturas de dominação egoísta
O equilíbrio entre as necessidades do indivíduo e as da organização tem preocupado os pesquisadores de gestão durante décadas. Alguns não têm dúvidas; Luther Gulick colocou firmemente as necessidades da organização em primeiro lugar e argumentou que os indivíduos deveriam se submeter para o bem maior do negócio, estando preparados para sacrificar os próprios empregos, se necessário.[20] Charles Handy não tinha tanta certeza e defendeu um equilíbrio entre as necessidades dos dois — afinal, as organizações cheias de pessoas infelizes tendem a ser muito menos eficazes do que as organizações cheias de pessoas felizes.[21] Também foi observado que a natureza mais "coletivista" das culturas asiáticas faz com que as pessoas se orientem mais para o grupo e, portanto, funcionários e gerentes trabalham para servir primeiro o negócio e depois eles mesmos, enquanto no Ocidente mais individualista, frequentemente, é ao contrário.

Temos de ter cuidado com as generalizações, é claro, e há muita burocracia tóxica na Ásia Oriental. Há também algumas provas anedóticas de que, na China e no Japão, os jovens estão se tornando mais individualistas e menos dispostos a ficar em fila todas as manhãs para cantar o hino da empresa. Da mesma forma, no Ocidente, existem empresas onde as pessoas se identificam fortemente com a missão e os objetivos do negócio e estão dispostas a fazer sacrifícios para atingi-los. Muito depende da cultura da própria empresa. É uma cultura capacitadora que une as pessoas de boa vontade, e os líderes veem como sua principal tarefa servir a seus seguidores? Ou é uma *cultura de dominação egoísta*, na qual a gratificação de alguns indivíduos tem precedência sobre as necessidades do negócio — e do resto dos membros da organização?

Já vimos como a luxúria afeta as empresas e dificulta a busca para cumprir sua missão. Se a *luxúria sexual*, o tipo que as pessoas logo pensam, ficar fora de controle, levará a problemas como o assédio sexual e os assuntos públicos, que constituem a base de uma publicidade desfavorável. Mas, além disso, a falta de autocontrole sexual também pode ser um sintoma de problemas mais profundos de agressividade excessiva, misoginia e o pensamento tacanho que também vimos quando discutimos arrogância e medo. (Luxúria sexual, arrogância e medo: detecte a ligação.)

A *luxúria por dominação* conduz a culturas em que o poder pessoal é estimado e encorajado. Os barões criam os próprios blocos de poder e lutam entre si pelo controle — quem tiver mais apoiadores ou quem puder controlar a maior parte da organização é considerado o vencedor. Isso é, sem dúvida, muito divertido para os próprios barões e os permite ser agressivos, mas normalmente não serve aos interesses do negócio. Clientes e colaboradores tendem a ser o principal dano colateral desses conflitos, juntamente com a reputação do próprio negócio.

A *luxúria por reconhecimento* se manifesta em culturas nas quais as pessoas são encorajadas a gratificar seu narcisismo pessoal. Os bônus e outras formas de reconhecimento estão ligados ao estatuto pessoal e à autoestima, e os gestores que atingem seus objetivos são elogiados e exaltados. Todos nós gostamos de ser reconhecidos por nossas realizações, é claro, mas há uma linha tênue entre o reconhecimento pelas realizações e o reconhecimento por si só que não deve ser ultrapassada.

A *luxúria burocrática* é semelhante ao controle da luxúria em alguns aspectos, contudo depende mais de uma conquista sutil do que de uma agressividade direta. As burocracias geralmente começam em uma parte de um negócio e depois se espalham para controlar muito ou todo ele. É raro encontrar burocracias rivais competindo pelo controle dentro do mesmo negócio, pelo menos por muito tempo. Mais cedo ou mais tarde, elas vão acompanhar a moderação e se unir para dividir o poder entre elas. A luxúria burocrática mais uma vez afasta a atenção da empresa de seus objetivos reais, pois todos se concentram em garantir a perpetuação da própria burocracia.

"A despesa do espírito em um desperdício de vergonha é a luxúria em ação", escreveu William Shakespeare.[22] A luxúria absorve a energia das empresas, transformando-as em direções que divergem de seus verdadeiros objetivos. A última coisa que quero parecer é puritano, mas permitir que essas culturas de dominação egoísta se desenvolvam é perigoso e caro. Culturas como as descritas acima não acrescentam nada de positivo ao balanço. São, antes, um custo. Perdem tempo e desperdiçam recursos, reputação e, acima de tudo, pessoas.

Três razões pelas quais o autocontrole é uma boa ideia
Culturas de dominação egoísta são apenas isso: egoístas. Elas privilegiam os desejos do indivíduo em detrimento das necessidades do negócio e, ao fazê-lo, prejudicam a capacidade do negócio de funcionar, o que significa, por sua vez, que os clientes recebem um serviço de menor qualidade. Os gerentes luxuriosos satisfazem a seus desejos não só à custa da empresa, mas também da sociedade.

Oh, muito bem, alguns podem dizer: "Mas e daí? *Eu* sou o que importa e, desde que tenha o que quero, quem se importa com vocês?". Seria bom saber que pessoas com essa visão nunca seriam contratadas para posições com autoridade sobre outras pessoas, mas também seria bom pensar que os porcos poderiam, com uma pista adequada e um bom vento de cauda, voar por vontade própria.

Por isso, temos de focar em dois pontos. Primeiro, se você tomar a posição de que seus interesses são tudo o que importa, e trabalha em uma organização na qual todos os outros têm a mesma visão, então você não vai ser empregado por essa organização por muito tempo, porque, mesmo que ninguém sensato o demita, eventualmente sua atitude vai enojar seus clientes e seus funcionários a ponto de eles abandonarem sua empresa, que vai entrar em colapso. Segundo, se você identificar pessoas com essas atitudes em sua organização, então é importante afastá-las o mais rápido possível, antes que causem danos.

Há três razões pelas quais a luxúria é uma má ideia, e porque o autocontrole e a mudança do foco para outras pessoas são coisas boas. Aqui estão elas:

Primeiro: autocontrole significa que você e sua empresa não estão nas manchetes pela razão errada. Ao contrário da sabedoria recebida, existe de fato uma coisa como má publicidade — pergunte à Air India, ou a Harold Geneen. A reputação, ou boa vontade, é um dos ativos mais valiosos de uma empresa e contribui demais para coisas como o valor da marca corporativa. Um comportamento inaceitável por parte dos funcionários e da gestão, especialmente em uma base contínua, pode corroer a reputação muito rapidamente. Como disse Benjamin Franklin, levam dez anos para construir uma reputação e dez minutos para perdê-la. Uma única indiscrição pode não só danificar uma marca, mas também destruir carreiras.

Segundo: o autocontrole mantém todos focados nas coisas que importam, nos objetivos e na missão da empresa e, acima de tudo, de seus clientes. A luxúria, como dissemos, afasta esse foco. O autocontrole nos ajuda a lembrar de que outras pessoas também importam — talvez mais do que nós, ou pelo menos o mesmo.

Terceiro: o autocontrole nos permite trazer harmonia interna às organizações. Não importa como você vê as organizações, como máquinas ou organismos biológicos ou sistemas políticos ou mentes ativas, ou qualquer outra das oito metáforas de Gareth Morgan; ainda é necessário que as partes trabalhem em harmonia umas com as outras.[23]

Para criar harmonia, devemos estar preparados para negociar, sublimar nossos desejos por tudo o que desejamos e estar dispostos a dar algo a nossos colegas, subordinados e líderes. Temos de estar dispostos a entregar o controle parcial sobre nós mesmos, sabendo que, ao mesmo tempo, estamos ganhando controle parcial sobre os outros. Nossa responsabilidade é dupla: usar sabiamente nosso próprio controle e nos submetermos ao controle dos outros de forma educada e com dignidade.

Parece simples quando falamos assim, não parece? Então por que a harmonia real é tão rara?

Capítulo 9
A maldição de Descartes

Se você dirigir pelas estradas secundárias através do leste da Alsácia, ao longo da borda oeste do vale do Reno, verá de vez em quando estranhas protuberâncias surgindo do chão, pedaços de concreto e aço enferrujado, todos voltados para o leste em direção à Alemanha. Esses são os restos da Linha Maginot, o mais forte sistema de fortificações já construído, superando até mesmo a Grande Muralha da China em sua pura complexidade.

A Linha Maginot foi uma grande melhoria nas trincheiras da Primeira Guerra Mundial, que foram protegidas apenas por arame farpado e sacos de areia. Aqui, as casamatas eram feitas de concreto reforçado à prova da artilharia mais pesada. Mais fortes ainda eram as fortalezas em miniatura, ou *ouvrages*, repletas de artilharia e metralhadoras, que protegiam seus potenciais pontos fracos. Os soldados franceses que defendiam a linha não viviam em abrigos enlameados — eles tinham alojamentos subterrâneos confortáveis com ar-condicionado. As estradas de ferro subterrâneas levavam provisões e munições novas, permitindo que guarnições durassem meses. Os engenheiros que projetaram a Linha Maginot pensavam, e os especialistas militares ao redor do mundo concordaram, que a linha era inexpugnável contra o ataque direto.

O trabalho na linha começou em 1930 e prosseguiu ao longo dos anos de depressão econômica, a um custo que quase levou a França à falência. Os retoques finais ainda estavam sendo adicionados quando a Segunda Guerra Mundial eclodiu em 1939. Na primavera seguinte, Hitler virou seus exércitos contra a França. Os generais alemães deram uma olhada na Linha Maginot e nem sequer tentaram atacá-la. Em vez disso, conduziram seus tanques pelo fim da linha através de Luxemburgo e da Bélgica, atacaram as tropas de reserva francesas à espera atrás da Linha Verde e, em seis semanas, retiraram a França da guerra.[1]

Por que a Linha foi construída? Porque os planejadores militares e os estrategistas franceses não foram capazes de pensar fora de um mundo de imaginação fortemente definido, onde predominava o pensamento linear em vez do pensamento lateral. A Primeira Guerra Mundial, pelo menos na Frente Ocidental, foi uma guerra de defesa estática. Seguiu-se, nas mentes deles, que a próxima guerra seria exatamente igual. Em um exemplo clássico de cegueira deliberada, ignoraram outros desenvolvimentos na tecnologia militar, especialmente melhorias em tanques e aeronaves, e se concentraram na construção do sistema defensivo perfeito. (E também conseguiram. A Linha Maginot provavelmente era inexpugnável, se alguém tivesse sido estúpido o suficiente para atacá-la diretamente.) Eles não perceberam que o mundo tinha seguido em frente, e as velhas suposições já não se mantinham válidas.

O pensamento que originou a Linha Maginot é um subproduto do pensamento linear, a visão de que as coisas acontecem como uma série de passos lógicos. Se conseguirmos decodificar a sequência de passos, a série continua, e tudo o que precisamos fazer é seguir cada passo e chegaremos ao fim desejado. Quantas vezes você já foi a uma reunião e viu um gestor ou consultor mostrar uma apresentação em PowerPoint que apresentou uma série de cinco, seis, sete passos que deveriam ser seguidos para levar a cabo um programa? Junte as pessoas certas e os recursos certos e siga as sequências certas de passos, e teremos sucesso. Junte a quantidade certa de concreto e aço, planeje o sistema cuidadosamente e siga o plano, e teremos o sistema defensivo perfeito.

As empresas estão sempre pensando em sua Linha Maginot. O planejamento estratégico está repleto de exemplos de empresas que pensam que o mundo não mudou e que as velhas realidades ainda valem. Às vezes, elas investem pesadamente em tecnologia desatualizada; às vezes, se agarram a sistemas de gestão e estruturas organizacionais que já não funcionam; ou presumem que os clientes vão continuar querendo o que quiseram antes; e, às vezes, presumem que seus funcionários amam a empresa e querem trabalhar para ela, quando isso já não é verdade.

Não é apenas nos negócios que isso acontece, é na vida toda. Coloque "passos para o sucesso" no campo de pesquisa dos livros do site da Amazon e veja quantos resultados surgem. Eu fiz agora mesmo e encontrei mais de vinte mil títulos, relacionados a negócios, esporte, jardinagem, arte (!), cuidados infantis (!!!) e praticamente todos os outros aspectos do esforço humano. Qualquer coisa que você possa pensar em fazer, há alguém lá fora esperando para lhe mostrar o processo linear para fazê-lo, o caminho para o sucesso.

Pensamos de forma linear, pelo menos no Ocidente, porque é assim que somos ensinados. Provavelmente, a pessoa que mais influenciou essa forma de pensar foi o filósofo e matemático francês René Descartes, que, no século XVII, expôs um conceito filosófico conhecido como dualismo cartesiano (as ideias remontam a Aristóteles e Platão, mas Descartes as expandiu e lhes deu sua forma moderna).[2] Em termos *muito* simples, Descartes postulou que a mente e o corpo são duas entidades relacionadas, mas separadas, não um todo unido. Isso pode parecer perfeitamente lógico e relativamente inócuo, no entanto abriu a porta para uma nova maneira de pensar sobre a causalidade como um processo passo a passo. O próprio Descartes acreditava que todos os fenômenos naturais, incluindo o comportamento humano, poderiam ser explicados pela causalidade passo a passo.

Em um famoso exemplo, ele descreve o que acontece quando uma criança coloca o pé muito perto de um incêndio. O calor do fogo atinge a pele, que move e ativa um nervo, que, por sua vez, ativa o músculo da perna para que a criança puxe o pé para trás sem pensamento consciente. Tudo o que acontece, acontece em uma ordem lógica que pode ser facilmente explicada quando conhecemos a ciência que está por trás dela.

O dualismo cartesiano foi um dos blocos de construção do Iluminismo, um tempo em que as pessoas deixavam de aceitar explicações estabelecidas para as coisas e saíam para descobrir as verdadeiras causas dos fenômenos naturais e do comportamento humano para si próprias. Grandes avanços foram feitos nas ciências, incluindo física, química, medicina e psicologia, e nossa percepção do mundo mudou para sempre — principalmente para melhor. Mas o dualismo cartesiano também nos deu o pensamento linear, e as *culturas da lógica linear* que vemos ao nosso redor na gestão de hoje.

O pensamento linear está no centro da primeira teoria moderna de gestão, a gestão científica desenvolvida por Frederick Winslow Taylor e seus colegas por volta do início do século XX. Taylor partiu da premissa de que as práticas de trabalho na maioria das empresas são ineficientes. Mais uma vez simplificando muito, ele pegou uma perspectiva cartesiana e olhou para os processos de causalidade no trabalho: por que fazemos as coisas da maneira como fazemos? Dividindo o trabalho em tarefas componentes, Taylor identificou fontes de ineficiência e as eliminou, redesenhando o trabalho para torná-lo otimamente eficiente.[3]

Mais uma vez, não há nada de particularmente errado nisso e as técnicas de estudo de tempo e movimento da gerência científica ainda são usadas hoje em dia. O erro de Taylor e seus amigos está na tentativa de transformar essa ferramenta de gestão bastante boa em toda uma filosofia de gestão. Eles chegaram a acreditar, nas palavras do colega de Taylor, Frank Gilbreth, que havia "uma melhor maneira" de administrar. Em outras palavras, não só os problemas de gestão poderiam ser resolvidos por processos lineares, com um passo a passo de análise e mudança, mas também que haveria sempre um "melhor" processo, uma forma de fazer as coisas que fosse superior a todas as outras, e que era essa forma que deveria ser procurada.

É difícil pensar em qualquer ideia única na gestão que tenha feito mais danos ou destruído mais valor.

Se fosse verdade que havia uma melhor maneira, e *se* fosse possível identificar qual seria, então essa ideia poderia ter mérito. Mas quase nunca há uma única e mais eficaz forma de "melhor". Normalmente, existe uma variedade de maneiras, uma infinidade, e algumas serão certas para algumas empresas e algumas serão certas para outras, dependendo do tempo e do lugar. O que é "melhor" também muda com o tempo, a tecnologia e as pessoas.

Há muitas maneiras de resolver problemas, e nem todas elas são de natureza linear. Empresas e gestores precisam encontrar a solução certa para *eles*, não a solução certa copiada de um livro de receitas ou de um relatório de consultoria.

Mas a atração da melhor maneira é muito forte, especialmente no Ocidente. (Muitos comentadores têm argumentado que as culturas orientais estão mais naturalmente sintonizadas com o pensamento lateral, em parte devido às influências filosóficas do confucionismo e do taoísmo e, portanto, as empresas chinesas e japonesas em particular têm menos probabilidade de se prender ao pensamento linear.)[4] A cada década, aproximadamente, surge um guru — Tom Peters com uma reorganização radical nos anos 1980, Michael Hammer e a reengenharia de processos de negócios nos anos 1990, os vários profetas do comércio eletrônico nos anos 2000 — que nos oferece uma visão sedutora de um futuro pacífico e próspero se apenas aceitarmos sua receita para a melhor maneira e seguirmos seus guias passo a passo para o sucesso. E as empresas e os gestores caem na sedutora mensagem, aos milhares e às dezenas de milhares, e começam a percorrer o caminho da certeza de que a melhor forma pretende oferecer (Quadro 9.1).

Quadro 9.1 A tipologia do pensamento linear

Tipo	Manifestação
Rotinas dependentes do caminho	"Sempre fizemos assim."

Confiança nos alvos	"Você não pode gerenciar o que não pode medir."
Exclusiva visão de curto prazo	"O próximo trimestre é tudo o que importa."
Ferramentas inflexíveis para pensar	"Só se a planilha mostrar que dá."

De fato, como vimos anteriormente com as tentativas de eliminar o risco, essa certeza é, na verdade, uma miragem. A confiança no pensamento linear aumenta o risco, porque aumenta a cegueira deliberada e fecha as possibilidades. Sabemos que existem outras formas de olhar para o mundo, mas nos recusamos a aceitá-las, porque não são "certas".

Não gostamos de instinto ou intuição, porque eles são difusos, descontrolados e incomensuráveis, não percebendo que o que tomamos como instinto e intuição são de fato baseados em conhecimento tácito e experiência pessoal e, portanto, reais e significativos. Não gostamos de sorte, porque não conseguimos controlá-la e, se não conseguimos controlar algo, ficamos nervosos.

Nós não seguimos o pensamento holístico. No momento em que vemos um todo, nossa primeira reação é quebrá-lo em partes para ver como funciona, como crianças desmontando um relógio na esperança de encontrar o tempo dentro dele. Não nos sentimos confortáveis com conceitos como cultura e relações humanas e até mesmo conhecimento, porque é difícil quantificá-los, por isso ou encontramos métodos espúrios e inúteis para medi-los, ou os rejeitamos como pouco importantes e recuamos para a certeza ilusória de números financeiros, dados e planilhas. A caverna é mais segura do que o mundo real — vamos nos ater ao que sabemos e, como disse Levitt, manter a usina em pleno funcionamento.

É por isso que vejo o pensamento linear como um pecado, porque ele trava nossas mentes em sulcos predeterminados e não nos deixa pensar sobre o mundo de outra forma. Mais uma vez, não estou descartando completamente o pensamento linear, e o pensamento lateral também tem seus problemas. Mas temos de ser capazes de fazer as duas coisas, de vir ao mundo e seus problemas a partir de múltiplas perspectivas. O fracasso em fazê-lo leva, em vez disso, à busca da quimera da melhor maneira, e isso, por sua vez, leva ao pensamento dependente do caminho, à compreensão cega e, às vezes, à ruína.

Sempre fizemos assim (parte 2)
Durante uma gravação, o violoncelista Mstislav Rostropovich ficou tão irritado que largou seu instrumento e saiu do estúdio. O gerente do estúdio perguntou o que estava errado, e o violoncelista apresentou uma lista de queixas. "Mas tenho trinta anos de experiência em um estúdio", argumentou o gerente. "Não", disse Rostropovich. "Você teve um ano de experiência, repetido trinta vezes."

No Capítulo 4, vimos como a arrogância pode atrair as empresas para a armadilha da dependência do caminho. A confiança em suas capacidades e seus produtos é tão grande que não conseguem estar atentos às ameaças e aos pontos fracos. Mas a dependência do caminho também tem outra fonte: uma dependência do pensamento linear e uma crença, como os construtores da Linha Maginot, de que os eventos se seguem uns aos outros em uma ordem previsível e lógica. Os engenheiros franceses acreditavam que a guerra seguinte seria como a última; o diretor do estúdio de Rostropovich acreditava que gerir um estúdio consistia em fazer as mesmas coisas repetidamente, sem alterações. A receita foi bem-sucedida uma vez. Tudo o que temos de fazer é continuar fazendo as mesmas coisas continuamente, e o sucesso está destinado a se repetir.

Uma confiança obstinada no que sempre funcionou no passado é o último e maior dos "sete hábitos de gerentes espetacularmente malsucedidos" de Sydney Finkelstein.[5] Finkelstein continua a dar uma longa lista de exemplos de empresas e gestores em que tal forma de pensar contribuiu para o fracasso. Já vimos vários exemplos neste livro: Henry Ford se manteve fiel ao Modelo T, apesar da crescente evidência de que os clientes estavam mudando para carros mais sofisticados, como o Chevrolet Model D e depois o Standard Six; o

Lehman Brothers continuou sua estratégia de investimento de alto risco, apesar dos crescentes sinais de que o mundo estava prestes a mudar; a Motorola continuou investindo em celulares analógicos enquanto a Nokia e outros estavam na onda da revolução digital; Harold Geneen se apegou ao modelo do conglomerado no ITT muito depois de ter passado a data de validade, e assim por diante.

Muitas vezes, a mentalidade de "sempre fizemos assim" toma conta, porque as pessoas já não conseguem se lembrar ou imaginar outra forma de fazer as coisas. Suas educação e formação as condicionam a pensar nos problemas de forma estreita; e as culturas corporativas reforçam esse condicionamento, incentivando as pessoas a seguir rotinas. Agora, as rotinas em si mesmas são ótimas. Nos dão sinais e nos lembram o que temos de fazer, oferecem excelentes oportunidades de monitorização e controle para que os quadros superiores possam verificar se o que deve ser feito está sendo feito, e são particularmente úteis para os novos funcionários e gestores que precisam aprender suas novas funções às pressas. As rotinas *devem* ser como as marcações que os atores decoram antes de fazer uma peça — elas ajudam a compreender e a estruturar nossos papéis.

Insistência excessiva em conformidade com a rotina
Mais uma vez, porém, o perigo vem quando as rotinas comandam a missão do negócio. Então, cumprir a rotina se torna um propósito. A conformidade com as rotinas traz recompensas, a falha em cumprir totalmente traz punição. O principal objetivo de cada gestor é a conformidade. Se fizerem as coisas da maneira certa, vão ser bem-sucedidos. E se o sucesso não vier? Bem, a culpa não é sua; você cumpriu sua rotina.

Lembro-me de perguntar vivamente à diretora de marketing de uma editora por que um determinado projeto tinha vendido muito menos do que esperávamos. "Não consigo entender", disse ela, franzindo as sobrancelhas. "Marcamos todas as caixas do plano de marketing." O fracasso não era sua responsabilidade, seu departamento fez tudo o que normalmente faz para vender livros. Minha pergunta seguinte —

se havia alguma coisa que pudessem fazer que não estivesse no plano de marketing — foi recebida com incompreensão.

Em que outra parte da vida essa atitude seria aceitável? Imagine ir a um restaurante e receber uma refeição impossível de ser comida, e, ao reclamar com a garçonete, ouve que a culpa não era do chef, pois ele tinha seguido a receita à risca; ou ver seu time sofrer uma pesada derrota, e o treinador dizer que nada estava errado, que usaram o mesmo plano de jogo de todos os outros jogos e que sempre funcionou; ou ir a um concerto e ouvir uma cacofonia terrível, mas tendo a certeza de que a culpa não era dos músicos, que apenas tocavam as notas das páginas. Qualquer chef, treinador ou regente que tentasse implantar tal desculpa seria ridicularizado.

Mas a ideia de que, se conseguir marcar todas as caixas, haverá sucesso e, pior ainda, que, se não conseguir, a culpa não é sua, porque fez o que o manual de procedimentos orientava, é amplamente difundida nos negócios. É bastante raro encontrar negócios nos quais a cultura encoraje as pessoas a sair da rotina e dos procedimentos previamente estabelecidos, fazendo as coisas da sua maneira. A ideia de que os funcionários podem estar vagando pela fábrica seguindo sua própria iniciativa e fazendo coisas que não lhes foram ditas para fazer enche muitos gestores de medo.

Assim, a reflexão continua. Temos de manter o controle a todo o custo sobre o que as pessoas fazem; mesmo que, no final, se verifique que estão fazendo tudo errado. Se temos testado e provado rotinas que funcionaram no passado, então temos de mantê-las; e quando as coisas começam a ir mal, agarramo-nos ainda mais firmemente as nossas rotinas estabelecidas, como afogar pessoas agarradas aos destroços de um navio naufragado, porque as rotinas são a única certeza que temos.

A Kodak dominou o mercado de câmeras de cinema por mais de um século e de fato desempenhou um papel importante na criação desse mercado em primeiro lugar. Em alguns países, a Kodak se tornou sinônimo de filme fotográfico. Quando a fotografia digital chegou, a resposta da Kodak foi aplicar o pensamento linear ao problema. Desenvolveu sua experiência em câmeras digitais muito parecidas com as que vinha desenvolvendo antes, mas com uma memória digital em vez de um filme. Um resultado foi a Kodak Easyshare DX6490, talvez a melhor câmera Kodak já feita. Os fotógrafos profissionais elogiaram a combinação de lentes ópticas de alta qualidade e armazenamento digital. A DX6490 era a Linha Maginot da Kodak. Era a câmara perfeita para ontem. A Kodak não conseguiu perceber como a revolução digital mudou não apenas as câmeras, mas também como as fotografias são feitas e usadas. Todo o conceito de uma câmera como uma peça de tecnologia separada está sendo rapidamente corroído por celulares com câmeras integradas, uma vez que as pessoas tiram fotografias de formas muito diferentes da forma de gerações anteriores. Fazer o que sempre fez, desenvolver e vender câmeras, não era mais relevante.

Em 2012, a Kodak declarou falência.

Não dá para gerir o que não pode ser medido

A frase "você não pode gerir o que não pode ser medido" é, muitas vezes, atribuída erroneamente ao guru de qualidade W. Edwards Deming. Posso dizer que ela se originou com Robert Kaplan e David Norton em *A estratégia em ação*.[6] Sem dúvidas, Kaplan e Norton citam esse mantra com aprovação, e ele faz parte da ideologia central do *balanced scorecard*, outro desses conceitos de guru geracional que surgiu na década de 1990 e, se os sites de consultores e coaches na internet são algo a se considerar, ainda hoje se mantém. Suas raízes intelectuais remontam a Taylor, e antes dele ao cientista Lord Kelvin, que declarou que "a ciência começa com a medição". E, uma vez que continuamos com a pretensão de que a gestão é uma ciência, segue-se que a gestão requer medição.

Até certo ponto, está correto. Há muito na gestão que pode e deve ser medido, muitas vezes. A medição nos mostra onde estamos e até onde avançamos, tal como o marcador de quilometragem ou o sistema GPS de um automóvel mostra até onde ele viajou e, por conseguinte, até onde pode ir. No entanto, ao contrário de Kaplan e Norton, e Taylor, nem tudo em um negócio pode ser medido. Não há métricas confiáveis para medir a cultura, por exemplo. De fato, se você tentasse medir a cultura, o que mediria? É impossível medir as relações humanas de forma significativa, principalmente porque elas mudam constantemente de forma caleidoscópica. E, enquanto várias tentativas têm sido feitas para evidenciar o valor do conhecimento, é impossível medir o conhecimento em si. Muito desse conhecimento encontrado dentro de um negócio é tácito e, porque ninguém sabe realmente o que a empresa sabe, é impossível de medir.

O problema começa quando, como diz o consultor Paul Glen, "você não pode gerenciar o que não pode medir" é transformado em "se você não pode medir, não importa". "Não só ignoramos os aspectos difíceis de medir do trabalho, como as relações, mas também vemos essa abordagem como uma virtude." Ele lista uma série de maneiras pelas quais essa atitude impacta no trabalho. "Os líderes de projeto ficam obcecados com as aprovações prescritas pelo processo e ignoram a confiança mútua necessária para obtê-las [...]. Os desenvolvedores aderem ao conteúdo preciso de requisitos documentados — como se 100% destes fossem mais importante do que garantir que o produto faça sentido."[7] Mas, em algumas culturas da lógica linear, esse é exatamente o caso. A meta não é entregar um produto utilizável, e sim cumprir a especificação.

Escrevendo para a Forbes.com, Liz Ryan tem uma reclamação diferente. "Medir requer parar a ação, se distanciar dela e mantê-la sob uma medida, exatamente o oposto da atividade que criaria produtos ou os enviaria, deixando nossos clientes felizes ou levaria nosso negócio adiante de qualquer forma", diz ela.[8] A mesma queixa foi registrada contra os estudos de tempo e movimento de Taylor — o processo de medição interferia com o fluxo de trabalho e era caro em termos de tempo e recursos, havendo dúvidas sobre se os custos poderiam ser recuperados através do aumento da produtividade. Esse é um argumento que raramente é ouvido quando se discute a introdução de métricas, mas deveria ser: a medição agregará valor, ou se transformará em um custo?

Ryan também acredita que a maioria das métricas é imposta de má vontade a uma força de trabalho muito ressentida, que não vê a necessidade delas e as acha uma distração irritante. "Na maioria das vezes, no mundo dos negócios, os objetivos vêm de cima", diz ela, "e os dispositivos, rubricas e protocolos de medição apropriados vêm com eles".[9]

Isso também faz parte de uma longa tradição. Escrevendo no início da década de 1930, W.F. Watson descreveu como os trabalhadores das siderúrgicas, sabendo que eram observados para um estudo de tempo e movimento, deliberadamente acelerariam ou retardariam suas taxas de trabalho para tornar os estudos imprecisos; ou, ficando entediados, espancariam o homem que os avaliava e roubariam seu cronômetro.[10]

O outro aspecto negativo da medição é o culto de metas. Metas, como a medição, são coisas muito úteis para se ter. Às vezes, pode ser difícil manter o foco no objetivo de longo prazo, especialmente quando esse objetivo é algo que pode levar anos para ser alcançado. Metas, como métricas, ajudam a dividir as estratégias em pedaços pequenos e nos permitem medir o progresso à medida que avançamos. Elas também *podem* ser boas para a moral — alcançar uma meta é uma marca tangível de progresso e vai ajudar a impulsionar o espírito de equipe.

No entanto, em culturas de lógica linear, metas como métricas assumem uma nova importância. Na verdade, podem se tornar importantes de maneira exagerada. Atingir metas em algumas empresas é uma forma rápida de promoção, mas perdê-las pode ser uma forma de suicídio profissional, independentemente da qualidade do trabalho ou de qualquer outra conquista. A partir daí, é um pequeno passo para uma cultura na qual a única coisa que importa é a meta, e a missão e o propósito do negócio ficam em segundo plano, ou são completamente esquecidos. Vimos no Capítulo 3 como isso aconteceu no Lehman Brothers, com consequências fatais para o negócio.

A forma mais extrema de fixação de objetivos e de sanções que já enunciei não vem do mercado livre ocidental, mas da economia planificada da antiga União Soviética. No final da década de 1930, surgiu uma filosofia de gestão conhecida como stakhanovismo, nomeada em homenagem a um líder da equipe de mineração de carvão chamado Aleksey Stakhanov. Um dia, em 1935, a equipe de Stakhanov produziu 102 toneladas de carvão em um turno de seis horas, quatro vezes o rendimento médio das equipes. As autoridades soviéticas a recompensaram e promoveram Stakhanov, que se tornou uma espécie de consultor itinerante, percorrendo as minas de carvão e outras indústrias, dando palestras motivacionais e conselhos sobre como aumentar a produção. Entretanto, as autoridades aumentaram os objetivos de produção exigidos a outras equipes para os níveis alcançados por Stakhanov — se ele conseguiu, disseram eles, vocês também conseguem. Alguns mineiros atingiram suas metas e trabalharam até a morte. Outros falharam e foram enviados com suas famílias para campos de trabalho, e nunca mais regressaram. Nunca foi determinado o número exato de mortos em resultado dessa fixação de objetivos, mas é provável que o número seja da ordem das dezenas de milhares. (Décadas depois, descobriu-se que Stakhanov tinha trapaceado, acrescentando a produção de outras equipes a sua.)[11]

Hoje em dia, os gestores não são enviados para campos de trabalho por não cumprirem suas metas, mas a carreira de uma pessoa ainda pode acabar metaforicamente na Sibéria. Poucos comerciantes de serviços financeiros que falham duram muito tempo — muitos desejam seus empregos, e aqueles que não conseguem atingir as metas são rapidamente afastados. Cees van der Hoeven da Royal Ahold é um exemplo de executivo cujo pessoal foi obrigado a se concentrar em metas, excluindo quase todo o resto. Segundo Stewart Hamilton e Alicia Micklethwayt, van der Hoeven aplicava uma política rigorosa de "sem surpresas na sala de reuniões" — as reuniões do conselho de administração continham um resumo de quais metas foram atingidas, e ai de qualquer gestor que não as cumprisse. Assim, a atenção dos gestores se concentrou em atingi-las e não nas maiores necessidades da empresa.

A forma como as metas são estabelecidas também é importante. Por vezes, parte-se do princípio de que qualquer meta é melhor do que nenhuma, ou que, sem elas, os funcionários não vão saber o que se espera deles. Isso é muito errado. Em primeiro lugar, se a direção está fazendo seu trabalho corretamente e comunicando a missão e o objetivo da empresa, então a maioria dos funcionários já sabe o que se espera deles sem a necessidade de metas. Em segundo lugar, estabelecer o alvo errado e depois trabalhar diligentemente para ele é incomensuravelmente pior do que não ter nenhuma meta — é o curto prazo equivalente ao problema de executar brilhantemente a estratégia errada que discutimos no Capítulo 4.

Muitas metas, e/ou metas mal definidas e executadas
As metas devem ser usadas com moderação, e apenas como guias ou pontos de marcação ao longo do caminho para o objetivo final da empresa. Cuidado, também, com a prática muito comum de atirar uma flecha, acertar algo aleatoriamente e depois pintar um alvo em torno dele e fingir que era o que você sempre quis. Se fizer isso, às vezes, você terá sorte e acabará indo na direção certa, mas na maioria das vezes não.

Ainda mais desagradável é o indicador-chave de desempenho (KPI). Tal como as metas (com as quais são frequentemente confundidos), os KPIs podem ser muito úteis no acompanhamento do progresso em direção a um objetivo. Arnold Weinstock, que construiu a GEC para ser a empresa britânica líder em eletrônica na década de 1970, tinha um sistema de seis KPIs para cada unidade de negócios na empresa, e os monitorava diariamente. Esse painel simples lhe permitiu compreender o que estava acontecendo dentro da empresa em um determinado momento, que partes estavam indo bem, quais podiam ser abandonadas e quais precisavam de atenção. Weinstock nunca teria cometido o erro de confundir os KPIs com o objetivo do negócio, mas os gerentes e líderes menores frequentemente o fazem. Os KPIs em algumas empresas são a arma de escolha para gerentes que querem bater em seus subordinados. Não entregar um KPI pode significar mais uma vez um bilhete para a carreira na Sibéria.

Mencionei anteriormente que todo esse disparate é, às vezes, culpa de W. Edwards Deming, o guru da qualidade. Como ele ficaria chocado ao ouvi-lo. Na verdade, poucas pessoas sabiam mais sobre medição do que Deming. Ele fez parte do movimento pioneiro em estatística na década de 1930 e trabalhou com os fundadores do movimento como Walter Shewhart, Ronald Fisher, Joseph Juran, Arnold Feigenbaum e C.V. Rao, bem como com os engenheiros de qualidade japoneses Taiichi Ohno e Shingo Shigeo. Essa experiência lhe ensinou que as metas são, de fato, fúteis. Um dos "catorze pontos" da boa gestão da Deming era "eliminar normas de trabalho, cotas, gestão por objetivos e gestão por números".[12] Ele acreditava que cotas e metas atuavam *contra* a qualidade e a harmonia no ambiente de trabalho. Eles encorajaram os funcionários a pensar em si mesmos, não na empresa e seus clientes. A verdadeira qualidade é uma viagem, não um destino, e é essencial, ao embarcar nessa viagem, que a organização trabalhe em conjunto como um todo harmonioso.

Outro dos catorze pontos de Deming era: "Expulse o medo." Essa sim é uma ideia interessante. Será que alguém já tentou?

A vala e as estrelas
Os cultos de lógica linear também têm uma tendência para o curto prazo, que o *Financial Times Lexicon* define como "um foco excessivo nos resultados de curto prazo em detrimento dos juros de longo prazo".[13] O *Lexicon* prossegue citando pesquisas que sugerem que as estratégias de curto prazo, "muitas vezes, são baseadas em métricas orientadas pela contabilidade e maximização de lucros que não conseguem refletir por completo não só as complexidades da gestão empresarial e do investimento, mas também as oportunidades e os riscos significativos associados a essas estratégias", ou, dito de uma forma um pouco menos ponderada: procurar obter ganhos rápidos sem ter em conta as consequências a longo prazo.

As causas e as consequências da visão de curto prazo têm sido amplamente discutidas e debatidas. Dominic Barton, diretor administrativo da McKinsey, ponderou várias vezes na discussão, referindo-se à "tirania do curto prazo" e, em 2014, atribuindo a culpa a grandes proprietários de ações, como fundos de pensão, companhias de seguros e fundos soberanos. "Muitos desses atores principais não estão adotando uma abordagem a longo prazo nos mercados públicos", afirma. "Estão falhando em se envolver com líderes corporativos para moldar o curso de longo prazo da empresa. Estão usando estratégias de investimento de curto prazo... e deixando seus consultores de investimento escolherem gestores de ativos externos que se concentram principalmente em retornos de curto prazo. Para ser franco, não agem como donos."[14]

Roger Martin, por outro lado, argumenta que o problema é mais profundo, e que o foco no valor de curto ou longo prazo para o acionista perde o ponto. Perguntado se as empresas deveriam se concentrar em produzir valor a curto prazo para os acionistas, Martin respondeu que não deveriam se preocupar com isso: "A melhor maneira de servir aos acionistas é ter uma grande empresa".[15] Martin acredita que todo o conceito de valor para os acionistas é fundamentalmente equivocado, porque afasta a atenção da administração da empresa para os melhores interesses de todos os seus acionistas e se concentra em apenas um, os acionistas. Isso, de fato, distorce a gestão. Cria uma visão míope em que parte do objetivo dessa é desprezada e negligenciada em favor de outras partes.

Barton e Martin têm razão, claro. Os proprietários de bens estão se comportando como idiotas. Acionistas que sugam as empresas atrás de lucros vão, sem dúvida, matar as galinhas que põem os ovos de ouro. As empresas só podem ser sugadas até o sumo ficar seco. O argumento de Martin de que a criação de excelentes empresas é a única maneira de criar valor para os acionistas também é verdade. E isso não pode ser feito olhando apenas para o curto prazo e concentrando-se na próxima meta trimestral.

Uma palavra de cautela está em ordem aqui, no entanto. Hoje em dia, é axiomático que as empresas *devem* (mas o não fazem) se concentrar no crescimento e desenvolvimento a longo prazo. Mas o excesso de concentração no longo prazo também tem seus riscos. A história contada é a de Thales, o filósofo grego primitivo que estava tão ocupado observando as estrelas e tentando calcular suas posições e órbitas que não viu a vala sob seus pés e caiu nela. O longo prazo é importante, vital, mas o curto prazo também é. Não é bom ter uma visão brilhante de longo prazo se você tropeçar em um pequeno problema de curto prazo que poderia ter sido evitado.

Um dos muitos paradoxos da gestão é que temos de olhar tanto para o curto como para o longo prazo, um olho em cada um, ao mesmo tempo. As estrelas são importantes, mas a vala também é.

Só se a planilha mostrar que dá
Mencionei no Capítulo 6 o executivo editorial que não tomava uma decisão sem antes consultar uma planilha. Ao longo das últimas duas décadas, as folhas de cálculo se tornaram — para alguns — instrumentos de tomada de decisão indispensáveis.

Não, espere, isso não está certo. Para alguns, elas se tornaram quem decide. Ter uma planilha significa que você não precisa tomar uma decisão. É só inserir os dados na planilha e ela faz tudo. Dessa forma, se alguém questionar o resultado, é só dar de ombros — como o executivo editorial fazia — e dizer: "Eu sei, parece estranho, não é? Mas é o que diz a planilha, por isso aí está. Não temos escolha, de verdade."

Essa atitude é particularmente chocante, dado que os problemas de confiabilidade das planilhas são conhecidos por todos. Um estudo considera que 94% das planilhas em uso tem algum tipo de erro interno. Outro sugere que apenas um pequeno número de empresas percebe que existem riscos de confiabilidade associados a planilhas, e um número ainda menor sabe o que fazer a respeito.[16] A maioria continua alegremente acreditando que suas planilhas lhes dizem a verdade, toda a verdade e nada mais que a verdade. (Mas, da próxima vez que alguém lhe disser que os números nunca mentem, verifique sua planilha.)

No entanto, há um problema mais profundo com ferramentas como planilhas. Como elas só podem processar uma gama limitada de dados, os excluem efetivamente, além de informações e conhecimentos que não podem ser processados dentro de seus parâmetros. Assim como as métricas nos incentivam a minimizar ou descartar fatores que não podem ser facilmente medidos, também as planilhas nos incentivam a ignorar coisas que não cabem em uma célula. Existe uma planilha ainda desenhada que tem uma célula ou série de células para sabedoria? Se existir, nunca vi.

As planilhas nos encorajam a pensar linearmente, porque elas mesmas são lineares. Vemos os dados entrarem e os resultados saírem, e acreditamos que existe um processo de causa e efeito no trabalho. E, assim como em outras formas de pensamento linear, o pensamento derivado de planilhas induz à cegueira intencional. Qualquer coisa que não se encaixe no modelo fica de fora. Isso empobrece o pensamento e enfraquece a gestão.

Quando eu era mais novo, conheci um homem que, quando confrontado com duas opções, atirava uma moeda ao ar. "Você decide mesmo no cara ou coroa?", perguntaram a ele. "Claro que não", foi a resposta. "Atiro a moeda ao ar e espero para ver que escolha é essa. Depois tenho de confrontar a noção de tomar essa opção. Se estou feliz, sei que fiz a coisa certa. Se me sinto desconfortável, sei que fiz a errada. Depois, guardo a moeda e escolho." O lançamento da moeda não tomou a decisão — apenas o ajudou a focalizar seu pensamento e tomar a decisão que sabia inconscientemente ser a decisão certa.

As planilhas funcionam assim. Coloque os dados e observe os resultados. Se sua experiência e seu conhecimento tácito lhe disserem que isso está errado, jogue a planilha fora e faça o que sabe que está certo. É assim que as planilhas devem ser usadas.

"O PowerPoint nos deixa estúpidos"
Essa foi a frase do general James Matthis, do Corpo de Fuzileiros Navais dos Estados Unidos, citado no *New York Times,* em 2010.[17] O general estava expressando uma visão que está se tornando mais prevalente nas Forças Armadas norte-americanas: a utilização esmagadora do PowerPoint é agora um problema sério. Para além da enorme quantidade de tempo que os oficiais têm de passar preparando apresentações no programa — os comandantes de pelotão da linha da frente informam seus soldados com PowerPoint antes de saírem em patrulha —, existe o receio de que o PowerPoint, tal como as planilhas, esteja estreitando o foco e levando à miopia. A única informação que é apresentada e transmitida é aquela que se encaixa facilmente em um slide.

O PowerPoint é perigoso, disse outro general, H.R. McMaster, porque "pode criar a ilusão de compreensão e a ilusão de controle".[18] O PowerPoint moderno tem muitas características de apresentação maravilhosas, incluindo a capacidade de usar gráficos e vídeo, e é muito fácil cegar uma audiência com apresentações deslumbrantes e fazê-la pensar que o que estão vendo é toda a verdade. Como disse Marshall McLuhan, o meio se torna a mensagem — o conteúdo dos slides, tal como está, pode ser facilmente escondido atrás da apresentação.

Também pode ser usado para atordoar as audiências, e com uma aceitação passiva, a famosa "morte por PowerPoint". O Exército dos Estados Unidos admite que utilize essa técnica deliberadamente em conferências de imprensa, produzindo apresentações de tal tédio que, no final, poucos dos repórteres reunidos ainda estão acordados. Isso é conhecido como "galinhas hipnotizadas".[19]

Dois outros problemas com o PowerPoint devem ser mencionados. O primeiro é que quase ninguém que faz as apresentações sabe como fazê-lo. A "morte por PowerPoint" se torna uma lenta tortura agonizante enquanto esperamos para ver o que acontecerá primeiro: o apresentador ficar desesperadamente enredado em seus slides e sem tempo, ou nosso córtex central desmoronar e nossos cérebros se dissolverem em lodo cinza. Falando por mim, vou sair gritando da sala se ouvir mais uma pessoa ler os próprios slides de PowerPoint em voz alta. Já passaram vinte anos, e já tive o suficiente. Não mais.

Muito mais grave é o problema do pensamento linear, que o PowerPoint encarna por completo. Os conceitos são apresentados um após o outro, em sequência, e não deve haver desvio dessa sequência. Quantos de vocês já passaram por alguma versão dessa cena?

Palestrante: *E assim, neste slide, vemos como as mudanças demográficas significam que há agora uma maior proporção de consumidores de 18-25 anos nessa área. Estes representam claramente um segmento de potenciais clientes futuros.*

Membro da audiência (mão para cima como um aluno): *Sabemos que tipo de poder de compra esses jovens de 19-25 anos têm? Alguma coisa sobre a sua propensão para consumir?*

Palestrante: *Sim, mas essa informação está no slide 97, e ainda estamos no slide 23. Importa-se que eu aborde isso quando chegarmos a esse ponto, mais tarde na apresentação?*

Quando chegarmos ao slide 97, é claro, o espectador (a) terá esquecido a pergunta; (b) terá adormecido; ou (c) ambos. O formato linear do PowerPoint desencoraja perguntas, a discussão e o pensamento criativo. Espera-se que o público fique quieto, em silêncio, e receba a mensagem. Não gosto muito do PowerPoint (conseguiu perceber?) e raramente o uso em meu próprio ensino e apresentação, porque ele sufoca o pensamento livre. Para apresentações muito formais, uso algumas fotos ou citações, mas no geral prefiro ficar sem elas. Acho que isso me permite trabalhar com o público em vez de palestrar para ele, e ele pode contribuir livremente com pensamentos, ideias e experiências, que geralmente são muito mais profundas e relevantes do que as minhas. Tanto eu quanto meus alunos achamos que o aprendizado é muito mais rico, amplo e profundo como resultado. As empresas que banem o PowerPoint ou pelo menos o restringem reportam o mesmo. Você obtém muito mais ideias e pensamentos originais de um grupo de pessoas sentadas em torno de uma mesa conversando, talvez com um mediador, do que de um mesmo grupo sentado meio adormecido na frente de uma apresentação em PowerPoint.

Dito isso, tenho visto algumas apresentações brilhantes em PowerPoint, estimulantes e animadas, mas só porque os apresentadores realmente sabiam o que faziam. As empresas devem treinar seus gerentes para usar bem o PowerPoint ou prescindir dele. Caso contrário, ele só se torna mais uma ferramenta que reforça o pensamento linear.

Culturas de lógica linear
Tudo isso pode ter induzido os leitores a pensar que não tenho tempo para a lógica linear. É claro que isso não é verdade. Respeito o pensamento lógico dos outros e tento empregá-lo eu mesmo. Mais uma vez, porém, temos de perceber que nem todos os problemas podem ser compreendidos logicamente. Essa é a principal deficiência das culturas da lógica linear — não conseguem ver que há um mundo além delas, ou não conseguem levar em conta coisas como conhecimento tácito, experiência e sabedoria.

Algumas empresas desenvolvem *rotinas dependentes do caminho*, porque não conseguem mais pensar no que fazer. Algumas delas, como vimos no Capítulo 6, são uma questão de medo. As pessoas gostam de se apegar à certeza. Mas, às vezes, também há uma crença arraigada de que rotinas são uma coisa boa. A crença de que, se seguirmos procedimentos definidos passo a passo, vamos sempre obter o resultado que desejamos morre rápido, e nem mesmo a experiência amarga parece mudar isso.

Outras empresas se tornam *dependentes de metas* a ponto de as metas se tornarem mais importantes do que a missão e o propósito do negócio. A visão de que "você não pode gerenciar o que não pode medir" enfatiza métricas e dados rígidos sobre conhecimento suave e coisas que não podem ser medidas com confiança, resultando em imagens incompletas e parciais do negócio e de seu ambiente.

Relacionado a isso está o *curto prazo exclusivo*, que vê o próximo trimestre ou o próximo mês como tudo o que importa — se as metas desse período forem cumpridas, o futuro pode cuidar de si mesmo. Isso novamente resulta em um aperto no pensamento e nas ideias e uma visão míope da empresa e de seus clientes. Embora seja sempre necessário ter em conta o curto prazo, é necessária uma visão equilibrada do curto e do longo prazo.

Finalmente, a *dependência de ferramentas inflexíveis para pensar*, incluindo, mas não limitado a planilhas e PowerPoint, estreita ainda mais o pensamento. Muito do problema de ambos se concentra em sua má utilização por gestores que não os compreendem totalmente. Mas no centro de ambos está o mesmo conceito de lógica linear, de uma abordagem passo a passo do pensamento e da resolução de problemas que, em ambos, teve a consequência não intencional de sufocar a criatividade e relegar o conhecimento tácito e a sabedoria para um lugar secundário. O PowerPoint não nos torna exatamente estúpidos, mas nos encoraja a pensar de uma forma muito limitada.

Assim como o PowerPoint e as planilhas, a lógica linear deve ser considerada como uma ferramenta, uma ferramenta muito importante, mas ainda assim uma ferramenta. Ajuda-nos a subestimar e resolver problemas, contudo a palavra-chave é "ajuda". É necessária para a resolução de problemas, mas nem sempre é suficiente. Outros tipos de conhecimento e pensamento também precisam entrar na mistura. Ao confiar na lógica linear, corremos o grave perigo de confundir a ferramenta com a tarefa.

Pesa o mesmo que um pato?
A maldição de Descartes é que vemos problemas em termos de causa e efeito linear, em vez de vê-los holisticamente. Tentamos desfazer o nó górdio, em vez de simplesmente cortá-lo como Alexandre fez. O pensamento holístico como arte está em perigo de extinção, graças em parte à forma como somos educados. Desde muito jovem, nossas mentes são treinadas para dissecar problemas, separar conceitos e estabelecer sua ordem lógica. Há alguns anos que utilizo o conceito de metáforas organizacionais desenvolvido por Gareth Morgan em *Imagens de Organização*: organizações como máquinas, organizações como organismos biológicos, organizações como prisões psíquicas, e assim por diante.[20] Todos os anos surge uma discussão séria: qual das oito metáforas de Morgan é mais importante? O que mais se aproxima de descrever a realidade das organizações? Depois, digo que o próprio Morgan não dá prioridade a isso. Nenhuma das oito metáforas oferece um quadro completo, diz ele; cada uma é apenas uma perspectiva. Se quisermos realmente entender as organizações, precisamos considerar todas as oito perspectivas simultaneamente.

Alguns alunos assimilam esse conceito imediatamente. Outros lutam, e continuam (quase) instintivamente a procurar a melhor metáfora. Isso não é uma reflexão qualquer sobre sua inteligência ou capacidade. Em vez disso, diz algo interessante sobre a formação e experiência que eles receberam no passado.

Um colega me fez recentemente uma pergunta. Ele estava trabalhando com uma organização que queria saber se havia alguma maneira de medir seu sistema de valores. Tudo o que consegui pensar foi: pesa o mesmo que um pato?

Para quem não está familiarizado com o filme *Monty Python em busca do Cálice Sagrado*, uma explicação é necessária. Um grupo de camponeses tenta saber se uma mulher é bruxa. Como era comum queimar bruxas, presumem que bruxas são feitas de madeira. A madeira, eles sabiam, flutua sobre a água. Em seguida, para determinar se ela era feita de madeira, resolveram pesá-la em uma balança ao lado de outra coisa que flutua sobre a água — um pato. Se ela pesasse o mesmo que um pato, então seria feita de madeira e, portanto, uma bruxa.[21]

Os camponeses começaram com duas falsas suposições: (1) que, por as bruxas queimarem, são feitas de madeira; e (2) que tudo o que flutua sobre a água tem o mesmo peso que qualquer outra coisa que flutua. A tentativa de medir um sistema de valores parte de duas suposições falsas semelhantes: (1) que todos os sistemas de valores têm componentes e matérias-primas identificáveis que podem ser analisados; e (2) que, por esse motivo, os sistemas de valores podem ser comparados e medidos uns contra os outros em uma escala.

Mas os sistemas de valores são únicos. Não me refiro às coisas que as empresas publicam em suas "declarações de valores", que, muitas vezes, não têm nada a ver com os valores reais da organização. Refiro-me aos valores reais que as pessoas genuinamente possuem. Se você quer entender uma organização, descubra no que ela acredita. E isso, receio eu, não é algo que se possa medir.

Com esse pensamento em mente, aqui estão minhas duas recomendações para romper com as culturas da lógica linear. Como todos os esforços para quebrar a cultura, isso levará tempo e será difícil, mas deve ser feito se a empresa quiser encontrar e explorar todo o conhecimento de que precisa para sobreviver e prosperar. De acordo com o espírito deste capítulo, saliento que essas duas sugestões não são apresentadas em uma ordem específica e que ambas devem ser implementadas em conjunto e não uma após a outra.

Primeiro, incentivar as pessoas a pensar na empresa como uma entidade única, enfatizando sua natureza, seu patrimônio, o que faz de diferente das outras empresas, o que a torna especial. Encoraje as pessoas a se sentarem ou se reunirem na hora do cafezinho para falarem sobre novas ideias que se aplicam à empresa aqui e agora. Há cem anos, exatamente, o economista Robert Hoxie escreveu uma crítica feroz ao aparente desejo da administração científica de reduzir todas as empresas a um único conjunto de denominadores comuns, e concluiu:[2]

> Falamos da indústria moderna como se fosse tudo uma só peça. Mas, de fato, não existe uma única linha necessária ou lógica de desenvolvimento industrial; nenhum conjunto perfeitamente uniforme de condições e problemas em

diferentes indústrias ou mesmo em lojas diferentes com a mesma produção geral. Não pode haver, então, um sistema único de organização de métodos igualmente aplicável a todas as indústrias e a todas as condições das lojas. A gestão adequada aplicada a qualquer loja não é uma peça de vestuário pronta que possa ser facilmente adaptada, mas deve ser trabalhada, e sim o processo lento e doloroso de cortar e tentar.

Interprete as palavras de Hoxie de modo a incluir as empresas modernas de serviços e tecnologia, bem como a "indústria" antiquada, e verá que essas palavras são tão verdadeiras hoje como eram há cem anos. Sim, as empresas devem aprender com o exemplo de outras e procurar exemplos de boas práticas. Mas devem fazer isso escolhendo as coisas que realmente querem e que lhes serão úteis e as adaptando para utilização, em vez de adotarem outros modelos goela abaixo. A solução certa para o negócio certo no momento certo deve ser o objetivo e, para isso, as empresas devem ser capazes de aprender com uma ampla gama de fontes, e não com uma faixa estritamente definida de lógica linear.

O segundo ponto nos leva de volta à discussão dos sistemas de valores mencionados anteriormente. Você não precisa medir valores para compreendê-los, assim como não precisa medir cultura, relacionamentos humanos ou confiança. Contudo, você pode implantar essas coisas para fortalecer uma empresa. Siga o conselho de Deming — elimine metas e cotas, elimine o medo e, em vez disso, lembre seus gerentes e funcionários o *motivo* de o negócio existir, *por que* fazem o que fazem, *por que* isso importa. Use métricas como ferramentas para ajudar na compreensão; use planilhas para impulsionar seu pensamento; use o PowerPoint se for necessário, mas, em última análise, *tome* as decisões, não deixe isso para as ferramentas. Você assume a responsabilidade. Você lidera o caminho.

E, se insistirem medir em valores, aqui vai meu conselho. Escreva os valores da organização em um pedaço de papel (que é feito de fibra de madeira) e coloque-o em um lado da balança. Então, ponha um pato no outro lado da balança. Se o papel e o pato pesarem o mesmo, siga em frente.

Capítulo 10
Ninguém se importa

O último pecado e o pior da lista de sete é a falta de propósito. Os gerentes se esquecem por que são gerentes, os líderes já não lideram, e a empresa fica sem rumo. O foco no cliente é esquecido. Funcionários e empregados veem a empresa como algo que lhes deve a vida e não uma entidade com um propósito, e o senso de identidade da empresa é perdido. E, quando isso acontece, o mesmo vale para a marca e a reputação.

Sydney Finkelstein se refere a algumas empresas como "empresas zumbis", ou seja, que perderam sistematicamente o contato com a realidade.[1] A questão é: por que isso acontece? Por que as empresas perdem o controle? Se você olhar atentamente para essas empresas zumbis, vai descobrir que elas têm *culturas vazias*. Seu núcleo moral foi esvaziado, e o espaço foi preenchido por interesse próprio, preguiça, desinteresse, cinismo e, em alguns casos, corrupção. Sem seu propósito, elas não têm razão de existir e, mais cedo ou mais tarde, serão apanhadas por um predador ou cairão por iniciativa própria. Tanto a Ford como o Lehman Brothers perderam seu sentido de propósito, o primeiro nos anos 1920 e o segundo no final dos anos 1960. A Ford finalmente redescobriu seu propósito e encenou um renascimento com o neto de Henry Ford; para o Lehman Brothers, não houve uma segunda chance.

Por "propósito", quero dizer a razão pela qual o negócio existe em primeiro lugar. Todo negócio tem um propósito, pelo menos quando começa. Com o tempo, em algumas empresas, esse propósito se perde e se esquece. Sem um propósito para guiá-los, essas empresas se tornam ocas. Tornam-se zumbis.

Sydney Finkelstein apresenta uma longa lista de empresas zumbis, incluindo Schwinn, a fabricante de bicicletas norte-americana. Fundada em 1895, a Schwinn, tal como a Ford, estava no negócio de fornecer transporte a preços acessíveis. Embora o mercado de bicicletas tenha diminuído à medida que os automóveis se tornaram mais populares e disponíveis, ela acompanhou as mudanças na indústria e evoluiu, produzindo bicicletas para esporte e lazer, bem como para transporte. No final dos anos 1960, a Schwinn vendia um milhão de bicicletas por ano em todo o mundo.

Mas a velha história se repetiu: os executivos da Schwinn se tornaram arrogantes e complacentes. Esqueceram-se de seu propósito. A inovação em novos modelos diminuiu, e os clientes começaram a mudar para marcas rivais. As relações com os funcionários diminuíram e houve uma greve na principal fábrica da empresa nos Estados Unidos. Em vez de resolver o problema, os executivos decidiram terceirizar a produção no Japão e depois em Taiwan. A relação com o parceiro de Taiwan, a Giant Bicycle, funcionou bem no início, mas depois a Schwinn tentou fazer um acordo separado com um rival da Giant, a China Bicycle Company. A Giant, que possuía toda a tecnologia da Schwinn, fez uma retaliação ao lançar sua própria marca concorrendo com a Schwinn, e a China Bicycle logo seguiu o exemplo.

Você pode adivinhar o resto. A Schwinn foi à falência em 1992, enquanto a Giant fez jus a seu nome e se tornou uma das principais fabricantes mundiais de bicicletas. A Schwinn se esqueceu de seu propósito e pagou o preço.

Outro nome outrora famoso que perdeu seu propósito foi o chocolateiro Cadbury. Como relatado no Capítulo 5, essa pequena empresa familiar passou a dominar o mercado global de confeitaria, posição que ocupou por mais de quarenta anos. Mas, no final do século XX — especialmente quando a família Cadbury deixou de desempenhar um papel importante na direção estratégica —, a Cadbury perdeu o *ethos* que a tinha sustentado e se tornou "apenas mais um negócio". Executivos e funcionários já não pareciam se preocupar muito com a razão pela qual a Cadbury existia ou com o que ela fazia, desde que ganhasse dinheiro. Gradualmente, a empresa perdeu o rumo. Em 2007, era apenas uma questão de tempo antes de ser adquirida, e, em 2010, foi comprada pela Kraft. A marca Cadbury ainda sobrevive em embalagens de confeitaria, mas já não significa muito. Tudo o que resta realmente é Cadbury World, um parque temático, voltado para o chocolate, nos arredores de Birmingham, onde a empresa foi fundada.

Esses são apenas dois exemplos. A maioria das pessoas será capaz de pensar nos outros sem muita dificuldade. Ao contrário dos capítulos anteriores, nos quais esbocei uma tipologia grosseira de diferentes aspectos do "pecado", aqui eu quero me concentrar nos exemplos, os sinais de perda de propósito que permitem que o pecado seja detectado. Espero que nos estágios iniciais, antes que ele tenha chance de tomar posse (Quadro 10.1).

Quadro 10.1 Sintomas de perda de propósito

Tipo	Manifestação
Super/subpromoção	"As pessoas erradas nos empregos errados."
Más comunicações	"Declarações vazias ou sem sentido na comunicação, especialmente com empregados."
Recusa de assumir a responsabilidade	"Uma atitude comum de 'não é problema meu' ou 'acima do meu nível salarial'."

Culpa e negação	"O que der errado é culpa de outra pessoa."
Apatia	"Folga social; cães que acenam com a cabeça; falta de cumprimento das promessas; preguiça."
Cinismo e desprendimento	"Falta de identificação com a empresa; falta de crença em sua finalidade."
Colapso ético	"Comportamento ético e imoral em um amplo espectro."

Em culturas vazias, os gestores já não estão fazendo o que devem fazer, que é orientar a empresa e aproveitar os esforços de todo o seu pessoal e funcionários para conquistar seu propósito. Sejamos realistas: os gestores têm apenas uma função real, que é a de assegurar que as coisas sejam feitas. Mas, nas culturas vazias, eles deixam de se preocupar em fazer qualquer coisa. As únicas coisas importantes são as que mantêm seus cargos ou os ajudam a ganhar promoções; todo o resto pode ir por água abaixo. Quando isso acontece, os gerentes não estão mais criando valor. Em vez disso, agem como um obstáculo para a empresa e a impedem de crescer.

Se você estiver em uma empresa em que os colaboradores fazem perguntas como "o que nossos gestores fazem?", fique atento. Se a equipe não sabe isso, então ou os gestores são incrivelmente ruins em se comunicar, ou não estão fazendo o que deviam.

O que acontece às empresas que perdem seu propósito e seu caminho? Por que os gestores se esquecem do motivo de estarem onde estão? Uma liderança fraca ou incompetente é geralmente culpada pela perda do propósito e do núcleo moral, e certamente os líderes têm de assumir a responsabilidade de isso acontecer sob sua vigilância. Mas eles não lideram sozinhos, e a liderança é exercida por muitos em toda a organização, ou deveria ser — a crescente separação da liderança e gestão significa que os gestores aumentam sua recusa em assumir a responsabilidade com base no argumento de que "isso não faz parte do trabalho do gerente". (Vou voltar a isso ainda neste capítulo.) Além disso, a passagem para uma cultura vazia é, muitas vezes, lenta e ocorre durante o mandato de dois ou três CEOs.

Margaret Heffernan, Sydney Finkelstein, Adrian Furnham e a maioria das outras autoridades que citei neste livro concordam que uma recusa sistemática de enfrentar a realidade, uma relutância em lidar com fatos que não se encaixam com o ponto de vista preconcebido, é uma das principais causas de muitos colapsos e quebras de empresas. Mas por que os gerentes e executivos devem chegar ao ponto em que não *querem* mais saber o que *precisam* saber? Alguns se tornam complacentes, outros se assustam, outros ainda se tornam gananciosos, ou egoístas, ou muito ligados a uma única maneira de pensar, mas todos param de se *preocupar*.

Em uma empresa comum, um gerente que deixa de se preocupar com seu trabalho seria identificado e eliminado. Mas em empresas nas quais a cultura vazia criou raízes, todos deixam de se preocupar. Não há ninguém com poder e voz suficientes para lembrar ao resto da organização por que eles existem. Os poucos que ainda se importam ficam progressivamente mais desiludidos. E, então, também param de se preocupar.

Desilusões, derrotas, fracasso em alcançar o que todos esperavam podem contribuir para a desilusão geral, mas acredito que a causa mais comum de culturas vazias é a deriva. As pessoas deixam de se preocupar, porque não há incentivo para que se preocupem; ninguém lhes recorda por que motivo estão no negócio, ninguém as empurra para esse objetivo central. Tornam-se acolhedoras e confortáveis e casadas com o *status quo*. Então, para preencher o vazio, os pecados começam, ganância e arrogância e luxúria; ou então medo, porque os gerentes veem o vazio e não sabem como preenchê-lo.

Uma vez que a cultura vazia se instala, é incrivelmente difícil de erradicá-la. Foram necessárias grandes mudanças na Ford, incluindo uma experiência de quase morte corporativa e uma mudança completa da gerência sênior, para recordar a empresa de seu propósito. Muitas empresas nunca se recuperam. Como disse no Capítulo 1, a prevenção é muito mais barata, mais fácil e menos dolorosa do que a cura. Aqui estão alguns dos sinais de uma cultura vazia que, se detectada a tempo, pode ajudar as empresas a mudar, se recuperar e seguir em frente.

As pessoas erradas nos empregos errados
Os melhores e mais talentosos gestores do mundo vão falhar se forem contratados para os empregos errados. As boas empresas sabem disso, e gastam uma grande quantidade de tempo e dinheiro contratando pessoas com o "ajuste" certo entre seus valores e suas habilidades e as necessidades da empresa, que vão contribuir positivamente para o propósito da empresa. Outros erram o ponto e contratam as pessoas erradas pelas razões erradas.

Alguns gerentes são incompetentes desde o início. Eles ou são "cognitivamente desafiados", ou nasceram sem coragem, julgamento ou habilidades de comunicação. Eles não são bons gestores, nenhuma formação no mundo vai torná-los bons gestores, e eles nunca, nunca, nunca devem ser promovidos para cargos de gestão. Sem dúvida, são pessoas boas e têm outros pontos fortes — descubra quais são e os empregue de acordo com isso, ou não os empregue. No entanto, esse não é o principal problema.

Muito pior é promover as pessoas pelas razões erradas. O psicólogo canadense Laurence Peter identificou o Princípio de Peter, que afirmava brevemente que, "em uma hierarquia, os empregados atingem o nível da própria incompetência".[2] Muitas vezes, de acordo com Peter, as pessoas são promovidas com base no desempenho passado, seja como recompensa por fazer bem, seja na crença de que, se alguém fez bem seu último trabalho, fará o mesmo no próximo. Certamente, há uma crença generalizada de que as habilidades de gestão são transferíveis, e que um gerente inerentemente bom vai fazer bem em qualquer papel gerencial.

Esse ponto de vista persiste, apesar de as amplas evidências mostrarem o contrário. Dois exemplos vão ser suficientes. Primeiro, há Sir Clive Woodward, treinador do time de rúgbi da Inglaterra, vencedor da Copa do Mundo, que foi contratado para ser diretor de desempenho do time de futebol Southampton na crença de que gerenciar um time de futebol era muito parecido com gerenciar um de rúgbi. Sua experiência em Southampton estava longe de ser um sucesso absoluto, e ele partiu menos de dois anos depois. O outro é John Sculley, CEO mundial da PepsiCo, que conseguiu a façanha aparentemente impossível de tirar o cargo de líder do mercado mundial da Coca-Cola (eles realmente se importam com essas coisas em refrigerantes, perceba) e foi contratado para substituir Steve Jobs na Apple. Além do ressentimento que enfrentou de fiéis a Jobs, Sculley estava fora de sua área na Apple e fez uma série de más decisões. A Apple prosperou durante seu comando, mas se isso aconteceu por causa dos esforços de Sculley ou apesar deles, continua a ser um ponto discutível, e ele foi forçado a sair.

Norman Dixon, em *On the Psychology of Military Incompetence*, observa que o Princípio de Peter prevalece nas Forças Armadas, e dá uma série de exemplos de comandantes bons, transformando-se em generais desastrosos. Voltando a Peter, a questão é que todos nós somos bons em alguma coisa, mas muito poucos são bons em tudo. A promoção deve ser decidida com base não no que a pessoa fez, mas no que ela é capaz de fazer e se consegue lidar com as responsabilidades e pressões acrescidas a seu novo emprego.

O aparecimento do Princípio de Peter deve soar como um aviso, porque, por mais bem-intencionado que seja, esse é um sinal de que o foco está começando a se desviar do propósito da empresa. É claro que as pessoas que fazem o bem devem ser recompensadas, mas há outros métodos de recompensa que podem ser igualmente apropriados. Haverá sempre casos difíceis em que as pessoas querem desesperadamente ser promovidas, seja pelo aumento do salário, seja pelo aumento do status, seja por ambos. Porém, se não forem adequadas, não devem assumir o cargo. A melhor maneira de resolver esses problemas é criar expectativas antecipadamente e deixar claro que o sucesso não é uma garantia de promoção. Dê outras recompensas em vez disso.

Um sinal de aviso mais evidente é a contratação ou promoção de "pessoas como nós". Às vezes, isso decorre do medo e do desejo de manter o "diferente" afastado, mas, às vezes, é porque a gerência desceu para um clube aconchegante de meninos, onde os membros cuidam dos interesses uns dos outros. Ambos têm o mesmo efeito de reduzir o desafio e esticar e incentivar a reflexão em grupo, mas, quando se instala uma mentalidade de "empregos para os rapazes", também sabemos que os administradores deixaram de pensar na empresa e em seus clientes e estão pensando, sobretudo, em si mesmos.

Uma variante disso é garantir que empregos seguros, em um ambiente de fracasso improvável, sejam dados aos membros do clube enquanto os forasteiros são colocados em cargos mais arriscados. Em 2005, Michelle Ryan e Alex Haslam identificaram o fenômeno do "penhasco de vidro", por meio do qual as mulheres são promovidas a lugares com elevadas probabilidades de fracasso, porque, se falharem, são dispensáveis. Os empregos menos arriscados, como referido, vão para os homens.[3] As carreiras de Ina Drew na Morgan Chase, Mary Barra na General Motors e Kim Campbell e Julia Gillard como primeiras-ministras do Canadá e da Austrália, respectivamente, foram citadas como exemplos de promoções "penhascos de vidro", além da nomeação de Marissa Mayer como CEO do Yahoo!, embora até agora ela tenha confundido as expectativas.

A promoção excessiva é amplamente discutida — menos conhecida é a subpromoção, que resulta de promoções feitas com base em relações pessoais e não no mérito. As promoções "empregos para os rapazes" também bloqueiam a promoção para os jovens gestores que têm o material certo para os quadros superiores e que exerceriam uma influência positiva e criariam valor se lhes fossem atribuídos lugares superiores. Também nega às empresas o acesso ao talento de que tanto precisam. Mais uma vez, a promoção e a contratação devem estar de acordo com as necessidades da empresa. Se não estiverem, então o egoísmo começou a se infiltrar e o propósito está começando a desaparecer.

Besteiras corporativas

Um guru de gestão muito experiente e respeitado, que não vou nomear, usou essa frase em uma entrevista que fiz com ele há mais de vinte anos, e ela ficou na minha mente desde então. Norman Dixon também incluiu um capítulo inteiro sobre "besteiras" em *On the psychology of military incompetence* e as vê como uma força importante para dificultar a eficácia organizacional.

Não se trata, evidentemente, do subproduto agrícola comum, mas de rituais, tradições e procedimentos que se acumulam em qualquer organização, cujas origens são, muitas vezes, esquecidas. A maioria das empresas tem tradições e rituais, que fazem parte da cultura da empresa e podem ser um forte reforço dessa cultura. Diversos estudos recentes relataram como os rituais nos negócios podem fazer as pessoas mais felizes, mais cientes do resto da organização e até da pressão sanguínea mais baixa, reduzindo o estresse.[4]

Tudo bem, desde que a cultura seja positiva. Mas, nas culturas vazias, os rituais se *tornam* a cultura. Preservá-los passa a ser muito importante. Nos negócios, eles, muitas vezes, assumem formas muito triviais, tais como longas e incompreensíveis burocracias e procedimentos de relatórios; a prática de reuniões regulares por causa de reuniões, não porque haja algo em particular que precise ser discutido; e, claro, o uso excessivo de nossos velhos amigos (planilhas e PowerPoint), que tomam e comunicam decisões. Ordens desnecessárias, tais como quem recebe quais escritórios ou qual nível de carro da empresa, e esquemas de bônus e de recompensas, também são rituais que pode assumir tanta importância que influenciam objetivos pessoais.

Os rituais para seu próprio bem, diz Dixon, são "um produto natural de organizações autoritárias, hierárquicas [...] eles têm três denominações comuns. A primeira é o constrangimento; a segunda, o engano; e a terceira, a substituição do pensamento".[5] Os rituais *restringem* ao lembrar as pessoas quem elas são, qual é sua posição na ordem na hierarquia e quem está no comando. Isso tem o efeito adicional de encerrar o debate ou a dissidência. Uma vez, durante uma reunião com uma equipe de consultores norte-americanos, discordei de uma declaração do chefe da equipe. Ele não disse nada, mas, depois da reunião, um dos consultores juniores me avisou de que eu nunca deveria desafiar o chefe. Por que não? "Porque ele é o chefe" foi a resposta. Minha resposta, um pouco indelicada ("Nesse caso, mais uma razão para desafiá-lo") não o agradou e nunca fui perdoado.

Os rituais nos *enganam*, porque nos fazem pensar que, enquanto os repetirmos, estamos fazendo as coisas certas e a organização será bem-sucedida. E, finalmente, eles substituem o pensamento, graças ao efeito entorpecedor do desempenho repetido. Algumas formas de ioga, por exemplo, dependem de mantras repetidos para suprimir o pensamento consciente e permitir a meditação, e já mencionei anteriormente o efeito de calmante físico que alguns rituais de negócios podem ter. Isso é uma coisa, mas a substituição *deliberada* do pensamento por rituais — como as apresentações hipnotizantes em PowerPoint feitas pelo Exército norte-americano para jornalistas — é exatamente o oposto do que as empresas precisam. E é claro que fazemos um círculo completo, para manter um dos principais propósitos da substituição do pensamento: restringir e suprimir a dissidência. Assim, a propaganda — desculpe, "comunicações corporativas" — forma outro ritual importante que pode ser usado para controle. Um fluxo constante de mensagens no estilo "O grande irmão" para os funcionários pode ser uma boa maneira de evitar que eles saibam o que está acontecendo.

A diversidade é a ordem natural das coisas, diz Norman Dixon, mas as "besteiras" são inimigas da diversidade e sugam as organizações em uma espiral apertada de conformidade na qual apenas "pessoas como nós" são toleradas.[6] Alguns rituais encorajam a diversidade e permitem que as pessoas façam melhor seus trabalhos. Mas, quando uma cultura vazia toma conta, os rituais perdem sua lógica e se tornam pantomimas sem sentido para as quais todos devem dançar, então, nas palavras do sábio chinês Lao Zi: "a cerimônia é a mais pura casca de fé e lealdade; é o início de toda a confusão e desordem".[7]

Acima de meu nível salarial
A recusa em assumir responsabilidades é um problema cada vez mais comum na gestão. No início do livro, mencionei um artigo para *The Conversation* no qual sugeri que a Malaysian Airlines deveria ter respondido mais rápido após o desaparecimento do voo MH370, para ajudar e confortar os familiares dos passageiros. Os leitores criticaram minha posição, afirmando que a Malaysian Airlines não era responsável pelo sequestro e desaparecimento de suas aeronaves e, portanto, não tinha nenhuma responsabilidade para com seus passageiros e suas famílias. Continuo espantado com a pura desumanidade desse ponto de vista,

mas o fato de as pessoas o proferirem também sugere um problema de esvaziamento. Se você é capaz de assumir a opinião de que não tem responsabilidade perante seus clientes, então corre o grave perigo de esquecer o propósito principal do negócio: que é, naturalmente, servir os clientes.

Dois problemas levam a esse estado de coisas. Um deles é aquilo a que um amigo consultor se refere como "uma cultura de direitos" entre as empresas, a opinião de que os clientes devem lhes dar dinheiro sem as empresas fazerem muito por eles; os clientes estão lá para servir a empresa, não o contrário. Isso, por sua vez, decorre da deriva e complacência a que me referi anteriormente. Os clientes são, afinal, pessoas difíceis e complicadas de lidar, por vezes excêntricas e não razoáveis. É mais simples ignorá-los e continuar a fazer as coisas mais fáceis, como gerir a fábrica a pleno vapor.

A segunda é a separação deliberada de líderes e gestores, que desencoraja positivamente esses de assumirem responsabilidades e de darem um passo à frente em tempos de crise. Essa separação, que deriva da academia e é alimentada por coaches e consultores, tem crescido de forma constante nos últimos vinte anos. O papel dos líderes é criar visão, orientar, direcionar, criar estratégia e fazer todas as coisas realmente grandes, enquanto os gerentes estão lá para cumprir as ordens dos líderes, verificar e monitorar o progresso, garantir a conformidade e fazer todas as coisas chatas que os líderes não querem.

Líderes são líderes e gerentes são gerentes, é dito, e os dois nunca devem se combinar. Os líderes nunca devem descer ao nível da gestão e assumir tarefas de gestão cotidianas, e Deus nos livre de que qualquer gestor invada o domínio dos líderes, incrementando e assumindo responsabilidades — é para isso que os líderes existem.

"Sempre me disseram para pensar em mim mesmo como um líder ou um gerente, mas nunca como ambos", disse-me um estudante há vários anos. Acho que nunca ouvi nada mais horrível em uma sala de aula, mas é claro que ele não foi o único. É um pensamento ortodoxo de que há uma diferença entre líderes e gerentes. E assim, como escrevi no *Financial Times* (em parte em resposta a essa conversa com o aluno), temos líderes que não conseguem gerir e gestores que não vão liderar, dando-nos uma porrada letal de ignorância e incompetência na cabeça e no coração de nossos negócios.[8]

Mais cedo, deixei clara minha opinião sobre os líderes que não podem ou não vão gerenciar, mas os gestores que não podem liderar são ainda mais perigosos. Primeiro, porque haverá sempre momentos em que os gestores devem aceitar a responsabilidade pelos outros; e, segundo, porque correm um risco muito maior de se desligarem do propósito da empresa. Se a missão, visão e estratégia lhes são impostas a partir de cima, juntamente com uma lista de tarefas que devem completar, seu compromisso será muito menor do que se eles estiverem realmente envolvidos na formulação dessas etapas o tempo todo. E, como Nonaka e Takeuchi apontaram em *Criação de conhecimento na empresa*, os gerentes têm muito conhecimento e sabedoria próprios. Eles devem ser encorajados a se tornarem parte do processo de liderança, e não a ficarem à parte dele.

Mas, enquanto os gerentes são informados para não se verem como líderes, enquanto lhes for atribuído o trabalho que os líderes não desejam fazer, eles vão perder o interesse e começar a pensar mais em si mesmos do que na empresa, e as saídas vão começar.

Culpa e negação
Depois da recusa em assumir a responsabilidade, vêm as culturas da culpa e da negação, em que tudo é sempre culpa de alguém. Parece haver poucas dúvidas de que, na metade ocidental do mundo, a natureza cada vez mais litigiosa da sociedade como um todo tem contribuído para isso, e as pessoas e as empresas estão relutantes em admitir responsabilidade com base no argumento de que vão ser processadas se o fizerem.

A distinção entre culpa e responsabilidade também está desaparecendo. Muitas pessoas já não reconhecem qualquer diferença entre os dois conceitos — se algo der errado e você tiver uma responsabilidade, então também deve ser culpa sua. Mas, na verdade, há uma diferença considerável. Se você e eu passarmos um pelo outro na rua e você escorregar e cair, então é claro que tenho uma responsabilidade para com você — a decência comum e a humanidade sugerem que eu deveria parar e ajudar. Sou responsável por verificar se você está ferido e por pedir ajuda, se necessário. Caso me esquive dessa responsabilidade e me afaste, deixando-o no chão, então há algo de muito errado comigo. Mas não foi culpa minha, não sou culpado por seu acidente. Não fui responsável por sua queda, contudo sou responsável por ajudar.

O caso da Malaysian Airlines ilustra isso perfeitamente. A companhia aérea não pode de forma alguma ser responsabilizada pelo desaparecimento do voo. Nenhuma pessoa sensata processaria a companhia aérea por isso. Mas ela ainda tinha uma responsabilidade para com os familiares dos passageiros e da tripulação. Virar-lhes as costas teria sido imoral. No entanto, as empresas continuam a se comportar como se admitir a responsabilidade por qualquer coisa de mau que aconteça poderia ser o mesmo que se responsabilizar.

Isso é um pensamento de curto prazo. Ao proteger sua reputação no futuro imediato, as empresas estão sacrificando a confiança de longo prazo de seus investidores e demonstrando que sua cultura se tornou oca — a própria empresa é tudo o que importa, não os clientes ou acionistas. Uma cultura de objetivos, por outro lado, assumiria a responsabilidade mesmo por coisas que não são de sua responsabilidade, e assumiria os encargos em nome dos clientes e dos acionistas.

Parece impossível? Em 2002, a casa bancária indiana Tata Finance revelou ter um buraco em suas finanças, dívidas de tamanho desconhecido criadas por erro contábil e possível fraude. O diretor executivo do banco e vários outros funcionários em quadros superiores foram presos. A Tata Sons, que detinha uma participação de controle na Tata Finance, possuía uma escolha. Poderia lançar o diretor executivo aos lobos, culpando a ele e a seus gestores e evitando qualquer responsabilidade, ou poderia intervir, assumir a responsabilidade e assegurar que os clientes seriam atendidos. Escolheu fazer o último. Mesmo antes que o montante total das perdas — cerca de quatrocentos milhões dólares — fosse conhecido, o presidente Ratan Tata anunciou que o resto do Grupo Tata iria cobrir a dívida. Cada rupia seria devolvida aos investidores na Tata Finance.

Por quê? Ratan Tata me disse mais tarde que a reputação do grupo estava envolvida. Se ele não tivesse intervindo, as pessoas teriam sentido que já não podiam confiar na marca Tata.[9] Claro que isso era importante, mas essa atitude não teria sido tomada a não ser que a Tata já tivesse um forte senso de seu próprio propósito e de porquê estava no negócio em primeiro lugar.

Folga social e cães acenando com a cabeça
O conceito de folga social foi descoberto em 1913 pelo engenheiro francês Max Ringelmann, que observou que, quando um grupo de homens puxava uma corda, cada um puxava com menos força do que quando puxava sozinho, sem o apoio do grupo. Experiências posteriores descobriram que, quando se pede para bater palmas, uma pessoa bate palmas mais alto sozinha do que quando faz parte de um grupo maior. Essa "folga", então, é a visão de que, quando estamos em um grupo, podemos relaxar um pouco e não nos esforçar tanto — os outros vão fazer o trabalho extra e nos cobrir.

Não está claro o quanto a folga social é deliberada e o quanto é inconsciente, mas não importa muito. As consequências são as mesmas. Trabalhamos em grupos na crença de que as sinergias vão ser criadas entre os membros do grupo e seus esforços combinados serão maiores do que a soma de seus esforços individuais. A folga social diz o oposto: seríamos melhores separados, trabalhando sozinhos, porque a produção individual seria maior.

Naturalmente, todos os tipos de condições têm de ser aplicados a essa descoberta, e não há dúvida de que em alguns ambientes, pelo menos, os grupos produzem mais do que apenas a soma de seus esforços individuais. (No entanto, vale sempre a pena verificar se isso realmente está acontecendo. Muitas pessoas, às vezes, confiam na eficácia de trabalhar em grupo, e a noção de que trabalhamos melhor assim se torna um ato de fé não suportado por evidências.) Isso acontece quando os grupos estão motivados e têm um propósito claro em mente. Mas, quando o propósito está obscurecido ou ausente, os membros vão começar a questionar se seus esforços são realmente necessários, e a se descuidar.

A folga social é um sinal importante de que uma cultura vazia pode estar se instalando. Outro fenômeno é o dos cães acenando com a cabeça, mencionado anteriormente — pessoas que vão às reuniões e dizem pouco ou nada, mas assentem em concordância com quaisquer medidas que lhes sejam apresentadas. Algumas não falam por medo, mas outras ficam em silêncio, porque não se incomodam, não se importam o suficiente para dar suas opiniões. Se os grupos têm a dinâmica errada, podem levar algum tempo para perceberem que isso está acontecendo. Se, por exemplo, um grupo é dominado por dois ou três extrovertidos ruidosos, um deles pode ser perdoado por presumir que outros membros do grupo são apenas quietos. Ao longo do tempo, porém, se alguns membros do grupo não contribuírem com nada de útil e nunca questionarem ou desafiarem uma decisão, vale a pena olhar novamente para ver se estão apenas assentindo.

Desprendimento e cinismo
Outro sinal de uma cultura vazia é a saída em grande número de funcionários, porque se desligaram da empresa e desejam ir para outro lugar onde possam encontrar mais propósito e significado. Escrevendo para a Forbes.com, Lynda Shaw se refere a uma empresa com uma "curva de sinos de funcionários", em que "a maior proporção de funcionários com médias e boas habilidades [...] foi o grupo que saiu mais frequentemente, ou seja, o núcleo de funcionários. Aqueles que se afunilaram à esquerda do sino eram pessoas que não eram assim tão boas, mas que foram retidas devido à contagem instável de cabeças. No outro extremo da curva de distribuição estava um pequeno grupo de pessoas que eram excelentes em seu trabalho, mas que estavam quase desmotivadas pela agitação".[10]

Existem várias razões possíveis para uma elevada rotação de pessoal: a empresa pode estar pagando salários inferiores aos normais, ou pode haver uma forte concorrência por pessoal talentoso, ou a empresa pode estar em um setor em que o pessoal tende a ser jovem e inquieto e quer tentar outras oportunidades (hospitalidade e escrever livros são dois exemplos). Mas, se as taxas de rotatividade do pessoal começarem a exceder a média do setor, e especialmente se o bom pessoal (que é o núcleo do negócio) começar a partir em grande número, então há um problema. Como Shaw sugere, em muitos casos o problema é que os funcionários não estão envolvidos com a empresa e seu propósito. Eles não entendem por que fazem o que fazem. Ou os gestores não conseguiram comunicar corretamente, ou então os próprios já não têm a certeza de sua finalidade. O primeiro problema pode ser facilmente corrigido, melhorando os canais de comunicação e ajudando os gestores a adquirir melhores competências de comunicação. O segundo sugere que uma cultura vazia pode estar se desenvolvendo, caso em que são necessárias medidas mais drásticas.

Do desapego e desinteresse pela empresa, é uma curta viagem ao cinismo e seu propósito e, na verdade, a um cinismo mais geral sobre tudo o que tem a ver com negócios. Os gerentes começam a questionar se o negócio realmente tem um propósito que valha a pena. A partir daí, eles passam a questionar toda a ideia de propósito. É verdade que as declarações de missão de muitas empresas são ridículas, mas ter uma missão muito séria é importante. Quando ouvir os gestores zombarem disso, tome nota — esses gestores já não estão muito interessados no que fazem, e uma cultura vazia está ganhando força. Esses gestores precisam redescobrir seu objetivo ou sair da gestão, porque, se permanecerem em seus postos atuais, mais cedo ou mais tarde se tornarão passivos.

O cinismo em uma de suas formas mais extremas vem em um artigo do empresário e colunista do *Financial Times*, Luke Johnson, que afirma que "apenas os cínicos sobrevivem". "A mentira é endêmica nos negócios", declara Johnson, antes de afirmar que os vendedores sempre mentem para vender mercadorias ("quais vendedores apontaram defeitos em seus produtos?") e que, no comércio de cosméticos e estética, "os clientes conspiram implicitamente com os fornecedores de tais produtos: eles querem acreditar que a maquiagem lhes dará uma aparência mais glamorosa e desejável".[11]

Johnson está errado, claro. Mesmo que a mentira seja endêmica nos negócios, o que duvido, os exemplos que ele escolheu lhe dão... a mentira. Bons vendedores falam aos clientes sobre as limitações dos produtos e não os pressionam para comprar produtos que não se adéquam às suas necessidades, porque sabem que clientes infelizes nunca mais serão vistos, enquanto os bons voltam para mais. E é muito, muito mais barato e mais fácil servir clientes fidelizados do que conseguir novos clientes. Nem as mulheres (ou os homens) que compram cosméticos os compram porque querem parecer mais glamorosos e desejáveis — muitas vezes, compram por razões ligadas à confiança, à autoestima ou apenas por pura diversão. Não há mentiras envolvidas.

Cito esse artigo não apenas para criticá-lo (embora goste de ler os comentários — outro leitor descreveu o artigo como "desprezível"), mas porque esse é um sintoma de uma cultura vazia. Se acharem normal mentir para clientes, funcionários ou acionistas, então saiba que um vácuo moral está se abrindo na empresa.

A partir daí, é apenas uma questão de tempo até o fim. Se mentir se tornou parte da cultura da empresa, então você sabe que os gerentes não se importam mais. Já não ajudam a empresa a atingir seu objetivo; são apenas parasitas. Essa empresa vira uma empresa zumbi. Seria de esperar que, nessas situações, os gestores ficassem tão desiludidos que saíssem para fazer algo que lhes desse algum autorrespeito. Alguns estão quase lá, e vão sair. Os outros ficarão, urubus se banqueteando do cadáver podre do negócio, sacando seus cheques de pagamento e recebendo seus bônus enquanto os clientes somem, os empregados são demitidos e o preço das ações vai ao chão. Qual era a palavra? Desprezível. Sim, essa mesma.

Colapso ético
E assim chegamos à fase final do processo de decadência, que Marianne Jennings descreve como "colapso ético". Há, diz ela, sete sinais que avisam sobre ele:[12]

- Pressão para manter os números.
- Medo e silêncio.
- Executivos jovens e inexperientes combinados com um CEO mais que vitalício que domina sua equipe de gestão.

- Um conselho de administração fraco.
- Conflitos de interesse ignorados ou não resolvidos.
- Inovação como nenhuma outra (ou seja, a crença de que a empresa é tão boa que não tem de seguir regras).
- A crença de que a bondade em algumas áreas expia o mal em outras, ou que fazer coisas boas para algumas pessoas compensa fazer coisas ruins para outras.

"Quando as empresas se defendem sobre sua ética e responsabilidade social, começo a procurar, porque, quanto mais elas dizem, mais me preocupo com o que realmente está acontecendo", disse Jennings mais tarde.[13] Nos últimos quinze anos, trabalhei com Marianne e sei que ela não exagera. Seu arquivo de casos de empresas moralmente falidas poderia encher várias salas.

A presença de qualquer um desses sete sinais sugere problemas à frente, e a presença de todos eles é uma receita segura para o desastre. As empresas que começam a exibi-los já não estão focadas em sua missão, nem em seus clientes. Elas estão mais interessadas em si mesmas. A etapa seguinte é que perdem de vista a distinção entre certo e errado. Seus gerentes e executivos tomam o que podem para si mesmos, e não veem nenhum mal nisso. De fato, a cultura da organização encoraja esse comportamento. Isso, de certa forma, é o pior de tudo: não há mais nenhum sentimento de culpa ou erro, apenas um vago senso de propriedade e superioridade. Sou o mestre do universo. Mereço isso, porque sou melhor do que você. FIGJAM.

A partir daí, é só uma questão de tempo. O nêmesis pode assumir muitas formas — reguladores, auditores, banqueiros, acionistas furiosos, clientes desapontados, empregados que votam de qualquer jeito —, mas, qualquer que seja a forma, ela virá.

Para que serve um negócio?
A única maneira segura de lidar com culturas vazias é reavivar o senso de propósito que o negócio já teve, ou lhe dar um novo propósito. As empresas não existem apenas para ganhar dinheiro para seus proprie-

tários e gestores. São estabelecidas para fornecer bens e serviços que a sociedade considera desejáveis e necessários. Como o historiador americano John Davis apontou vigorosamente em sua história das corporações, a sociedade cria empresas porque acredita que elas são a melhor maneira de satisfazer às necessidades sociais.[14] Os empresários bem-sucedidos o são porque veem uma necessidade que não é atendida. Ford viu uma maneira de satisfazer ao desejo por carros baratos; os irmãos Lehman ofereceram um serviço de corretagem que os agricultores pobres sem dinheiro do Alabama precisavam muito. Qualquer que seja a necessidade, se ela puder ser preenchida de forma eficaz e eficiente, então duas coisas vão acontecer:

1. Os clientes ficarão satisfeitos.
2. A empresa terá lucro.

As empresas também podem — e, às vezes, devem — mudar seu propósito à medida que crescem e evoluem, ou à medida que o mercado muda. Em *Rejuvenating the Mature Business*, Charles Baden-Fuller e John Stopford argumentam como isso pode ser feito. Uma das principais tarefas é despertar um espírito empreendedor dentro da empresa. Desafiar seus membros, definir-lhes tarefas que os tirem de suas rotinas, que os faça enfrentar seus medos, que os desafie a olhar além de seus desejos e suas necessidades e considerar os desejos e as necessidades dos outros, e como satisfazê-los. Baden-Fuller e Stopford também falam que as empresas precisam olhar para fora de seus mundinhos estreitos, para aprender com o que está acontecendo em outros setores e até mesmo fora dos negócios.[15]

Oitenta anos antes, o engenheiro norte-americano Harrington Emerson argumentou o mesmo, pedindo aos líderes empresariais e gerentes que aprendessem com a ciência, a arte e a música. Ele afirmou que as três influências mais importantes sobre seu pensamento de gestão eram um criador de cavalos de corrida campeões, um topógrafo geológico e um maestro de música clássica.[16] Emerson também acreditava que todo negócio tem um propósito, uma meta a ser cumprida na sociedade.

Se a empresa permanece fiel às suas raízes, como a Tata ou a Apple, ou se reinventa periodicamente, como a Nokia, deve haver sempre um propósito. O objetivo é a âncora da folha da empresa, ele mantém as pessoas concentradas e as aproxima. É a fogueira em torno da qual as pessoas podem se reunir e cantar, a tigela de arroz comunal em que elas se encontram para comer e falar — escolha sua metáfora, considerando sua cultura. Sem propósito, as empresas navegam em egoísmo e corrupção.

Para um propósito firme, sugiro que quatro coisas sejam feitas. Mais uma vez, isso não é um guia passo a passo — essas quatro coisas se sobrepõem, e, muitas vezes, precisam ser feitas simultaneamente.

Definir claramente a finalidade. O que faz a firma? Qual o valor que os clientes querem e precisam? Lembre-se de que o valor real costuma ir muito além do produto ou serviço em si. A Ford vendia tanto carros como mobilidade pessoal. Os bancos, quando funcionam como deveriam, permitem nosso sistema financeiro e ajudam as empresas a negociar — olhem para o estado da economia norte-americana antes de os bancos se tornarem instituições estabelecidas, ou para o da Índia antes da independência, quando o sistema bancário era rigorosamente regulado e controlado pelos britânicos. As empresas de cosméticos não vendem batom e maquiagem, vendem prazer e autoestima. Pense nessas coisas, no que a empresa faz e por que o faz.

Isso não deve ser tarefa exclusiva dos líderes. Como vimos anteriormente, os funcionários tendem a se ressentir com o fato de lhes serem impostas coisas. Envolva todos na definição de propósito e descubra o que os outros acham que o propósito é. Os resultados podem surpreendê-lo.

Compartilhe o propósito com todos, clara e honestamente. O processo de definição e criação de propósito também pode ser usado para compartilhar o propósito em torno da organização. Isso é extremamente importante. Há muito cinismo nas declarações de missão, nos encontros e em outros métodos de partilha de objetivos, e deve-se dizer que muitas empresas se enganam nessas declarações. Não basta dizer "aqui está nossa missão, estes são nossos valores, agora avancem". Os funcionários, começando pelos executivos sêniores, devem estar preparados para viver esses valores. Seu comportamento deve mostrar que os valores são importantes. Além disso, a comunicação deve ser clara. Evite declarações vagas ou clichês ao definir o propósito da empresa; diga como ela é. E, acima de tudo, não minta.

Lembre-se de que o objetivo é uma viagem, não um destino. Algumas organizações — instituições de caridade criadas para lidar com as consequências de um determinado desastre, organizações de pesquisa que pretendem resolver um problema específico — têm um objetivo finito em mente, e, uma vez que esse é alcançado, elas saem do negócio. A maior parte do tempo isso não acontece. Mesmo que os produtos e os mercados mudem, as necessidades permanecem as mesmas. As pessoas tiram fotografias por diferentes razões e de formas diferentes das que tinham antes da era digital, mas continuam a tirar fotografias para se lembrarem de pessoas, lugares e eventos. E as necessidades não desaparecem.

Assim, em vez de ficar preso na falácia das metas, concentre-se em entregar o que os clientes precisam, dia após dia, semana após semana, ano após ano, a curto e longo prazo. Todos na empresa devem reconhecer isso e estar dispostos a fazer essa viagem sem fim.

Incentivar silenciosamente aqueles que não compartilham o propósito a procurar emprego em outro lugar. Eles serão mais felizes, assim como você e seus clientes.

Capítulo 11
A torre inclinada da academia

Os sete pecados da gerência não surgem do nada. As culturas empresariais desempenham um papel importante na criação dos ambientes em que eles podem florescer, mas as culturas também têm suas origens, e uma delas é a educação e a formação que as pessoas recebem, que lhes permite ter uma visão preconcebida do mundo.

O sistema de educação e formação empresarial tem um papel importante a desempenhar na superação do problema da incompetência de gestão. Infelizmente, esse mesmo sistema se tornou também parte do problema. Neste capítulo, quero tentar explicar por que o sistema parece ser incompreensível para algumas pessoas fora da academia. Algumas das coisas que precisam ser feitas para reformar a educação e a formação empresarial.

Mas a culpa não está inteiramente dentro do sistema. As empresas, especialmente no Ocidente, têm sido complacentes para com a educação. Elas parecem pensar que deve ser um bem gratuito, entregue a elas quando necessário. As empresas precisam repensar suas atitudes em relação à educação e à formação e estar preparadas para investir muito mais na educação em particular — não apenas dinheiro, mas também tempo, pensamento e colaboração. Os mundos dos negócios e da educação empresarial se sobrepõem muito pouco e com pouca frequência e. se queremos resolver o problema da incompetência e do fracasso de gestão, isso deve mudar.

Em primeiro lugar, recordemos a distinção entre formação e educação. O treinamento nos ensina como fazer as coisas, ou, parafraseando levemente o *Oxford English Dictionary*, leva-nos a um padrão desejado ou nível de eficiência. Aprendemos a realizar certas tarefas com um ótimo padrão. Muito do treinamento é linear —mostra-nos como fazer tarefas ou resolver problemas por meio de séries de rotinas definidas. Em geral, isso é necessário, mas significa que o treino tem seus limites. Podemos treinar alguém para operar uma máquina, conduzir um carro, preencher uma planilha, analisar um conjunto de contas. Não podemos treiná-los para fazer estratégia, ter visão, pensar de forma mais ampla e ponderada sobre o mundo, entender valores, cultura ou propósito. (Sim, sei que algumas empresas têm formação em valores. Ensinar as pessoas a recitar valores de cor é inútil, se elas não os *entendem*. Você também pode ensinar os valores para executar selos.)

A *educação*, por outro lado, tem a ver com a compreensão. O propósito da educação não é nos ajudar a aprender a *fazer* coisas, é aprender a *pensar* nas coisas. Ela amplia a mente, abrindo-a para novas formas de pensar, e nos faz ver o mundo de novas maneiras.

Isto é, naturalmente, contrário à visão popular estabelecida, e todos os anos ouço queixas de estudantes de MBA de que os programas em que estão envolvidos não são suficientemente práticos e não estão aprendendo competências suficientes. Todos os anos, dou a mesma resposta: o objetivo do MBA não é ensinar habilidades. Se quer habilidades, faça workshops, ou se inscreva para um MOOC, ou, pelo amor de Deus, leia um livro — pense em uma habilidade, e provavelmente há pelo menos meia dúzia de manuais esperando para ensiná-la. O objetivo do MBA não é ajudar você a se tornar mais qualificado; é revolucionar sua visão de mundo, ampliar e desafiar seus pensamentos, enviando-os de volta para o mundo real, mais capaz de compreender as forças e dinâmicas de economias, mercados e organizações. Aprender habilidades em um MBA? Mais vale tentar fazer torradas em um liquidificador.

Além de gerir o meu negócio, tenho ensinado alunos de MBA por mais ou menos vinte anos, e sou associado a escolas de negócios por mais tempo do que isso. Sou um grande admirador e respeitador das escolas de negócios. Acho que elas têm o potencial para uma grande força do bem no mundo. E sou apaixonado por MBA. Longe de estar desatualizado e irrelevante para os negócios modernos, como alguns críticos dizem, acredito que, adaptado e atualizado para atender às necessidades do século XXI, o MBA pode se tornar mais valioso do que nunca. No entanto, a realização desse potencial dependerá de (1) as escolas de negócios gerenciarem esse processo de adaptação e (2) as empresas mudarem seus pontos de vista sobre educação, enxergando a educação empresarial como realmente é.

Como as escolas de negócios se afastaram da luz

Para entender o problema, vamos voltar a como as escolas de negócios começaram. Instituições de formação, como a *scuole d'abaco* italiano medieval ou seus equivalentes indianos, as escolas de ábaco, ou as faculdades de contabilidade que surgiram nos Estados Unidos do século XIX e educaram astros empresariais tão diversos como Henry Heinz e Frederick Winslow Taylor, existem, como podem perceber, faz tempo. A primeira instituição que poderíamos reconhecer como uma escola de negócios no sentido moderno foi Hayleybury, a faculdade de formação estabelecida pela East India Company em 1805, onde, além de habilidades úteis, como idiomas e contabilidade, os gerentes estagiários também aprendiam filosofia e história indianas e tentaram entender um pouco melhor o país em que estavam prestes a trabalhar.

A École Superieur de Commerce, não ligada a nenhuma empresa e aberta a todos os estudantes qualificados, abriu suas portas em Paris, em 1819. Havia, então, uma longa distância até a Wharton School, na Pensilvânia, e o Haut Études Commerciales (HEC), em Paris, ambos fundados em 1881 e fortes até hoje. Em seguida, veio Leipzig

Commercial College, na Alemanha, e escolas de negócios nas universidades da Califórnia e de Chicago, em 1898, e, finalmente, a instituição que durante anos foi o carro-chefe do movimento das escolas de negócios, a Harvard Business School, em 1908.

A filosofia de Edwin Gay, decano fundador de Harvard, é particularmente relevante. Gay incluiu um elemento de habilidades em seu programa de estudos e convidou especialistas, incluindo Taylor, para dar palestras sobre eles. Mas ele acreditava que o propósito primário da escola de negócios era produzir graduados que estivessem aptos e prontos para administrar negócios. Os elementos mais importantes não eram habilidades, mas qualidades pessoais, como coragem, juízo e simpatia (simpatia no significado darwiniano, a habilidade de trabalhar com os outros e entendê-los; hoje também podemos chamar de empatia), estavam no topo de sua lista de características desejadas. A Harvard Business School de Gay também destacou a importância da pesquisa prática. Por exemplo, Paul Cherington e Melvin Copeland, que criaram o primeiro departamento de marketing lá, moldaram os princípios da economia para ajudar a explicar o funcionamento dos mercados.[1] Em Chicago, Walter Scott e seus colegas empregaram psicologia para ajudar a entender o comportamento do consumidor.[2]

As palavras-chave das duas últimas frases são *compreender* e *explicar*. Nem Cherington nem Scott forneceram conjuntos de ferramentas. Eles forneceram conhecimento — conhecimento prático da forma como o mundo funcionava. Os métodos que utilizaram para reunir conhecimento nem sempre foram científicos, nem suas descobertas foram de natureza particularmente científica. O maior estudo de pesquisa do período, os experimentos de Hawthorne nas décadas de 1920 e 1930 conduzidos pela equipe da Harvard Business School, mostrou erros metodológicos. No entanto, a verdade permanece: nenhum estudo isolado nos ensinou mais ou nos fez pensar mais profundamente sobre o trabalho do que os estudos de Hawthorne.[3] Daquela estufa de experimentos e pesquisas, saiu não apenas uma vasta gama de abordagens comportamentais do trabalho e da organização que persistem até hoje, mas também o início do movimento pela qualidade; Walter Shewhart,

W. Edwards Deming e Joseph Juran, os fundadores da gestão da qualidade, foram todos empregados com alguma capacidade nas obras de Hawthorne.[4]

No entanto, esses avanços e desenvolvimentos não impressionaram o mundo arcano e esnobe do ensino superior. As universidades britânicas se recusaram liminarmente a ter qualquer coisa a ver com escolas de negócios — a ideia de que as universidades deveriam sujar as mãos com o comércio era impensável. As universidades norte-americanas aturaram as escolas de negócios, mas as trataram como patinhos feios. A atitude de um graduado em direito de Harvard foi típica ao dizer a seu reitor que planejava ir para a escola de negócios fazer um MBA. "Você está prestes a se formar na maior instituição educacional do mundo", trovejou o reitor, "e agora você está indo para *aquele* lugar?".[5]

Após a Segunda Guerra Mundial, houve um forte esforço para "reformar" as escolas de negócios, começando nos Estados Unidos e se espalhando gradualmente pela Europa e pelo mundo. O relatório da Fundação Ford, de 1959, deu o tom. As escolas de negócios eram necessárias, como condição para que pudessem permanecer no clube universitário, para haver mais foco em pesquisa — pesquisa empírica, acadêmica, não o tipo de trabalho de campo de resolução de problemas em que se haviam especializado antes.

As duas palavras-chave agora eram "rigoroso" e "interdisciplinar". Essa última significou que a pesquisa da escola de negócios teve de abandonar sua antiga dependência de disciplinas como economia de negócios e psicologia e trazer influências da matemática, ciência da computação, física e sociologia.

"O que há de errado nisso?", você pode se perguntar. No curto prazo, nada. Não há dúvida de que a qualidade da pesquisa empresarial melhorou à medida que a influência de múltiplas perspectivas foi sendo introduzida. Mas, a longo prazo, houve duas consequências inesperadas. Primeiro, essa nova ideologia das escolas de negócios convenceu os acadêmicos de negócios de que eles estavam fazendo ciência. O termo "ciência da gestão" começou a ser difundido, e, na década de 1960, era comum que a gestão fosse uma ciência e pudesse ser estudada da mesma forma científica que outras disciplinas. Paradoxalmente, isso significa que a interdisciplinaridade foi espremida, porque, sendo a gestão uma ciência, podia recorrer a seu próprio corpo de conhecimento acumulado sem precisar de outros campos de estudo.[6]

A segunda consequência não intencional para as escolas de negócios foi que seu pessoal acadêmico começou a se identificar mais de perto com a universidade do que com constituintes, empresas e gestores originais. A maioria dos acadêmicos de negócios hoje se vê como acadêmicos, em primeiro lugar e acima de tudo. Cada vez menos acadêmicos de negócios têm muita experiência de trabalho em negócios, com o resultado de que alguns de seus trabalhos revelam uma impressionante falta de compreensão das culturas da vida real e política de negócios. Cada vez menos pessoas estão dispostas a participar em trabalhos de consultoria com empresas, o que pode lhes dar essa compreensão. A consultoria é uma distração de seu trabalho real, que é a investigação. Cada vez menos pessoas estão dispostas a publicar seu trabalho em revistas ou jornais que os gestores profissionais possam ler. Elas se concentram nas revistas acadêmicas que, como sugere um colega, apenas três pessoas e um cão realmente leem. Não importa. O que importa é o *status* de ser publicado nelas. Como um editor de revistas de negócios profissionais, acho cada vez mais comum que acadêmicos de negócios se recusem a publicar ou compartilhar suas ideias com pessoas de negócios — os outros acadêmicos são o único público que lhes interessa.

Esse onanismo intelectual,[7] juntamente com a incapacidade de envolver negócios em um nível prático, é uma das razões pelas quais o mundo dos negócios se tornou mais cético sobre escolas de negócios e educação empresarial nos últimos anos. As empresas menores são particularmente duvidosas, e chego a ouvir o velho clichê desesperado "a melhor educação vem da universidade da vida", sendo dito na volta do curso. As empresas não são as únicas que perderam de vista o propósito da educação — as escolas de negócios também.

As escolas de negócios, de fato, afastaram-se da luz. Elas estão vivendo na caverna de Platão, estudando as sombras na parede e escrevendo sobre elas, depois passando os papéis uns aos outros. Acredito sinceramente que chegamos a um ponto em que alguns acadêmicos e algumas escolas de negócios têm medo da realidade da luz do dia. Eles precisam encontrar, em algum lugar, a coragem para sair da caverna e voltar para o mundo real. Mudando de metáforas, acredito que "de volta ao futuro" é o caminho certo. As escolas de negócios, assim como as próprias empresas, precisam voltar atrás e olhar para as razões pelas quais foram fundadas em primeiro lugar. As escolas de negócios devem redescobrir seu próprio sentido de propósito se quiserem ajudar as empresas a manter o seu.

A fragmentação do pensamento gerencial
Outro efeito da cientização da gestão, que vem ocorrendo desde 1959, é a fragmentação gradual do pensamento gerencial em diferentes subdisciplinas. Isso é bom em um nível, pois permite que as pessoas se concentrem em um aspecto do negócio, estudando-o em toda a sua extensão. Os problemas começam quando chega à altura de recombinar esses subcampos fraturados em um todo coerente. Aqui, as escolas de negócios lutam. Todas as escolas de negócios com as quais já estive envolvido ou que observei tiveram de lidar com o problema da gestão holística. A gestão geral, outrora um pilar dos currículos das escolas de negócios, raramente é ensinada hoje em dia.

E, no entanto, o sucesso nos negócios depende de um núcleo forte de gestores que podem gerenciar, pensar em todas as disciplinas e ver o negócio como um todo coerente. Mas de onde vêm esses gerentes?

Não das indústrias de treinamento, coaching e consultoria, que compraram a fragmentação da gestão e a aumentaram em uma ordem de grandeza. Elas também compraram fortemente as ideias de pensamento linear, de abordagens passo a passo para mudar a gestão e de papéis bem definidos. No capítulo anterior, aludi à separação entre liderança e gestão. Isso tem suas origens na academia, em particular no trabalho de John Kotter e do falecido Warren Bennis, ambos amplamente lidos e respeitados.[8] O dano foi causado por uma geração de consultores de liderança que adotaram as ideias deles sem crítica e com valor nominal, e convenceram duas gerações de jovens de que eles deveriam, como meu aluno disse, pensar em si mesmos como líderes ou gerentes, mas não ambos.

Deus nos livre de que alguém tenha de desempenhar dois papéis ao mesmo tempo! Mas é exatamente isso que a gestão exige, uma e outra vez, dia após dia. Em *The Nature of Managerial Work*, Henry Mintzberg mostra como os gerentes têm de mudar de papéis rapidamente ou adotar mais de um papel como rotina. Mas a maioria dos formadores e consultores é capaz ou está preparada para ensinar apenas um papel, ou um conjunto bastante restrito de papéis. Ela se baseia em métricas e ferramentas (para ser justo, é isso que seus clientes frequentemente esperam), reforçando, assim, a crença de que a gestão é uma ciência, e, como Taylor, há um século ou mais, dividem a gestão em pequenas partes constituintes das quais eles são especialistas.

O resultado, muitas vezes, é confusão, erro, desordem e atraso. Consultores especialistas aparecem e desaparecem ao acaso. Seus conselhos, bem-intencionados e perfeitamente válidos de seu próprio ponto de vista, são contraditórios e confusos. Por vezes, deixam as empresas em pior situação do que quando chegaram.

Alguns colegas e amigos meus são coaches e consultores. Eu mesmo, no meu tempo, tendi para o coaching e para a consultoria. Conheço o valor que podem trazer. Conheço o efeito transformador que os bons podem ter, em um espaço de tempo muito curto. Mas consultores e coaches também devem ter cuidado com os sete pecados da gestão, especialmente o pensamento linear e de curto prazo, e também devem ter um propósito: a melhoria da gestão como um todo.

Os melhores consultores e coaches que conheço não fazem isso por dinheiro. São missionários, fanáticos que acreditam, como eu, que a gestão pode ser uma força para o bem no mundo e que é dever daqueles que podem ajudar a melhorá-la — e, para que, por sua vez, a gestão possa fazer do mundo um lugar melhor. Querem identificar as fontes de incompetência e erradicá-las. Cabe agora a essa ponta de lança dos idealistas começar a arrastar consigo o resto de suas profissões. Consultores e coaches, como escolas de negócios, devem começar a usar sua influência e seu conhecimento como forças para o bem.

Os peritos revelam mesmo a verdade?

E, é claro, as empresas têm desempenhado seu próprio papel na desconexão atual do que é oferecido e do que é necessário. Para começar, é tempo de as empresas pararem de considerar o sistema educacional como não sendo mais do que um dispositivo para fornecer gerentes e trabalhadores brilhantes e recém-formados que podem se estabelecer imediatamente em seus empregos, com todas as habilidades que requerem perfeitamente aperfeiçoadas. Como disse antes, a educação não funciona assim.

Além disso, mesmo que pudéssemos desenvolver um sistema que formasse gerentes carimbados, há uma centena de razões pelas quais não deveríamos. No topo da lista, está o fato de cada empresa ser única, e cada situação também. As empresas precisam de gestores que possam se adaptar às situações, que possam pensar fora dos parâmetros normais e que possam tirar partido da experiência e das redes para resolver problemas de forma criativa. Produzir gerentes assim é uma questão de construção personalizada, não de produção em massa.

Mary Parker Follett começa seu grande livro *Creative Experience* fazendo uma pergunta intrigante: os especialistas realmente revelam a verdade?[9] Muitas vezes, são tratados assim, como gurus que dispensam a sabedoria que vem de cima. A opinião de que, por contratar um consultor caro, você tem de concordar com o que ele diz é, ao mesmo tempo, persistente e errônea. Igualmente errônea é a opinião de que todos os professores de escolas de negócios sabem do que estão falando. Sou professor em uma escola de negócios. CQD.

O ponto de Follett é que as próprias pessoas, muitas vezes, sabem o que é certo melhor do que qualquer especialista externo. Elas, às vezes, precisam de ajuda para identificar e compreender completamente a verdade que já sabem, que já está lá. Sempre admirei palestrantes e consultores que acreditam que seu principal objetivo é ajudar as pessoas a desbloquear o que já sabem, em vez de forçar novos e possivelmente irrelevantes conhecimentos sobre elas. As empresas podem fazer o mesmo. Pesquise em torno do negócio, olhando como Nonaka e Takeuchi aconselham, tanto para o conhecimento explícito quanto tácito. Descubra o que já sabe, o que nosso pessoal sabe, e crie a cultura de partilha do conhecimento sobre a qual discutimos no Capítulo 5.

Descobrir o que sabemos nos permite também identificar as lacunas em nosso conhecimento, o que não sabemos. Uma vez localizadas as lacunas do conhecimento e compreendidas sua natureza, só então devemos recorrer ao mundo exterior para pedir ajuda. Saber o que não sabemos deve também nos permitir escolher o tipo certo de provedor. Se precisarmos de conjuntos de habilidades específicas, bom: podemos procurar consultores de treinamento especializados que forneçam essas habilidades dentro do contexto do negócio maior. Se, por outro lado, precisamos de pessoas com conhecimentos mais holísticos, pessoas que possam desenvolver estratégia e visão e, sim, propósito, então é aí que entram as escolas de negócios. A formação de alto nível que proporcionam dará acesso a redes de conhecimento — não de competências, lembrem-se, mas de conhecimentos — que lhe permitirão alargar seus próprios horizontes.

Não é difícil. Descubra o que precisa e depois procure o que precisa. Pare de esperar que as escolas de negócios entreguem gestores clonados. Pare de esperar que os programas de MBA transformem gestores jovens e inexperientes em pessoas que podem andar sobre a água. Comece a se envolver com o sistema educacional e a fazer com que ele funcione para você, em vez de reclamar de ele não fazer o que você quer.

Inerentemente irritado
Em uma entrevista na *Business Strategy Review*, publicada em outubro de 2014, o guru empresarial Gary Hamel delineou sua visão sobre o futuro da pesquisa de negócios — e, para minha maneira de pensar, ela se parecia muito com a pesquisa de negócios em sua forma original. Hamel pediu um engajamento mais ativo nos negócios, citando a Harvard Business School e as experiências de Hawthorne, e também pediu uma abordagem mais experimental para a pesquisa com mais heurística, mais tentativa e erro. Também pediu que os pesquisadores estivessem dispostos a correr riscos e que se preocupassem com o que estavam pesquisando.

"Você tem que estar inerentemente irritado", disse Hamel, "tem que estar *au contraire* e desafiar o que existe. O treino acadêmico clássico o transforma em um tipo de pessoa que toma decisões intelectuais. Está lendo o que disseram antes, está construindo sobre essas teorias, em vez de ser um violador de regras intelectual".[10]

Concordo, mas gostaria de alargar esse ponto de vista para além da mera investigação e aplicá-lo a todo o objetivo das escolas de gestão, bem como à formação, ao acompanhamento e à consultoria. Aos conferencistas, formadores e outras pessoas envolvidas nesse campo de ação, eu diria: fiquem inerentemente aborrecidos! Encontre algo errado com a gestão moderna e, em seguida, tente consertá-lo. Trabalhe com a empresa para identificar o problema, encontrar a solução e depois passá-la para o maior número possível de pessoas. Não se freie. Não se isole. Não pense que o número de artigos que você publica ou o número de clientes que tem é sinônimo de sucesso, porque não é.

Acrescentarei ainda que, para os acadêmicos do mundo empresarial, a aproximação às empresas não é um bom negócio; é um dever. Desde 2008, o coro de vozes perguntando para que servem as escolas de negócios e se a educação empresarial realmente justifica o investimento está crescendo. Está na hora das escolas de negócios se levantarem e responderem positivamente a essas perguntas. John Davis nos lembra que, quando a sociedade se cansa de uma instituição, ela se desfaz. Se as escolas de negócios não puderem justificar sua existência, mais cedo ou mais tarde vão desaparecer.

A torre da academia está inclinada, mas ainda há tempo para evitar a queda.

Do outro lado da moeda, você colhe o que planta. As empresas não devem continuar esperando ser alimentadas passivamente pelo conhecimento das escolas de negócios e dos estabelecimentos de formação. Elas precisam se envolver, não apenas por meio de doações e apoio monetário, mas também contribuindo com recursos intelectuais. Abra suas portas para os alunos e os deixe entrar e ver como é a gestão na vida real. Envie seus gerentes para escolas de negócios, não apenas como estudantes, mas como palestrantes e apresentadores de estudos de caso. Vá e ensine os professores. Sei que, no processo, as empresas e os gestores também vão aprender. Em vinte anos, nunca estive em frente a uma sala de aula de estudantes de pós-graduação sem aprender pelo menos uma coisa com eles.

A resolução do problema da incompetência e do insucesso da gestão exige vivamente que as empresas e os educadores trabalhem em conjunto. Os educadores fornecem a matéria-prima, que irá produzir os gestores e líderes do futuro. As empresas sabem melhor do que ninguém o que precisam, quando e onde. Uma parceria entre os dois poderia criar uma nova geração de gestores cheios da paixão necessária, propósito e aborrecimento inerente para fazer as coisas acontecerem.

Vamos pelo menos tentar. Mesmo que falhemos, é possível piorar as coisas?

Capítulo 12
Ao meio-dia no jardim
do bem e do mal

Vários anos atrás, entrevistei um dos maiores homens de negócios da Índia, R.K. Krishna Kumar, então chefe da Tata Tea (agora Tata Beverages). Eu estava pesquisando para um livro sobre a marca corporativa Tata e perguntei o que ele achava que eram os principais atributos da marca. Estava confiante de que o ouviria dizer coisas como "confiança", "responsabilidade" e "serviço". Em vez disso, ele assentiu levemente e me olhou nos olhos. "Isto não é uma história de marca", disse ele. "É uma história sobre o bem e o mal."

Fiquei, para dizer de forma suave, atordoado. Eu havia entrevistado vários CEOs e presidentes de grandes corporações até aquele momento, e nunca tinha ouvido nenhum deles falar assim. Fiz uma pergunta sobre *branding*. Sua resposta nos levou ao reino da metafísica. Eu também estava, admito, desconfortável. "Bem" e "mal" são palavras emotivas. Foi mesmo apropriado estarmos falando sobre elas em um contexto de negócios?

Quanto mais eu pensava nisso, mais eu percebia que ele estava certo e eu, errado. O negócio não é uma atividade neutra em termos de valor. Não importa o que façamos na gestão, tocamos a vida dos outros: das pessoas que trabalham para nós, das pessoas nas comunidades que servimos, das pessoas que possuem negócios e nos confiam sua gestão. Como gestores, temos poder e autoridade sobre outras pessoas. Temos uma escolha: podemos usar esse poder e autoridade sabiamente e para o benefício dos outros, ou podemos usá-lo mal, ou de forma errada ou egoísta, para nosso benefício. Essa escolha me parece óbvia. Se você não gosta do bem e do mal, escolha outros termos menos emotivos — eles servem para mim.

Eu disse na introdução deste livro que acredito que a gestão é uma força para o bem no mundo. Assim é, desde que os gerentes acreditem que é e ajam de acordo. Neste capítulo, também listei algumas das consequências negativas da má gestão. Mas considere alguns dos poderosos aspectos positivos de uma boa gestão: melhores cuidados de saúde e medicamentos que conduzam a períodos de vida mais longos; comunicações rápidas, permitindo-nos explorar as redes mundiais de qualquer lugar e toda a partilha de conhecimentos e ideias que daí resultou; formas de energia alternativa que melhoram constantemente e que são boas para o ambiente, baixando os preços da energia; um nível de vida mais elevado para centenas de milhões, mesmo milhares de milhões de pessoas em todo o mundo; bens e serviços, que não só melhoram as condições físicas de vida, mas também aumentam a autoestima e a confiança e fazem as pessoas felizes. Tudo isso e muito mais acontece por causa da boa gestão.

Como? Os gerentes não fazem coisas, não ficam em laboratórios e inventam, ou constroem, ou cultivam coisas. Não. Eles tornam possível que outras pessoas façam essas coisas, de forma eficiente e eficaz, e depois constroem a arquitetura das cadeias de valor que trazem bens e serviços para o mercado no qual as pessoas que deles necessitam podem ter acesso a elas. Se quiser definir o gerenciamento em uma única palavra, tente: *facilitação*. Os gerentes tornam possível que outras pessoas façam o que querem, o que devem. Em termos econômicos, os gestores reúnem os criadores e os compradores e tornam possível a realização de trocas. Em termos puramente humanos, permitem que as pessoas façam coisas que as tornam felizes e realizadas, seja quando consomem ou produzem, ou ambos.

Na década de 1970, Robert Greenleaf elucidou os princípios da "liderança servidora", a noção de que os líderes são servidores das organizações que lideram, não dos mestres.[1] O dever do líder é permitir que o resto da organização faça o que precisa ser feito para cumprir seu propósito. No pensamento de Greenleaf, os líderes se submetem à organização e colocam as necessidades da empresa acima das deles. Se aceitarem minha opinião, reconhecidamente positiva, de que os gestores também lideram, então essa opinião pode ser aplicada rapidamente aos cargos de gestão.

E, de fato, não faz sentido? Por que outra razão é que nós, como gestores, temos autoridade sobre outras pessoas? Para usá-las como nossos brinquedos? Escravizá-las em nosso serviço e levá-las a nos ajudar a alcançar nossos objetivos, à custa dos delas? Ambas as coisas acontecem, é claro, como já vimos, mas a visão é moralmente justificada no mundo moderno? Então, se aceitamos que não devemos usar outras pessoas para nossos próprios fins, segue-se logicamente que nos é dada autoridade para que possamos ajudá-las a fazer o que precisam fazer, se a organização alcançar seus objetivos. Estamos lá para trabalhar para elas, não para elas trabalharem para nós.

Eu disse anteriormente que os gerentes e líderes não fazem coisas. Não, eles fazem as coisas *acontecerem*.

Uma vez que você está preparado para aceitar essa premissa (que eu admito que poderia levar algum tempo para digerir), a próxima pergunta é: como podemos conciliar essa postura de serviço servidor/líder/gerente com o orgulho natural e a ambição que qualquer gerente verdadeiro terá? Esse orgulho e essa ambição, como vimos no Capítulo 4, transformam-se em arrogância com facilidade, especialmente depois de termos tido um ou dois sucessos. No mesmo capítulo, sugeri que orgulho e humildade precisam um do outro; orgulho sem humildade é o que faz a arrogância acontecer, enquanto humildade sem orgulho leva à infelicidade e perda de confiança.

O equilíbrio entre orgulho e humildade é estreito, afiado como o fio da navalha, e muitos caem dele de um lado ou do outro. A chave para manter o equilíbrio é o constante autoexame e lembrete. Lembre-se do que fez no passado, dos sucessos e dos erros. Nunca se esqueça desses — eles são a âncora de sua humildade e uma fonte inesgotável de aprendizado para fazer melhor e melhorar. Trabalhar nesses erros e eliminá-los, e, no mínimo, tentar não cometer os mesmos erros duas vezes (muito, muito mais fácil dizer do que fazer). Não fique abatido por seus fracassos, mas não se deixe levar pelos sucessos também. Rudyard Kipling tinha razão:

> Se encontrar com o Triunfo e o Desastre
> E tratar esses dois impostores da mesma forma...

E o que é verdade para os indivíduos é verdade para as empresas. A criação de uma cultura de humildade é um remédio soberano contra o foco egocêntrico e a arrogância. E como se cria tal cultura? Relembrando as pessoas do propósito. Por que estão aqui? Por que vêm trabalhar? O que esperam alcançar? Não importa se você está trabalhando em um laboratório ou em uma mina, em uma sala de reuniões ou em uma estação de tratamento de esgoto. Há um objetivo e, se você lembrar os funcionários disso de forma que faça sentido para eles, a maioria responderá. Os outros precisam ir.

Também abordamos o "pecado" da ignorância, das pessoas que simplesmente não estão à altura do trabalho, ou então, por uma razão ou outra, nunca tiveram as competências mentais e o equipamento de que necessitavam. Essa é uma área na qual a formação e a educação podem desempenhar um papel importante, mas, ao mesmo tempo, a empresa também precisa se tornar melhor na gestão do conhecimento e na criação de uma cultura onde o conhecimento é valorizado e partilhado. Há várias razões para isso. Em primeiro lugar, sem isso, muito do conhecimento acumulado pelos gestores individuais por meio da formação e da educação ficará com eles e não será partilhado. E, se esses gestores saírem, esse conhecimento será inteiramente perdido. Uma das vantagens adicionais para a educação em particular é que o conhecimento pode ser espalhado em torno da organização — um graduado de MBA pode compartilhar conhecimento com cinco, dez, doze, vinte outros e melhorar sua eficácia também.

Segundo, o conhecimento nos ajuda a fugir de uma série de pecados, não apenas da ignorância, mas também do pensamento linear e do curto prazo. Quanto mais sabemos sobre o mundo ao nosso redor, mais provável é que possamos sair das rotinas dependentes do caminho e passar para algo novo.

E, terceiro, há uma razão moral. Repetindo: como gestores, temos poder e autoridade sobre outras pessoas. Mas que direito temos nós de dirigir seus esforços ou lhes dar ordens se soubermos menos do que eles? Há alguma figura mais lamentável ou desprezada, em qualquer caminhada da vida, do que um ignorante superior?

Há, naturalmente, uma forte ligação entre nosso segundo pecado, a ignorância, e o terceiro, o medo. O conhecimento, muitas vezes, traz confiança, mas a natureza humana é tal que a maioria de nós tem medo da incerteza. O medo nos faz recuar. Se a arrogância nos leva a assumir riscos demais, o medo nos leva a assumir muito poucos, e sabemos que o risco é uma parte essencial do negócio. O medo aperta e bloqueia nosso apetite por risco, o que, por sua vez, impede a empresa de atingir seu objetivo.

Coragem é um dos primeiros atributos de um gerente. A primeira definição de competências de gestão, de São Bernardino de Siena, no início do século XV, enumerava a vontade de aceitar a responsabilidade e a capacidade de assumir responsabilidades e a vontade de aceitar e assumir riscos como duas das quatro qualidades que cada gestor deve ter (as outras eram que os gestores devem ser eficientes e estar dispostos a trabalhar arduamente).[2] A maioria dos trabalhos sobre competência gerencial e de liderança até os dias de hoje tem enfatizado a necessidade de coragem de alguma forma. Os gerentes precisam de coragem para defender o que é certo e questionar o que acreditam ser más decisões; precisam de coragem para manter seu propósito quando a economia se torna difícil, e eles precisam de ainda mais coragem para iniciar programas de mudança quando essa é necessária. Eles precisam de coragem para dizer a verdade e não se deixarem esconder atrás de falsas crenças, nem de seus colegas. Por vezes, têm de estar preparados para serem as pessoas mais impopulares da sala. A ganância, por outro lado, deriva, por vezes, da falta de medo. Empresas como o Lehman Brothers não têm medo o suficiente quando talvez devessem ter. O principal problema com a ganância, porém, é que ela toma conta e elimina a ideia de propósito. Quando as empresas começam a pensar que seu único objetivo é ganhar dinheiro — como aconteceu no Lehman Brothers —, elas perdem seu núcleo moral central. A ganância prejudica a empresa, porque afasta a atenção das pessoas que mais importam e concentra a atenção na empresa e em seus gestores.

É importante definir os valores de uma cultura empresarial desde o início e garantir que esses valores consagrem o princípio de que o lucro e o crescimento são subprodutos de bons negócios e não acabam em si mesmos — ou, como Confúcio disse uma vez a um de seus seguidores, "a virtude é a raiz e a riqueza é apenas seu resultado". Sirva os clientes bem e de modo eficaz e você vai ganhar dinheiro. Deixe-se levar pelos falsos deuses do lucro e crescimento sempre crescentes e, como o Lehman Brothers, você vai se exceder e quebrar.

A luxúria pelo poder e pelo império e a dominação sobre os outros, incluindo a dominação sexual, prejudicam as empresas da mesma forma que a ganância, desviando a atenção das coisas mais importantes. Substituir culturas de dominação egoísta por culturas onde a autocontenção está na ordem do dia é essencial para reduzir o risco de fracasso. Nessa área em particular, os líderes precisam dar o exemplo. Eles devem ter padrões pelos quais vivem, antes de esperar que seus seguidores o sigam. Não é bom ter uma política rígida exigindo que os funcionários não digam ou façam algo que prejudique a empresa no Facebook, se seu próprio perfil estiver cheio de imagens que acha divertidas, mas que vão horrorizar o resto do mundo (deixo isso a sua própria imaginação para decidir o que tais imagens podem ser...).

Mencionamos como o pensamento linear é, em parte, resultado da falta de conhecimento, mas também está ligado à cientificação da gestão e ao insalubre anseio por precisão. A fragmentação do conhecimento e a crescente especialização criaram um efeito de silo, mas também conduziram a uma situação em que o pensamento linear é dominante e qualquer coisa que não seja linear e que não possa ser decomposta em passos é classificada como "intuição" ou "adivinhação" (no pensamento moderno de gestão, os dois são erroneamente vistos como equivalentes). A resposta é o pensamento holístico, vendo as organizações como integrais e uma vontade de olhar para fora da estrutura da empresa e de seu entorno imediato, para qualquer fonte de aprendizagem. Cuidado com o ponto de vista que diz que nossa própria indústria, ou nosso próprio tempo e lugar, ou nossas próprias circunstâncias são completamente diferentes de qualquer outra coisa em qualquer outro lugar, ou de qualquer coisa que tenha acontecido antes. Não importa para onde olhe, não importa com quem fale, há sempre algo a aprender. O pensamento holístico amplo deve complementar o pensamento linear, não o substituir. Assim como o pensamento de longo prazo deve existir ao lado de uma perspectiva de curto prazo, não o suplantando.

Já me debrucei o suficiente — tempo demais, alguns vão dizer — sobre a necessidade de uma finalidade. Farei apenas duas observações finais sobre o assunto. O propósito expressa a razão central pela qual um negócio existe; se você não sabe qual é o propósito do negócio, então descubra o mais rápido possível, e então viva com o que aprendeu.

E, se você não conseguir encontrar um propósito ou não acreditar que as empresas têm propósitos, saia do negócio. Faça isso agora. Desista. Vá e faça outra coisa, qualquer coisa, e deixe seu lugar ser preenchido por alguém que o deseja. Se você não acredita no propósito e tem um trabalho de gestão com poder e autoridade sobre outras pessoas, se seu único propósito em ser gerente é ter um trabalho confortável e enriquecer, então você é perigoso para as outras pessoas e para si mesmo. Mais cedo ou mais tarde, sua falta de moral vai arrastá-lo para baixo, e provavelmente eles também. Saia, agora.

Então, quais são as chaves para o sucesso da gestão? O Quadro 12.1 as descreve: humildade, conhecimento, coragem moral, foco no propósito, contenção e pensamento amplo. Essas não são ferramentas; você não pode aprender essas coisas como passos de um manual de treinamento. Elas vêm da educação, experiência e inteligência. Precisam ser cultivadas, como Kenichi Ohmae disse sobre estratégia, como hábitos da mente.

Quadro 12.1 Respostas aos sete pecados da gestão

Pecado	Resposta
Arrogância	Humildade. Lembre-se de que os outros importam mais do que você. Lembre-se de que você e sua empresa não são perfeitos, e que podem falhar. Use esse conhecimento para restringir seu julgamento e tomar decisões sensatas que são boas para todos, não apenas para você mesmo.
Ignorância	Conhecimento. Crie uma cultura onde o conhecimento é valorizado e partilhado. Use-o como base e escudo para construir força e resiliência no negócio.
Medo	Coragem. Aceite que o risco é inevitável e ajude os outros a aceitar também. Transforme fraquezas em pontos fortes, ajude as pessoas e a empresa como um todo a confrontar seus medos e a lidar com eles. Às vezes, por causa do risco e do medo, surge a grandeza.
Ganância	Lembre-se por que o negócio existe. Não confunda lucro e crescimento com metas. Lembre-se do verdadeiro propósito e cresça apenas onde for bom para o negócio. O lucro é um subproduto do que você faz, não um resultado final.

Luxúria	Contenção. O autocontrole é uma coisa muito útil. Certifique-se de que as pessoas saibam o que o conceito significa. Dê um exemplo dos padrões que deseja que as pessoas sigam. Desenvolva uma cultura de respeito aos outros, não uma cultura em que a dominação dos outros seja vista como normal e desejável. Esmague blocos de poder e unifique a organização em torno de seu propósito central.
Pensamento linear	Pensamento amplo. Apresente várias maneiras de pensar e incentivar a visão de que há muitos modos de resolver um problema. Reduza ou elimine a dependência de metas e objetivos numéricos e incentive uma cultura de realização. Aprenda com o maior número possível de fontes e incentive o pensamento diversificado. A lógica linear e o curto prazo não devem ser descartados, mas devem ser complementados por outros modelos mentais diferentes. Enriqueça sua armadura mental com todas as ferramentas que puder encontrar. Nunca leia seus slides de PowerPoint em uma apresentação.
Falta de propósito	Redescubra o propósito, ou crie um novo. De qualquer forma, devolva ao negócio seu núcleo moral e o ajude a redescobrir por que ele existe e o que deve fazer. Convença os gerentes a pensar mais sobre o negócio e menos sobre si mesmos. Leve integridade, honestidade e honra de volta à cultura empresarial.

Como fazer isso? Em primeiro lugar, pensando nessas coisas e em sua importância, o tempo todo, lembrando-se de como é necessária uma vigilância constante para evitar que os sete pecados da gestão delas se apoderem. Vimos em capítulos anteriores como eles se enraízam facilmente, muitas vezes com as pessoas notando quando é tarde demais. Encoraje um grau de introspecção, de pensamento e revisão crítica da organização e do que ela está fazendo e para onde está indo. Outro paradoxo: certa quantidade de foco interno é necessária para o foco externo. Temos de pensar em nós mesmos e em nossas capacidades para podermos servir eficazmente os outros.

Em segundo lugar, de todos os fatores-chave, o propósito é o mais importante. Lembre-se do propósito e lembre aos outros. Desde que você tenha o propósito em mente e aja de acordo; todo o resto virá em seguida.

E, finalmente, lembre-se sempre deste ponto: a gestão não é sobre você. É sobre outras pessoas. Trata-se de ajudar os clientes a satisfazerem a suas necessidades, permitindo que os trabalhadores façam melhor seu trabalho, proporcionando valor aos investidores, tratando os fornecedores com dignidade e integrando-os no espírito da sociedade, em todas as coisas, o tempo todo. Em nenhum momento no berço de relacionamentos, você, o gerente, é a pessoa mais importante. Você é o líder, e o servo.

Então, é só isso? Tudo o que você tem de fazer é ser humilde, conhecedor, corajoso, autocontrolado, um pensador amplo que se lembra para que serve o negócio, e o sucesso virá? Bem, não. Muitas coisas ainda podem dar errado, e a sorte ainda conta. E lembre-se: a questão-chave aqui não são os indivíduos, mas as culturas. Mesmo que você tenha todas as qualidades acima, ainda pode ser arrastado para baixo por uma cultura hostil. Então, além de cultivar seus pontos fortes, esforce-se para construir uma cultura que tenha todas essas características. Se puder fazer isso, terá uma cultura forte e resiliente, que deverá ser à prova de tudo o que a sorte lhe possa lançar. Há força nos números. Sozinhos, somos fracos. Juntos, acreditando no negócio como uma força para o bem, somos muito fortes.

Gritando com cães imaginários

Um dos personagens mais memoráveis de *Midnight in the Garden of Good and Evil*, de John Berendt, um estudo de personagem ambientado na cidade norte-americana de Savannah, é William Simon Glover, que anda pelas ruas todos os dias gritando com um cão imaginário. Anos antes, um amigo morreu e deixou para Glover um legado de dez dólares por semana, desde que ele passeasse com o cão do amigo. O cão morreu há algum tempo, mas Glover continua andando por Savannah, chamando o cão. Ao fazê-lo, convenceu um juiz de que acredita que o cão ainda está vivo. Isso, por sua vez, permite-lhe continuar a receber o legado. Naturalmente, é apenas uma questão de tempo até que outro juiz analise a questão e ordene que o pagamento seja interrompido. Entretanto, Glover recolhe o máximo de dinheiro possível.

Glover, como a maioria dos personagens do livro de Berendt, vive em um mundo irreal de criação própria, um mundo que gira em torno de si mesmo. Seu egoísmo é tão absoluto que ele está preparado para trair até mesmo a memória do amigo morto. Pensei em Glover enquanto lia a prévia de uma nova temporada de *O Aprendiz*, um programa de televisão que representa praticamente tudo o que eu odeio nos negócios modernos. A cultura de *O Aprendiz* trai em algum momento todos os sete pecados da administração: a arrogância, é claro, a ignorância até mesmo de uma subposição básica do que é a administração, o medo do fracasso, a ganância pelo sucesso, a cobiça pelo controle, o pensamento linear nos exercícios passo a passo que os competidores recebem e, acima de tudo, uma completa falta de compreensão de qualquer propósito nos negócios, exceto para ganhar dinheiro.

Como os personagens do livro de Berendt, os concorrentes de *O Aprendiz* vivem em um mundo irreal. Seus esforços para construir negócios são como gritar com cães imaginários. Eles são, em última análise, de curto prazo, sem sentido e inúteis. Também são emblemáticos de muito do que está errado na cultura de gestão moderna. Repito: acredito na gestão como uma força para o bem no mundo. Acho — espero — que a maioria dos gerentes ainda concorde comigo. Mas temos estado em um longo e lento deslizamento por algum tempo, longe de uma crença com propósito e valor no ceticismo e no cinismo. Meu medo é que um dia vamos acordar e descobrir que toda a classe gerencial parou de se preocupar. Eles só estão ali por si mesmos e pelo que podem conseguir. Não estão administrando com propósito, são concorrentes de algum tipo de prêmio ilusório em um mundo de faz de conta. Não estão gerindo nada de real, estão gritando com cães imaginários.

A sociedade criou negócios e gerentes porque precisava deles, disse John Davis. Quando a sociedade deixar de querer essas instituições ou se cansar delas, vai destruí-las. Não acredita em mim? O que aconteceu à indústria do tabaco nos últimos quarenta anos? O tabaco já foi visto como um produto benéfico. Agora está — perdoe o trocadilho — debaixo de uma nuvem. As empresas de tabaco se consolidaram, fundiram-se ou desapareceram. A sociedade já não os quer. Está jogando-os fora.

E, por vezes, vai para além de indústrias específicas. Às vezes, como na Rússia depois de 1918 e na China depois de 1949, abole o próprio princípio do livre comércio e nacionaliza tudo. Os gerentes, então, se tornaram meros administradores, fantoches nas cordas da economia planificada, sem outro propósito que não fosse o de entregar cotas. Todo o bem que a gerência podia oferecer desapareceu. Por quê? Porque a sociedade considerava que, em geral, o negócio e a gestão estavam fazendo mais mal do que bem. Não importa se esse ponto de vista estava certo — foi o ponto de vista que prevaleceu.

Não estamos no ponto em que a sociedade está pronta para se revoltar contra o negócio, não ainda, mas houve alguns momentos desagradáveis depois de 2008. Aproximamo-nos de manifestações antinegócios em grande escala do que a maioria de nós gostaria de admitir. A quebra do Lehman Brothers fez mais do que apenas perder postos de trabalho em Nova York, abalou a fé da cidade. Se até mesmo uma instituição confiável e reverenciada como essa pôde ser mostrada apodrecida até o fundo, como seriam os demais? A veemência da opinião pública de ambos os lados do Atlântico, que saudou o escândalo do hackeamento de telefones, é mais uma palha no vento. Não me interpretem mal, Rupert Murdoch e seus gerentes mereceram o pelourinho que receberam, mas há o perigo de que o público comece a ver todas as empresas como sendo iguais.

Existe agora um ar de desconfiança e ceticismo, inclusive dentro do próprio negócio. Uma pesquisa, em 2010, sugeriu que menos de um terço das pessoas que trabalham no setor bancário acreditava que os bancos eram confiáveis. Sondagens mais recentes mostraram que também não confiamos nos nossos políticos, nem nos jornalistas que supostamente devem responsabilizá-los. Um humor desagradável está se acumulando, e algum dia, na próxima década, haverá uma chamada séria à responsabilidade de nossos líderes e gerentes em muitas esferas, incluindo negócios. As condições para criar tal fechamento já existem — só falta uma causa.

O despertar do propósito moral na gestão e a consequente eliminação dos sete pecados mortais precisa visar mais do que apenas a prevenção dos fracassos empresariais, embora isso fosse um bom começo. Deveria ter como um de seus objetivos a reconstrução da confiança do público nas empresas, o despertar de um sentimento de que a gestão é uma perseguição moral e de que está do lado certo na luta pelo bem e pelo mal. Na verdade, não me preocupa tanto a opinião pública, como a crescente convicção entre os próprios gestores de que a gestão já não é uma força positiva. A podridão, a escavação do núcleo moral, está começando.

Não estamos em perigo real, ainda não. Mas o tempo está passando.

O primeiro dever de gestão

Qual é o primeiro dever da gestão? Não fazer lucros, ou aumentar a cota de mercado, ou aumentar o preço das ações, ou gerar valor para os acionistas, ou ser promovido, ou enriquecer.

Isso não quer dizer que essas coisas sejam proibidas. Pelo contrário, são absolutamente admissíveis e louváveis, desde que se obedeça à primeira regra da gestão, que é: "Tornar o mundo um lugar um pouco melhor do que quando o encontrou."

Não o mundo inteiro, ou mesmo muito do mundo, temos de ser realistas. Mas, se você pode influenciar o pequeno canto do mundo que controla e fazer as coisas para as outras pessoas nele — clientes, funcionários, colegas gerentes, acionistas, investidores — de uma forma que não torna a vida pior para ninguém mais ativamente, e se pode fazer isso em cada trabalho que mantém como faz seu caminho por meio de sua carreira para sua honrosa e ricamente merecida aposentadoria: bom. Suba no pódio, pegue seu buquê e curve sua cabeça enquanto põem uma medalha em seu pescoço, e eu ponho a banda para tocar seu hino nacional. Porque, se conseguir fazer isso, então terá ganhado mesmo.

AGRADECIMENTOS

Três grupos particulares de pessoas foram influentes na elaboração deste livro. O primeiro é o de meus colegas da Rede Profissional do Centro de Estudos de Liderança, da University of Exeter Business School, que ouviram minhas ideias gerais em um encontro, em março de 2014, e me deram um feedback excelente e muito útil. As oito páginas de notas que tomei nesse dia ajudaram a remodelar e reformar o projeto e conduziram ao presente livro. Por seu tempo e suas ideias, obrigado.

O segundo grupo é o de meus colegas acadêmicos em Exeter e outros locais nos últimos 25 anos. Vocês sempre souberam que abrigavam um cuco em seu ninho. Mesmo assim, me acolheram, compartilharam seus pensamentos e ideias e me inspiraram. Algumas das coisas que digo neste livro vão irritá-los muito. Espero que algumas delas também lhes deem material para pensar. A vocês, obrigado.

No lugar de honra vêm os alunos de MBA e MSc com quem trabalhei em Exeter e outras escolas de negócios. Vocês têm sido uma fonte de inspiração infalível. Através de vocês, calculo que, nos quinze anos em que lecionei em escolas de negócios, tive acesso a uns sete mil anos de experiência profissional, a soma total da experiência que me trouxeram. Provavelmente, aprendi cerca de 0,5 por cento do que eu poderia ter aprendido, mas mesmo assim é bastante surpreendente. A todos vocês, passados e presentes, meus agradecimentos por me acolherem em sua empresa e compartilharem suas opiniões comigo.

Levou muito tempo para encontrar uma editora disposta a arriscar no assunto de aprender com o fracasso da gestão, mas minha agente, Heather Adams, acreditou neste projeto desde o momento em que ouviu falar dele pela primeira vez, e para ela vai o crédito por ter encontrado uma casa editorial. Meus agradecimentos a Stephen Rutt e Alana Clogan, por seu apoio na fase inicial, e a Alana e a sua equipe, especialmente a Rosie Bick, por seu encorajamento e sua paciência enquanto esperavam eu escrever o livro e depois o ver em produção.

Marilyn Livingstone ajudou com o projeto de inúmeras maneiras, desde encontrar artigos suculentos para citar até falar por meio de conceitos-chave e aliados genéricos, fornecendo sua própria marca de inspiração. A ela, como sempre, meu agradecimento.

Notas

Capítulo 1
1. Norman Dixon. *On the psychology of military incompetence*. Londres: Jonathan Cape, 1976, p. 17.
2. Uma outra nota sobre terminologia também está em ordem. Refiro-me a gestores, líderes e executivos — na verdade, me refiro às mesmas pessoas em cada caso, porque, como explicarei, os gestores também lideram e os líderes também devem saber gerir. Também me refiro a empresas, corporações, empresas e organizações. Esses termos também são usados como sinônimos. Isso ofenderá os puristas, mas fiz essa escolha deliberada por duas razões: (1) abrange o maior número possível de tipos de organizações, grandes e pequenas; e (2) evita a repetição cansativa do mesmo termo.
3. Dixon. *On the psychology of military incompetence*, p. 17 (do livro original em inglês).
4. Sun Tzu. *A arte da guerra*. São Paulo: Lafonte, 2018, Capítulo 8.
5. *Treatise on the Court*, referência à Enron.

6. Satyajit Das. *Traders, Guns and Money: Knowns and Unknowns in the Dazzling World of Derivatives Trading*. Londres: FT-Prentice Hall, 2006.
7. Charles Lindblom. "The Science of Muddling Through", *Public Administration Review*, nº 19 (1959), pp. 79-88.
8. Ram Charan e Geoffrey Colvin. "Why CEOs Fail", *Fortune*, nº 21, junho de 1999, http://archive.fortune.com/ magazines/fortune/fortune_archive/1999/06/21/261696/index.htm
9. Peter Drucker. *The Practice of Management*. Nova York: Heinemann, 1954, p. 37.

Capítulo 2
1. A fonte mais importante para a história da Ford é a história de três volumes escrita por Allan Nevins, que é detalhada e confiável. *The People's Tycoon: Henry Ford and the American Century*, de Steven Watts (Nova York: Alfred A. Knopf, 2005), também é bom.
2. Morgen Witzel (ed.). *Biographical Dictionary of Management*. Bristol: Thoemmes Press, 2001, vol. 1, pp. 315-20.
3. Allan Nevins. *Ford: The Times, The Man, The Company*. Nova York: Scribners, 1954, p. 576.
4. Nevins, *Ford*, p. 568.
5. Charles Sorenson, *My Forty Years With Ford*. Londres: Jonathan Cape, 1957.
6. Henry Ford e Samuel Crowther, *Moving Forward*. Nova York: Doubleday, 1931, pp. 2, 3.
7. Alfred DuPont Chandler e Stephen Salsbury. *Pierre S. du Pont and the Making of the Modern Corporation*. Nova York: Harper & Row, 1971.
8. Norman Beasley. *Knudsen: A Biography*. Nova York: McGraw-Hill, 1947.
9. Theodore Levitt. "Marketing Myopia". *Harvard Business Review*, 1960; reimpresso com um comentário retrospectivo, *Harvard Business Review* Setembro-Outubro, 1975, pp. 1-14.
10. John Buchan. *The Courts of the Morning*. Londres: Hodder & Stoughton, 1929.

Capítulo 3

1. O livro de Peter Chapman, *The Last of the Imperious Rich* (Londres: Portfolio/Penguin, 2010), é um excelente registro das fundações do Lehman Brothers, e também recomendo *Greed and Glory on Wall Street: The Fall of the House of Lehman*, de Ken Auletta (Nova York: Putnam, 2001). Para o período inicial, veja *Herbert H. Lehman and His Era*, de Allan Nevins (Nova York: Charles Scribner's Sons, 1963). Escrito por Lawrence McDonald, *A Colossal Failure of Common Sense: The Inside Story of the Collapse of Lehman Brothers* (Nova York: Crown Business, 2009) é um relato colorido dos últimos dias da empresa. *Street Freak: Money and Madness at Lehman Brothers*, de Jared Dillan (Nova York: Simon & Schuster, 2011), oferece uma perspectiva pessoal.
2. Chapman. *The Last of the Imperious Rich*, p. 53.
3. Chapman. *The Last of the Imperious Rich*, p. 200.
4. Chapman. *The Last of the Imperious Rich*, p. 200.
5. Robin Blackburn. "The Subprime Crisis". *New Left Review* 50, Março-Abril de 2008, <http://newleftreview.org/II/50/robin-blackburn-the-subprime-crisisis>.
6. McDonald. *A Colossal Failure of Common Sense*.
7. Chapman. *The Last of the Imperious Rich*, p. 263.
8. Chapman. *The Last of the Imperious Rich*, p. 266.
9. http://news.bbc.co.uk/1/hi/business/7616037.stm.
10. http://news.bbc.co.uk/1/hi/business/7616037.stm.
11. http://dealbook.nytimes.com/2011/02/14/a-different-side-to--dick-fuld/?_php=true&_type=blogs&_php=true&_type=blogs&_php=true&_type=blogs&_r=2&.

Capítulo 4

1. Margaret Heffernan. *Wilful Blindness: Why We Ignore the Obvious at Our Peril*. Londres: Simon & Schuster, 2011.
2. Joe Haines. *Maxwell*. Londres: Futura, 1988.
3. Jamie Oliver e Tony Goodwin. *How They Blew It: The CEOs and Entrepreneurs Behind Some of the World's Most Catastrophic Business*

Failures. Londres: Kogan Page, 2010.
4. http://www.mirror.co.uk/sport/football/news/real-madrid-boss-jose-mourinho-1260409.
5. Adrian Furnham. *The Elephant in the Boardroom*. Basingstoke: Palgrave Macmillian, 2010, p. 73.
6. Furnham. *The Elephant in the Boardroom*; Kets de Vries. *Leaders, Fools and Impostors*; Sydney Finkelstein. *Why Smart Executives Fail*, Londres: Penguin, 2003.
7. Gerald Ratner. *The Rise and Fall... e Rise Again*. Oxford: Capstone, 2007.
8. http://fortune.com/2013/12/27/11-most-scandalous-business-events-of-2013/; http://www.huffing- tonpost.com/tag/walmart-bribery-scandal/.
9. Louis V. Gerstner. *Who Says Elephants Can't Dance? How I Turned Around IBM*. Nova York: HarperCollins, 2003.
10. Oliver e Goodwin. *How They Blew It*, p. 19.
11. Clayton Christensen, *The Innovator's Dilemma: When New Technologies Cause Great Firms to Fail*. Boston: Harvard Business Review Press, 1997.
12. Diet Firm in Dilemma, http://articles.latimes.com/1987-06-24/business/fi-6279_1_diet-product.
13. Sheth. *The Self-Destructive Habits of Good Companies*, p. 75.
14. Andrew Grove, *Only the Paranoid Survive: How to Exploit the Crisis Points that Challenge Every Company and Career*. Nova York: HarperCollins, 1996.
15. Um bom tratamento acessível é *Organizational Culture and Leadership*, de Edgar H. Schein (Nova York: Wiley, 2010), mas há muitos outros trabalhos por aí.
16. Margaret Heffernan é particularmente enfática sobre o perigo do que ela chama de "o culto das culturas"; ver *Wilful Blindness*, de Heffernan, p. 161 ff.
17. Finkelstein. *Why Smart Executives Fail*, p. 173.
18. http://www.nytimes.com/2007/11/14/business/14seaweed.html?pagewanted=tudo.

19. Robert Owen. *A Statement Regarding the New Lanark Establishment*. Edimburgo: Molendinar Press, 1812.
20. Sobre Hawthorne, ver Elton Mayo, *The Human Problems of an Industrial Civilization*. Nova York: Macmillan, 1933. Os estudos mais recentes sobre a motivação no local de trabalho são numerosos demais para serem mencionados.
21. James Burnham. *The Managerial Revolution*. Londres: Putnam.
22. George Siedel e Helena Haapio. *Proactive Law for Managers: A Hidden Source of Competitive Advantage*. Aldershot: Ashgate, 2010.
23. http://www.businessinsider.com/mckinsey-hiring-policy-2013-9; Morgen Witzel. *Tata: The Evolution of a Corporate Brand*. Delhi: Penguin India, 2010.
24. Tracey Kidder. *The Soul of a New Machine*. Nova York: Random House, 1998.

Capítulo 5

1. Kenichi Ohmae. *The Mind of the Strategist*. Nova York: McGraw-Hill, 1982.
2. Lawrence Hrbeniak. *Making Strategy Work: Effective Execution and Change*. Engelwood Cliffs: Prentice-Hall, 2013.
3. Theodore Levitt. "Marketing Myopia". *Harvard Business Review*. Setembro-Outubro de 1975, pp. 1-14.
4. Nassim Nicholas Taleb. *A lógica do cisne negro*. Rio de Janeiro: Best Seller, 2015.
5. Finkelstein. *Why Smart Executives Fail*, p. 138.
6. Veja Finkelstein e, para mais detalhes, Pablo Triana. *Lecturing Birds on Flying*: Can Mathematical Theories Destroy the Financial Markets? Chichester: John Wiley, 2009.
7. Stewart Hamilton e Alicia Micklethwayt. *Greed and Corporate Failure: The Lessons from Recent Disasters*. Basingstoke: Palgrave Macmillan 2006.
8. Hamilton e Micklethwayt. *Greed and Corporate Failure*, p. 131.
9. Christoph Luenenburger. *A Culture of Purpose: How to Choose the*

Right People and Make the Right People Choose You. São Francisco: Jossey-Bass, 2014.
10. W. Chan Kim e Renée Mauborgne. *Blue Ocean Strategy: How to Create Uncontested Market Space and Make the Competition Irrelevant.* Boston: Harvard Business Review Press, 2004.
11. Patrick Barwise e Seán Meehan. *Beyond the Familiar: Long-Term Growth through Customer Focus and Innovation.* Chichester: Wiley, 2011.
12. Suzanne Doyle Morris. *Beyond the Boys' Club: Strategies for Achieving Career Success as a Woman.* Milton Keynes: Wit and Wisdom Press, 2009.
13. http://bsr.london.edu/blog/post-126/index.html.
14. Levitt. "Marketing Myopia", p. 10.
15. Charles Baden-Fuller e John Stopford. *Rejuvenating the Mature Business.* Londres: Routledge, 1992.
16. Ernst Malmsten, Erik Portanger e Charles Drazin. *Boo Hoo: A Dotcom Story.* Nova York: Random House, 2006.
17. Esta passagem é atribuída ao satirista romano Petrónio, mas foi provavelmente escrita por um soldado britânico descontente no final dos anos 40.
18. http://www.ft.com/cms/s/0/40f2047a-2de5-11e4-8346-00144feabdc0.html.
19. Furnham. *The Elephant in the Boardroom*, p. 199.
20. Peter M. Senge. *The Fifth Discipline: The Art and Practice of the Learning Organization.* Nova York: Doubleday, 1990; Arie de Geus. *The Living Company: Habits for Survival in a Turbulent Environment.* Londres: Nicholas Brealey, 1997; Ikujiro Nonaka e Hirotaka Takeuchi. *The Knowledge-Creating Company: How Japanese Companies Create the Dynamics of Innovation.* Oxford: Oxford University Press, 1995. O comentário sobre a aprendizagem se tornar uma fonte de vantagem competitiva sustentável provém de Geus. "Planning as Learning", *Harvard Business Review*, Março-Abril de 1988, pp. 70-4.

Capítulo 6

1. Leonard R. Sayles e Cynthia J. Smith. *The Rise of the Rogue Executive: How Good Companies Go Bad and How to Stop the Destruction*. Upper Saddle River: Prentice Hall, 2006.
2. Nathan Bennett e G. James Lemoine. "What VUCA Really Means for You", *Harvard Business Review*. Janeiro-Fevereiro de 2014, http://hbr.org/2014/01/what-vuca-really-means-for-you/ar/1.
3. Rosabeth Moss Kanter. *When Giants Learn to Dance: Mastering the Challenge of Management, Strategy and Careers in the 1990s*. Nova York: Simon & Schuster, 1989.
4. Lawrence LeShan e Henry Margenau. *Einstein's Space e Van Gogh's Sky: Physical Reality and Beyond*. Nova York: Macmillan, 1982.
5. Triana. *Lecturing Birds on Flying*.
6. Triana. *Lecturing Birds on Flying*, p. 95.
7. Pierre Wack, creditado por introduzir cenários no planejamento de negócios, escreveu eloquentemente sobre os usos dos cenários e seus perigos; ver Wack. "Scenarios: Uncharted Waters Ahead". *Harvard Business Review*, Setembro-Outubro de 1995 e "Scenarios: Shooting the Rapids". *Harvard Business Review*, Novembro-Dezembro de 1995.
8. David Hillson e Ruth Murray-Webster. *Understanding and Managing Risk Attitude*. Aldershot: Gower 2012.
9. H. Igor Ansoff. *Corporate Strategy*. Nova York: McGraw-Hill, 1965; Kenneth R. Andrews. *The Concept of Corporate Strategy*. Homewood: Irwin, 1971.
10. Ohmae. *The Mind of the Strategist*; Henry Mintzberg. *The Rise and Fall of Strategic Planning*. Nova York: The Free Press, 1994.
11. Roger L. Martin. "The Big Lie of Strategic Planning", *Harvard Business Review*. Janeiro-Fevereiro de 2014, p. 3.
12. Martin. "The Big Lie of Strategic Planning", p. 4.
13. Por exemplo, em Jeremy Hope. *Reinventing the CFO: How Financial Managers Can Transforming Their Roles and Adder Value*. Boston: Harvard Business Review Press, 2006.
14. Adrian Furnham. *The Incompetent Manager: The Causes,*

Consequences and Cures of Management Failures. Londres: Whurr, 2003, p. 11.
15. Ed Smith. *Luck: A Fresh Look at Fortune.* Londres: Bloomsbury, 2012.
16. Na verdade, a citação remonta a Thomas Jefferson, se não antes: http://www.ft.com/cms/s/0/e70e9292112711e2a63700144feabdc0.html#axzz3Cu8xmWOI.
17. Maquiavel. *The Prince.* Harmondsworth: Penguin, 1961.
18. 18. Michel Foucault. *Discipline and Punish.* Londres: Allen Lane, 1977.
19. Dixon. *On the psychology of military incompetence*, p. 209.
20. http://www.theguardian.com/tv-and-radio/2013/feb/01/fear-loathing-women-radio.
21. http://www.forbes.com/sites/womensmedia/2012/08/27/do-women-fear-power-and-success/.
22. Geert Hofstede. *Cultures and Organizations: Software of the Mind.* Londres: McGraw-Hill, 1991.
23. http://blogs.hbr.org/2014/03/why-work-is-lonely/.
24. http://blogs.hbr.org/2014/03/why-work-is-lonely/.

Capítulo 7
1. Bala Chakravarthy e Peter Lorange. *Profit or Growth? Why You Don't Have to Choose.* Harlow: FT Press, 2012.
2. Marilyn Livingstone. "Plus ça Change: Why Banks in Trouble Are Nothing New". *Corporate Finance Review*, (Março-Abril de 2008), pp. 24-9.
3. http://www.ft.com/cms/s/0/ef7f7e1a-ed35-11e2-ad6e00144feabdc0.html#axzz3Et79BVIg.
4. Hector Bolitho, Alfred Mond. *First Lord Melchett*, Londres: Martin Secker, 1932.
5. Para mais pormenores, ver Raymond de Roover, "The Concept of Just Price Theory and Economic Policy". *Journal of Economic History* 18 (1958), pp. 418-34; repr. in Mark Blaug (ed.), *St Thomas*

Aquinas, Aldershot: Edward Elgar, 1991, pp. 97-113.
6. http://uk.reuters.com/article/2014/10/01/uk-tesco-probe-idUKKCN0HQ33L20141001.
7. Robert D. Buzzell, Bradley T. Gale e Ralph G.M. Sultan. "Market Share: A Key to Profitability". *Harvard Business Review*, Janeiro de 1975; Buzzell e Gale. *The PIMS Principle: Linking Strategy to Performance*. Nova York: The Free Press, 1987.
8. Geoffrey M. Hodgson e Thorbjørn Knudsen. *Darwin's Conjecture: The Search for General Principles of Social and Scientific Evolution*. Chicago: University of Chicago Press, 2010.
9. A.G. Lafley e Roger Martin. *Playing to Win: How Strategy Really Works*. Boston: Harvard Business Review Press, 2013.
10. Lafley e Martin. *Playing to Win*, p. 212.
11. Charles White Mackay. *Extraordinary Popular Delusions and the Madness of Crowds*. Londres: Richard Bentley, 1841, pp. 55-6.
12. Mike Wilson. *The Difference Between God and Larry Ellison*. Nova York: HarperBusiness, 2003.
13. Susan E. Squires, Cynthia J. Smith, Lorna McDougall e William R. Yeack. *Inside Arthur Andersen: Shifting Values, Unexpected Consequences*. Engelwood Cliffs: FT Prentice Hall, 2003.
14. Ver, por exemplo, Alan Burston-Jones e J.C. Spender (eds). *The Oxford Handbook of Human Capital*. Oxford: Oxford University Press, 2011, e também Michael Reddy e Ann Graham (eds.), *The Human Capital Handbook*, http://www.humancapitalhandbook.co.uk.
15. Ibn Khaldun. *The Muqaddimah*. Londres: Routledge, 1986, vol. 2, p. 276.
16. Barwise e Meehan. *Beyond the Familiar*. p. 42.

Capítulo 8

1. Rosabeth Moss Kanter. "Power Failures in Management Circuits", em Derek S. Pugh (ed.). *Organization Theory*. Londres: Penguin, 1997, p. 322.
2. Seth A. Rosenthal e Todd L. Pittinsky, "Narcissistic Leadership",

The Leadership Quarterly 17 (2006), pp. 629.
3. Manfred F.R. Kets de Vries. "The Spirit of Despotism: Understanding the Tyrant Within", documento de trabalho do INSEAD, http://www.insead.edu/facultyresearch/research/details_papers.cfm?id=13452.
4. Harold S. Geneen. *The Synergy Myth, and Other Ailments of Business Today*. Nova York: St Martin's Press, 1997; para uma avaliação do estilo e das atitudes de gestão de Geneen, ver Anthony Sampson. *The Sovereign State of ITT*. Greenwich: Fawcett Publications, 1974.
5. R.S. Lambert. *The Universal Provider: A Study of William Whiteley and the Rise of the London Department Store*. Londres: George Harrap, 1938.
6. Embora, como aponta o jornalista Daniel G. Jennings, tenha havido muito pouca pesquisa nesta área; Jennings pergunta, e temos o direito de perguntar com ele, por que isso acontece, http://www.moneyexaminers.com/ sex-scandals-scandals-kill-stock-prices/.
7. http://www.bloombergview.com/articles/2013-02-21/the-strange-history-of-corporate-sex-scandals.
8. http://www.theguardian.com/world/2008/jan/13/germany.automotive.
9. http://news.bbc.co.uk/1/hi/world/south_asia/8289313.stm.
10. Ver, por exemplo, http://www.forbes.com/sites/karlmoore/2014/10/02/millennials-work-for-purpose- not-paycheck/.
11. Anthony Jay. *Management and Machiavelli*. Londres: Hodder & Stoughton, 1967.
12. Jay. *Management and Machiavelli*, p. 44.
13. Desde a adesão do imperador Meiji até o apagamento final da revolta Satsuma em 1877.
14. Frederick Allen. *Secret Formula: How Brilliant Marketing and Relentless Salesmanship Made Coca-Cola the Best Known Product in the World*. Nova York: HarperBusiness, 1994.
15. Ida M. Tarbell. *The History of the Standard Oil Company*. Nova York: McClure's, 1904, 2 vols.
16. Hamilton e Micklethwayt, *Greed and Corporate Failure*, p. 149.
17. O Banco de Inglaterra concluiu que "aqueles com responsabili-

dade executiva directa pelo estabelecimento de controlos eficazes devem assumir grande parte da culpa"; *Relatório do Inquérito do Conselho de Supervisão Bancária sobre as Circunstâncias do Colapso de Barings*, 18 de Julho de 1995, http://www.numa.com/ref/barings/bar00.htm; ver também Helga Drummond. "Living in a Fool's Paradise: The Collapse of Baring's Bank". *Management Decision* 40(3) (2002), p. 232-8.
18. C. Northcote Parkinson. *Parkinson's Law*. Londres: John Murray, 1957.
19. Jeremy Holt. *Reinventing the CFO*. Boston: Harvard Business School Press, 1996.
20. Luther H. Gulick. *Administrative Reflections from World War II*. Universidade: Imprensa da Universidade de Alabama, 1948.
21. Charles Handy. *Understanding Organisations*. Londres: Penguin, 1976.
22. Soneto 129.
23. Gareth Morgan. *Images of Organization*. Newbury Park: Sage, 1986.

Capítulo 9

1. J.E. Kaufman e H.W. Kaufman. *Fortress France: The Maginot Line and French Defences in World War II*. Mechanicsburg: Stackpole Press, 2011.
2. Richard L. Amoroso. *Complementarity of Mind and Body: Realizing the Dream of Descartes, Einstein and Eccles*. Hauppauge: Nova Science Publishers, 2012; ver também LeShan e Margenau. *Einstein's Space and Van Gogh's Sky*.
3. Frederick Winslow Taylor. *The Principles of Scientific Management*. Nova York: Harper & Bros, 1911; Robert Kanigel. *The One Best Way: Frederick Taylor e the Enigma of Efficiency*. Nova York: Viking Penguin, 1997; Capítulo 5 de Morgen Witzel. *A History of Management Thought*. Londres: Routledge, 2012.
4. Esse também poderia ser o tema de um livro separado, mas como ponto de partida recomendo Hofstede. *Culture's Consequences*; Michael Harris Bond et al. *The Psychology of the Chinese People*.

Hong Kong: The Chinese University Press, 2008.
5. Finkelstein. *Why Smart Executives Fail.* pp. 235-7.
6. Robert S. Kaplan e David P. Norton. *The Balanced Scorecard: Translating Strategy into Action.* Boston: Harvard Business Review Press, 1996.
7. Paul Glen. "Even If You Can't Measure It, You Still Must Manage It". http://www.computerworld.com/article/2494697/it-management/paul-glen-even-if-you-can-can-t-measure-it-it-you-still-must--manage-it.html.
8. http://www.forbes.com/sites/lizryan/2014/02/10/if-you-cant-measure-it-you-cant-manage-it-is-bs/.
9. http://www.forbes.com/sites/lizryan/2014/02/10/if-you-cant-measure-it-you-cant-manage-it-is-bs/.
10. W.F. Watson. "Scientific Management and Industrial Psychology". *English Review* 52 (1931), pp. 444-55.
11. Morgen Witzel. "Stakhanov, Aleksei Grigor'evich", in Morgen Witzel (ed.). *Biographical Dictionary of Management.* Bristol: Thoemmes Press, 2002, vol. 2, pp. 946-7.
12. W. Edwards Deming. *Out of the Crisis.* Cambridge, MA: Centro de Estudos de Engenharia Avançada.
13. http://lexicon.ft.com/Term?term=short_termism.
14. Dominic Barton e Mark Wiseman. "Focusing Capital on the Long Term". *Harvard Business Review,* Janeiro-Fevereiro de 2014, http://hbr.org/2014/01/focusing-capital-on-the-long-term/ar/1.
15. Citado em Steve Dennison. "Why Can't We End Short-Termism?". Forbes.com, http://www.forbes.com/sites/stevedenning/2014/07/22/why-cant-we-solve-the-problem-of-short-termism/.
16. Kenneth R. Baker. Lynn Foster-Johnson, Barry Lawson e Stephen G. Powell, "Spreadsheet Risk, Awareness and Control", Spreadsheet Engineering Research Project (SERP) working paper, Tuck School of Business, Dartmouth College, n.d.
17. "We Have Met the Enemy and He Is PowerPoint", *New York Times,* 26 de Abril de 2010, http://www.nytimes.com/2010/04/27/world/27powerpoint.html?_r=0.

18. "We Have Met the Enemy and He is PowerPoint", *New York Times*, 26 de Abril de 2010, http://www.nytimes.com/2010/04/27/world/27powerpoint.html?_r=0.
19. "We Have Met the Enemy and He is PowerPoint", *New York Times*, 26 de Abril de 2010, http://www.nytimes.com/2010/04/27/world/27powerpoint.html?_r=0 Se você não leu este artigo, você realmente deveria.
20. Morgan. *Images of Organization*.
21. https://www.youtube.com/watch?v=yp_l5ntikaU.
22. Robert F. Hoxie. *Scientific Management and Labor*. Nova York: D. Appleton & Co., 1915, pp. 113-4.

Capítulo 10
1. Finkelstein. *Why Smart Executives Fail*, pp. 167-8.
2. Laurence J. Peter. *The Peter Principle*. Londres: Pan, 1969.
3. Michelle K. Ryan e S. Alexander Haslam. "The Glass Cliff: Evidence that Women Are overrepresented in Preary Leadership Positions". *British Journal of Management* 16(2) (2005), pp. 81-90.
4. Heidi Grant Halvorson. "New Research: A Rituals Make Us Value Things More", *Harvard Business Review*, http://blogs.hbr.org/2013/12/new-research-rituals-make-us-value-things-more/; "Harvard Academics Find Rituals Can Be the Rite Stuff for Businesses", *Financial Times*, http://www.ft.com/cms/s/2/4c306c96--dfda-11e2-bf9d00144feab7de.html#axzz3FH4CKRWx.
5. Dixon. *On the psychology of military incompetence*, p. 179.
6. Dixon. *On the psychology of military incompetence*, p. 185.
7. Lao Zi (Lao Tzu). *Daodejing*, trans. John C.H. Wu. Londres: Shambhala, 1900, p. 45.
8. http://www.ft.com/cms/s/2/0f0eeee0-9891-11e2-867f-00144feabdc0.html#axzz3FH4CKRWx.
9. Witzel. *Tata: The Evolution of a Corporate Brand*.
10. http://www.forbes.com/sites/lyndashaw/2014/09/30/employee-engagement-doesnt-seem-to-be-getting-better/.

11. Luke Johnson. "Lies, Damned Lies and Running a Business". *Financial Times*, http://www.ft.com/ cms/s/0/364f2924-47e1-11e4--ac9f-00144feab7de.html#axzz3FH4CKRWx
12. Marianne M. Jennings. *Seven Signs of Ethical Collapse: How to Spot Moral Meltdowns in Companies ... Before It's Too Late*. Nova York: St Martin's Press, 2006.
13. http://www.scu.edu/ethics/practicing/focusareas/business/bcep/meltdown-signs.html.
14. John P. Davis. *Corporations*. Nova York: G.P. Putnam's Sons, 1905.
15. Baden-Fuller e Stopford. *Rejuvenating the Mature Business*.
16. Harrington Emerson. *The Twelve Principles of Efficiency*. Nova York: Revista *Engineering*, 1915.

Capítulo 11

1. H.K. Heaton. *A Scholar in Action: Edwin F. Gay*. Cambridge, MA: Harvard University Press, 1952; Melvin Copeland, *And Mark the Era: The Story of Harvard Business School*, Boston: Little, Brown, 1958.
2. Walter Dill Scott. *The Psychology of Advertising*. Chicago: Dodd, Mead & Co., 1913.
3. Mayo. *The Human Problems*; Fritz Roethlisberger e W.J. Dickson. *Management and the Worker*. Cambridge, MA: Harvard University Press, 1939.
4. A ligação entre o comportamento no local de trabalho e o movimento de qualidade na Hawthorne nunca foi totalmente explorada. Devia ser.
5. Anthony J. Mayo, Nitin Nohria e Laura G. Singleton. *Paths to Power: How Insiders and Outsiders Shaped American Business Leadership*. Boston: Harvard Business School Press, 2006, p. 132.
6. Mie Augier e James G. March, em *The Roots, Rituals and Rhetoric of Change* (Stanford: Stanford University Press, 2011) explora esse processo de deriva em muito mais detalhes; meu relato é necessariamente simplista.

7. A primeira vez que usei esta frase foi há alguns anos, em *A History of Management Thought*. Acho que se tornou ainda mais válida com a passagem do tempo.
8. Warren G. Bennis e Bert Nanus. *Leaders: Five Strategies for Taking Charge*. Nova York: Harper & Row, 1985; John P. Kotter. *A Force for Change: How Leadership Differs from Management*. Nova York: The Free Press, 1990.
9. Mary Parker Follett. *Creative Experience*. Nova York: Longmans, Green, 1924.
10. http://bsr.london.edu/lbs-article/851/index.html.

Capítulo 12
1. Robert K. Greenleaf. *Servant Leadership: A Journey into the Nature of Legitimate Power and Greatness*. Mahwah: Paulist Press, 1977.
2. Raymond de Roover. *San Bernardino of Siena and Sant'Antonio of Florence: The Two Great Economic Thinkers of the Middle Ages*. Boston: Baker Library, Harvard Graduate School of Business Administration, 1967.

OUÇA ESTE E MILHARES DE OUTROS LIVROS NO UBOOK.
Conheça o app com o **voucher promocional de 30 dias**.

Para resgatar:
1. Acesse **ubook.com** e clique em **Planos** no menu superior.
2. Insira o código #UBK no campo **Voucher Promocional**.
3. Conclua o processo de assinatura.

Dúvidas? Envie um e-mail para contato@ubook.com

*

ACOMPANHE O UBOOK NAS REDES SOCIAIS!
ubookapp   ubookapp   ubookapp